Fernando Navarro Cano (Madrid, 1981) es un periodista y escritor español especializado en crítica musical. Es redactor del diario *El País* y forma parte del equipo de *El País Semanal*, principal suplemento del periódico dedicado a grandes reportajes y entrevistas. Se le puede leer habitualmente con las columnas de *La Ruta Norteamericana* y en el suplemento cultural *Babelia*.
Desde hace más de una década colabora en diversos programas de la Cadena SER como *Hoy por Hoy*, *A vivir que son dos días*, *Hora 25* y *Sofá Sonoro*. También escribe en las revistas *Ethic* y *Ruta 66*. Previamente colaboró en Onda Cero y escribió durante años en *Efe Eme* y *Rolling Stone*. Ha publicado el ensayo musical *Acordes Rotos*, el ensayo periodístico *Maneras de vivir* y las novelas *Martha. Música para el recuerdo* y *Todo lo que importa sucede en las canciones*. Y ha participado en los libros conjuntos *Bruce Springsteen. De Greetings from Asbury Park a la Tierra Prometida* y *Political World: Rebeldía desde las guitarras*.

Algo que sirva como luz

FERNANDO NAVARRO

Algo que sirva como luz

DEBOLS!LLO

Papel certificado por el Forest Stewardship Council®

MIXTO
Papel | Apoyando la silvicultura responsable
FSC® C117695

Penguin Random House Grupo Editorial

Noviembre de 2025

Travessera de Gràcia, 47-49. 08021 Barcelona
Diseño de la cubierta: Penguin Random House Grupo Editoral / Idoia Vallverdú
Imagen de la cubierta: © Dani Rabaza (Münster Studio)

Printed in Spain – Impreso en España

ISBN: 978-84-663-8004-1
Depósito legal: B-16.373-2025

Compuesto en Mirakel Studio, S. L. U.
Impreso en Liberdúplex
Sant Llorenç d'Hortons (Barcelona)

P380041

A Raquel, que me regaló mi primer vinilo de Supersubmarina cuando la música ya llevaba mucho tiempo sonando a nuestro alrededor

Índice

Primera parte

El limbo

[...] decid, hermanos,
esta casa de Dios, ¿qué guarda dentro?

ANTONIO MACHADO, «Los olivos»

Seguiré aquí sentado, como suspenso.

Canción *Supersubmarina*

1

El 14 de agosto de 2016, una mañana de domingo con un sol rabioso en el cielo de Baeza, los niños corretean detrás de una pelota por el paseo de la Constitución, como tanto tiempo atrás habían hecho José, Juanca, Pope y Jaime, y nada hacía presagiar la noticia de la tragedia que estaba por venir. Muchas personas van de un lado para otro en el que es el penúltimo día de las fiestas patronales. Los adolescentes todavía están de resaca en la cama después de haber quemado la noche en el recinto ferial. Sus padres se encargan de las tareas de casa y a algunos también se les han pegado las sábanas más de lo normal por culpa de tanta celebración. El sábado siempre es el día más propicio para dejarse llevar por algún exceso y, como todo el mundo sabe, la feria en honor a la Virgen del Alcázar, la patrona de esta ciudad Patrimonio de la Humanidad, suele invitar al entusiasmo colectivo. El ambiente es como el de tantos pueblos andaluces en verano: un jolgorio ancestral se adueña de las callejuelas irregulares, embellecidas por el esplendor de las flores en las terrazas. La brisa, cuando despierta, corre como nueva mientras los ancianos pueblan los bancos y los soportales del centro con sus conversaciones encendidas. Este penúltimo día de fiestas lo tiene todo para ser uno más de tantos que justifican la existencia.

Los baezanos siempre han sido gente muy de su tierra. Por eso, José, Juanca, Pope y Jaime querían llegar a Baeza. A los cuatro se les amontonaban los recuerdos de tantos años disfrutando de las fiestas. Uno de entre todos sobresalía por encima de los demás y lo conservaban casi intacto: los partidos de fútbol de dos contra dos en el quiosco de música. Al igual que aquellos niños que brincaban de un lado para otro con la pelota, José, Juanca, Pope y Jaime todavía podían verse con cierta nostalgia como los mocosos que fueron y que montaban campeonatos improvisados. Eran torneos intensos, que se jugaban cuando salían de clase y muchos niños del colegio Antonio Machado o de los Filipenses se arremolinaban en la zona central del paseo. En verano, con la feria, las casetas invadían el paseo, aunque no el quiosco, y la jarana general impregnaba de un brío extraordinario esas pachangas a vida o muerte, pareja contra pareja, de llegar a tres goles y en las que los cordones desatados no eran impedimento para correr y golpear al balón con todas las fuerzas. Aquel quiosco antiguo era el mundo entero, el lugar donde se conocieron José, Juanca, Pope y Jaime, donde se pusieron cara y nombre y donde compartieron pasiones, aunque ninguno pudiese acordarse del día exacto que sucedió el primer encuentro. Era como recordar cuándo uno vio el cielo por primera vez.

Para ellos, las fiestas de Baeza en agosto son lo más parecido a un cielo despejado y azul, incandescente en la memoria. La pequeña ciudad desprende tanta bulla popular durante las jornadas feriales que perdérselas es un fastidio. Asistir a ellas es participar de sus folclóricas tradiciones, como por ejemplo la cabalgata de gigantes y cabezudos, que parte desde el auditorio San Francisco y recorre el casco viejo. A ritmo de batucada, las orquestas van descargando canciones mientras acompañan a las carrozas coloridas, que cruzan por Plaza de España, Portales Mercaderes, Alhóndiga y Carbonería. Bailarinas de samba se agitan por las aceras y hacen mover el esqueleto a los más pequeños. También hay mujeres vestidas de sevillanas que bailan con gracia rociera. Los dragones de cartón se mezclan con los animales fantásticos de plástico y los gigantes medievales, que recuerdan con humor los tiempos en los que esta comarca era pasto de las luchas entre las tropas cristianas y las musulmanas, hasta el punto de que no muy lejos cayó el Imperio almohade en la batalla de las Navas de Tolosa. Mientras los sonidos charangueros inundan las calles, decenas de personas danzan disfrazadas de toda guisa:

tribus lejanas, árboles milenarios, extraterrestres, los Picapiedra, un Playmobil... Algunos disfraces van más allá de los límites de la imaginación e, incluso, hay algunas hortalizas gigantes. Todo vale y el goce se recoge en cada rostro.

Hay otra tradición en estos días de agosto que casi nadie se quiere perder: la Novena por la Virgen del Alcázar, el motivo fundamental por el que se celebran los nueve días de fiestas. La religión atraviesa Baeza, como a tantos pueblos y ciudades andaluzas. Aquí, de hecho, campo de olivares, cofradías y monumentos clericales, la religión católica es un manto que lo cubre todo. Las calles llevan nombres de vírgenes y santos, los edificios más singulares se levantaron para guardar oraciones y rezos, y nadie duda de que en las plazas públicas hay más gente con fe que sin ella. Tanto es así que en las dependencias municipales existe una vocalía del Culto y Espiritualidad y, al igual que la llegada del verano trae las romerías y los espectáculos taurinos, el folleto de la feria dedica cada año una carta a saludar el nacimiento de María. En la tarde de la procesión, los fieles se apilan a un lado y otro de las aceras estrechas del casco antiguo. El murmullo de sus conversaciones solo cesa cuando, con aplomo cofrade, se acerca el paso de la Virgen. Entonces, algunos sacan sus móviles para grabar, otros observan o rezan en silencio. A alguno se le rompe el alma cuando las cornetas lloran con tanta fuerza que se oyen hasta en el cielo.

Son días de fiesta y toda Baeza está entregada al fervor callejero, a la celebración sin miramientos. Una anciana, que, un año más, se ha emocionado con la procesión y ha rezado a la Virgen pidiendo por sus hijos, esquiva a los chavales que van eufóricos a jugar al quiosco. Chavales como lo fueron José, Juanca, Pope y Jaime. Al pararse en la floristería, le dicen que el día anterior, en la caseta municipal, el concierto de tributo a Manolo Escobar estuvo regular. Juan Manuel Punzano hizo lo que pudo al micrófono, pero, claro, Manolo solo hay uno. La anciana se había quedado sin ir porque su hija no la podía acompañar y le dio un poco de pereza salir de casa sola. Según la previsión del tiempo, el día será caluroso y ella ya lo siente un poco en sus carnes. Las agencias meteorológicas habían informado que ese día amanecería en Baeza a las 7.30 de la mañana y estaba previsto que anocheciera a las 21.09, un minuto antes de lo que anocheció la jornada anterior. Los días son más cortos para la anciana y para todos, pero nunca serán más cortos, tan tan cortos, como si fueran cortados de un solo tajo con un cuchillo afilado, como este día va a serlo para José, Juanca, Pope y Jaime. En Cullera, de donde ellos habían partido hacía unas horas, amanecía a las 7.14 horas. Con una luna redonda sobre sus cabezas, los cuatro habían subido al monovolumen durante la madrugada, camino de su tierra, camino de las fiestas... y camino del maldito brevísimo día que cambiaría sus vidas para siempre.

Ese día es hoy, el 14 de agosto de 2016. Jornada celebrativa en Baeza y un día como otro cualquiera en un país que despierta al ritmo sosegado del verano. Las noticias se dejan ver, oír o leer sin mucha tensión: Fidel Castro reaparece en su noventa cumpleaños, la Unión Europa sigue estudiando las consecuencias económicas del Brexit, el ordenador PC cumple treinta y cinco años desde que se vendió el primer modelo, el actor que iba dentro de R2-D2 en la película *Star Wars* muere a los ochenta y un años tras una larga enfermedad, la malagueña Antonia Contreras gana la *Lámpara Minera* del Festival del Cante de las Minas y el programa *Sálvame Naranja* es lo más visto de la televisión española. En los bares, abiertos con la alegría verbenera, las televisiones repiten resúmenes de los Juegos Olímpicos y muchos curiosean las pantallas y los periódicos para saber cómo va el medallero español y cómo se desarrolla para el resto de los países. El estadounidense Michael Phelps dice adiós a la competición olímpica con cinco oros en su bolsillo. Su leyenda crece, como también la del jamaicano Usain Bolt, que se dispone a ganar la carrera de los cien metros lisos y sumar otra medalla a su impresionante historial. Rafa Nadal, sin embargo, ha caído ante Del Potro en las semifinales de tenis y la selección española de baloncesto ha ganado a Lituania con un gran partido de Pau Gasol. Y hay otra noticia que, ya en España, interesaría especialmente a José, Juanca, Pope y Jaime: el festival Sonorama Ribera ha batido su propio récord de asistencia con más de sesenta mil personas y ciento cuarenta actuaciones. Ellos conocen muy bien el Sonorama, han tocado varias veces y tienen una relación maravillosa con Aranda de Duero y con su público.

Así es este domingo de agosto, un domingo de fiesta de guardar en Baeza y sin grandes sobresaltos para la anciana, los niños que juegan a la pelota, los fieles que se apiñan en la procesión y los asistentes que danzan en la cabalgata. En definitiva, un domingo tranquilo para todos en una pequeña ciudad de provincias. Un domingo incluso alegre para la gran mayoría. Para todos, menos para José, Juanca, Pope y Jaime. Este domingo va a ser diferente a todos los demás días de sus existencias y las de sus familias.

Este domingo, los cuatro viajan en un monovolumen Seat Alhambra gris y les pilla el amanecer en la carretera. Según acaban de decir en la radio, va a amanecer a las 7.30 horas. El sol ya asoma por el horizonte cuando el vehículo rueda dejando atrás el castillo de Matamoros, Arroyo del Ojanco y todos esos pueblos de la nacional que unen Baeza con la zona del Levante. Es un camino que todos los baezanos han hecho en verano para visitar las playas mediterráneas. Un camino que hoy, domingo 14 de agosto de 2016, José, Juanca, Pope y Jaime no terminarán de transitar. Todo se detendrá pasadas las 7.30 horas, cuando el sol, aún tímido, amenace ya con rugir.

En Baeza, el reloj ya marca más del mediodía cuando a los niños se les escapa la pelota fuera del paseo de la Constitución, más allá de las casetas feriales. El balón corre hacia la carretera por donde pasan los coches. La anciana observa ese momento y piensa en cuando sus hijos jugaban al fútbol también allí y les advertía, preocupada, de que tuvieran cuidado con los coches. Siempre tenía que repetirlo varias veces. Mientras los observa, una amiga con paso apresurado se topa con ella a la altura de la floristería y le suelta una noticia que ni ella ni nadie esperaba en la pequeña ciudad. «¿Te has enterado?», le pregunta algo nerviosa a la anciana, que solo levanta las cejas. «Hija, la banda del chico de Paco y Mari... José y el resto del grupo... Todos han tenido un accidente de coche en la carretera. Acaba de decírmelo mi hijo por teléfono». La anciana se lleva la mano a la boca y piensa en la Virgen del Alcázar, cuya paz y gracia planean estos días por los caminos que llevan al lugar. Sabe perfectamente quiénes son esos chavales. Como todo el pueblo lo sabe. Porque para la anciana, Baeza siempre será un pueblo. Todavía impresionada por la noticia, una ráfaga de pasado la invade y se ve en las cercanías del colegio Antonio Machado saludando a esos chicos. Rememora cómo los miró con ojos orgullosos y que su hija esa misma tarde le había dicho que a ella le encantaban, no solo porque eran de la tierra, sino también porque eran buenísimos músicos. Bien sabía ella que muchísima gente del pueblo decía lo mismo. Vuelve en sí y, algo alterada, lanza varias preguntas a su amiga: «¿Dónde te has enterado?». «¿Cómo ha sido el accidente?». «¿Cómo están?». «¿Alguno de los chicos está grave?». La otra no sabe contestar. Hay muchísima confusión y, según le dice, su hijo solo le ha podido asegurar que ha visto en internet que todos han sido hospitalizados de urgencia, incluso podría haber algún muerto. Menuda tragedia, piensa la anciana, y piensa también que en cuanto llegue a casa le rezará a la Virgen por ellos.

A unos pocos kilómetros de allí, el amasijo de hierros del monovolumen es una estampa aterradora. El impacto frontolateral con una furgoneta ha sido brutal. A las 8.06 de esa mañana según el parte policial, pero un puñado de minutos antes, porque nadie puede determinar su hora exacta, el día se había acabado para José, Juanca, Pope y Jaime. También para Chicharro y el conductor del otro coche. En ese instante, rondando las 7.30 de la mañana, todo su pasado se había convertido en una vida, y todo lo demás, su presente y su futuro, en algo incierto. Huele a neumático quemado.

Casi seis horas después de ese trágico instante, el sol, ya intransigente, pega fuerte ahí arriba. La noticia empieza a estar en todas partes y el día deja de ser festivo para Baeza. El titular, que leen o escuchan todos más allá de los límites de la pequeña ciudad, corta la respiración: «El grupo Supersubmarina sufre un grave accidente de tráfico».

2

El grupo Supersubmarina sufre un grave accidente de tráfico

Seis personas han resultado heridas en un accidente de tráfico este domingo tras una colisión frontolateral entre una furgoneta y un turismo en la carretera N-322, del kilómetro 168 en la localidad jiennense de Úbeda. En uno de los vehículos viajaban los integrantes del grupo indie Supersubmarina. Su cantante, José Marín, más conocido como *Chino*, está ingresado en la UCI del Hospital Neurotraumatológico de Jaén, donde ha sido operado en dos ocasiones, mientras que el baterista, Juan Carlos, está en la UCI de otro centro sanitario, y ambos están «estables dentro de la gravedad», informa la agencia Efe.

Al cantante le han intervenido de un traumatismo craneoencefálico y de una contusión abdominal, según fuentes del ayuntamiento de Baeza, localidad de Jaén de donde son los componentes del grupo. Los médicos han dicho que están pendientes de la evolución durante las próximas cuarenta y ocho horas y han precisado que lo mantienen con una sedación «fuerte», según las fuentes.

En conversación con *El País*, el mánager de la banda, Ernesto Muñoz, subrayó que las vidas del vocalista y el baterista no corren peligro. En un comunicado, la agencia de representación de la banda ha agradecido también el «interés, el apoyo y las muestras de cariño». Compañeros de profesión como Vetusta Morla, Lori Meyers o Sidonie ya han reaccionado ante la noticia y han expresado su consternación por el suceso y sus deseos de recuperación por las redes sociales.

Según ha informado el servicio coordinado de Emergencias 112 de Andalucía, el siniestro se ha producido a las 8.06 horas, cuando varios conductores han avisado del suceso. El 112 ha alertado a los servicios sanitarios de EPES, Guardia Civil, Policía Local y Bomberos.

De *El País* del 14 de agosto de 2016

3

«Uno, dos, tres... ¡cuatro!». José lo grita con ganas: «Uno, dos, tres... ¡cuatro!». Pisa el pedal de la guitarra, Jaime hace lo mismo, Pope se despista un poco y Juanca entra demasiado acelerado con las baquetas. Da igual. Se acaban de lanzar y están ansiosos por demostrar que esta noche va a ser histórica. No será una noche más. Qué va. Que nadie se piense que los cuatro están ahí para cumplir el expediente. Son una banda con hambre. ¿Qué banda no la tiene cuando acaba de empezar? Seguramente todas, pero ellos no piensan en el resto de los grupos de la historia de la música, ni siquiera de los grupos de la historia de Baeza. Ellos solo piensan en su ahora, en su momento, en esta actuación en su quiosco de música del paseo de la Constitución. No hay un lugar más chulo ni más icónico para darse a conocer.

«Uno, dos, tres... ¡cuatro!». Ya lo pensaban unas horas antes, cuando en la prueba de sonido afinaban instrumentos, bailaban con los cables de un lado para otro y le daban una palmadita al Cagarrut, como si fuera un colega más preparándose para el concierto. ¿Cómo iba a serlo? Sin el Cagarrut no habría banda. Ese bajo con su amplificador fue el motivo principal por el que los cuatro se decidieron a formar el grupo. Pope había conseguido que su padre se dejase cuatrocientos euros en él y ahora, a través de su amplificador, iba a demostrar que podía sudar como el que más. El Cagarrut es su piedra filosofal y su motor de inyección, todo al mismo tiempo. Los define y los acompaña.

«Pediremos un aplauso para el Cagarrut», ha dicho en broma José después de la prueba de sonido, cuando por la tarde estaban sentados en una terraza del paseo, tomando unas cervezas y comentando cómo no cagarla mucho en esa puesta de largo.

Al concierto van a ir sus padres, muchos de sus amigos y a saber cuántos conocidos y desconocidos. Muchas personas del pueblo se acercarán a curiosear porque han visto la programación de la Universidad Internacional de Andalucía y saben que hay una actuación en el quiosco de música. Los cuatro están ahí porque Antonio se ha encargado de hablar con los responsables de los cursos de verano y ha conseguido que los incluyan en las actividades lúdicas que acompañan a los talleres y las conferencias. Antonio trabaja para la Universidad Internacional de Andalucía y es el padre de Elena. La novia de Juanca le comentó a su padre si podía ayudar a la banda incluyéndola en las actividades. Cuando Antonio lo propuso al gabinete de la universidad, sus miembros pensaron que era una buena idea: un grupo de jóvenes músicos baezanos dando un concierto. Por qué no. Y ahí están los cuatro, en el cartel de actividades de 2008, dispuestos a demostrarle al gabinete que ha sido una gran decisión, que no se han equivocado con ellos. Además, les van a pagar mil euros. ¡Mil eurazos! «¡Tú verás si es dinero!», exclamó Juanca cuando se lo dijo Antonio. «¡Tú verás si es pasta!», se adelantó José a Jaime y Pope cuando Juanca lo contó en el local de ensayo. En las últimas semanas han ensayado tocando ante los colegas y han hecho un bolo más o menos oficial: el del Burladero. Sin embargo, el del día de hoy, no cabe duda, es el concierto de sus vidas.

«Uno, dos, tres... ¡cuatro!». Es julio y los cuatro van con camisetas de verano y pantalones cortos. No es el look más rockero, pero a ver qué loco toca con vaqueros, camisa y botas con este calor. No son una banda de Alabama ni de Nueva York, de esas que tienen que cumplir a rajatabla con la estética de cuero y pitillo y ajustarse tanto a la fotografía que se espera de ellos que la imagen acaba por vencer a la comodidad. Los cuatro son de Baeza, han montado un grupo y solo se lo quieren pasar bien. Y, bueno, qué demonios, van a demostrar lo que valen. Va a ser un día histórico. Se lo dicen entre ellos y se lo repiten, aunque sin mucha ceremonia y más bien con algo de cachondeo. Una noche histórica que, en el fondo, para nadie del público lo será. Solo para ellos. La noche de su primer gran concierto. Encima, en Baeza, en el quiosco de música, donde se conocieron y jugaban al fútbol de niños esos partidos de dos contra dos tan frenéticos. Ahora, con los instrumentos a punto, los cuatro podrían afirmar que es igual de divertido. Porque ahora el rock es la diversión.

«Uno, dos, tres... ¡cuatro!». Todo se revoluciona. José, Juanca, Pope y Jaime se ponen a tocar como caballos salvajes. Sus cuerpos se electrifican. Cobran una energía nueva. Se olvidan del calor, de la gente, de los nervios, de cagarla. Están concentrados en su misión: demostrar que su música puede emocionar. «Acuérdate de que no nos acoplemos», le había dicho José a Jaime en la prueba de sonido. «Ese volumen..., que por favor no rompa los tímpanos», indicaba Pope. «Vamos a darle una vez más con el arranque», decía Juanca. Como pasa también en los ensayos en el local, Jaime ha estado más callado, aunque, ese día, sin necesidad de decir mucho, les ha transmitido algo de intranquilidad. José también ha estado nervioso y, por eso, ha estado tan encima del sonido, de detalles ínfimos, pero que para él siempre son trascendentales. «Sube, baja, sube... ok, déjalo ahí», decía con la guitarra entre las manos mientras acercaba su boca al micrófono. Ahora están en plena actuación, frente a su gente, en lo que podría llamarse su primer concierto de verdad, con un caché, como si ya fueran músicos profesionales y no unos simples chavales que no se creen aún que les den mil euros por tocar canciones que, sin que nadie se lo haya dicho, saben que son mejorables.

«Uno, dos, tres... ¡cuatro!». ¡Menudo subidón! José lo piensa mientras observa cómo el paseo de la Constitución está lleno de gente. Divisa a sus padres, a sus hermanas, a algún amigo, pero también se fija en que hay muchas chicas del pueblo, dispersas entre la multitud. ¿Cuándo tantas chicas le prestaron tanta atención? La mayoría de ellas observa sus movimientos, sus gestos... y parece disfrutar de su música. ¡Madre mía! Esto de subirse a un escenario es distinto a todo.

«Hola, ¿qué tal? Estamos en este concierto, gracias a la Universidad Internacional de Andalucía. Nos gustaría que disfrutarais de estas canciones tanto como nosotros haciéndolas», dice José a modo de presentación tras la primera descarga eléctrica.

Se lanzan a tocar otra. Y otra. Y otra. Los cuatro forman un torbellino caótico. Así hasta que llegan a un tema que llevan preparando toda la semana: *Fix You*, de Coldplay. José está aprendiendo a jugar con su voz e intenta imitar ese tono agudo y llorón de Chris Martin cuando canta esta especie de balada rock. No lo hace mal, pero tampoco es Chris Martin, esa estrella de primer nivel. Desde la parte de atrás del quiosco, sentado en la batería, Juanca se da cuenta de que algunos han reconocido el tema. En cuanto lo acaben de tocar, José dirá que es de Coldplay. Tenía que haberlo dicho antes, pero se le ha olvidado o, simplemente, ha pasado de hacerlo. A saber. Le gusta improvisar.

«Uno, dos, tres... ¡cuatro!». Va a ser la última vez que José pronuncie esta frase típica de una banda de rock para que, al escucharla, Juanca, Pope y Jaime se lancen y los cuatro rematen por todo lo alto el concierto. La noche ya campa alegre por las calles de Baeza y el paseo de la Constitución es una especie de verbena popular con ellos como protagonistas. La luna está arriba, con su blancor intenso en el cielo negro. José la mira desde el quiosco de música justo antes de despedirse: «Amigos, nos vamos ya. Y lo hacemos con una de nuestras canciones favoritas. Y quizá también una de nuestras mejores canciones, pero eso no nos corresponde a nosotros decirlo. Suena así...».

«Uno, dos, tres... ¡cuatro!».

Y la canción, con esos acordes que parecen lejanos y salidos de algún lugar remoto, suena como un misterio sin resolver. La luna sigue fija en el cielo cuando José, con los ojos cerrados, se pone a cantar casi susurrando.

La canción tiene un nombre tan extraño como llamativo: *Supersubmarina*.

4

Baeza está envuelta en un silencio litúrgico. Hondo y denso, como una noche sin fin que se apodera del pueblo. Lo negro está sobre lo blanco y lo quieto está sobre los pensamientos. Las campanas duermen cuando un penitente, junto a la entrada del templo, ejecuta con la corneta el toque de silencio, un llanto afilado, que sale, con su sonido oscuro y redondo, de la iglesia de la Santa Cruz, la pequeña edificación de arquitectura tardío-románica que mira de frente al palacio de Jabalquinto. Da comienzo la procesión de *la madrugá*. Los años han pasado desde aquel día del accidente y, más aún, desde aquel «primer concierto de verdad» en el quiosco de música. La madrugada está callada hasta que la fe arrastre sus penitencias a un lugar suspendido en el tiempo.

El Cristo de Vera-Cruz cuelga en el interior de la capilla y observa desde el gran tapiz cómo los niños vestidos de roquetes anuncian con sus campanillas el momento de la Misericordia. La posición del gran nazareno no es forzada, tiene su pie izquierdo descalzo y adelantado, asomando bajo la túnica de terciopelo. Carga el patíbulo sobre su hombro izquierdo y la posición de su cuerpo es la de abrazo al madero. Sus manos no agarran con fuerza, sino que acarician la cruz como si fuera un instrumento musical. El brazo y la muñeca izquierdos hacen un giro, dirigiéndose hacia el corazón, mientras que la derecha se apoya sobre el instrumento de tortura y marca la ligera inclinación hacia delante del torso y la espalda.

Se abren las puertas del templo y, entre la penumbra de las velas, se recorta la imagen de una gran cruz de plata, brillante y desafiante, cargada por los portadores. El silencio inunda las calles. Largas filas de negros nazarenos bajan la rampa antes de ponerse a caminar por el pueblo con pasos de luto y austeridad. Redoble de tambores. ¡Pom... pom, pom... pom! Corazones sobrecogidos en la noche andaluza. Redobles y redobles hasta que se diluyen y ya apenas se oye el traqueteo de las maderas de las cruces, al hombro de los nazarenos y las nazarenas. Madera chocando con piedra, cruces arrastradas por los caminos con edad de siglos.

A paso lento y solemne, el Cristo de Vera-Cruz abandona el templo para recorrer el pueblo. Va en su trono dorado y alumbrado por los bellos farolillos. Se balancea tímidamente, estremecedor con su regia talla. Cabello voluminoso, ojos de cristal bajo unas cejas muy arqueadas e impresionantes carnaciones pálidas. La apertura de su boca muestra un suspiro muy real y barroco. Un suspiro místico, un gesto por encima de lo que pueden entender los hombres. «Señor, te viste solo y condenado», reza el cura en este rumor nocturno. Cuando despierte el Viernes Santo, llegarán más oraciones y las cofradías abrirán sus puertas para conmemorar la pasión y la muerte de Jesucristo. Los devotos harán su ejercicio piadoso de recordar el vía crucis, el camino hacia la cruz, donde el dolor aguarda en catorce estaciones, las conocidas escenas en las que Jesús fue condenado, cargó con la cruz y acabó crucificado.

Durante *la madrugá*, el Cristo de Vera-Cruz contempla a las gentes de Baeza como si hallase en el interior de sus corazones silencios de mil secretos. La procesión de la Misericordia atraviesa la noche y el Cristo conserva su suspiro eterno al detenerse ante las atentas miradas de José, Juanca y Jaime. Cada uno está en una calle distinta. Los tres miran al Cristo de Vera-Cruz y el Cristo de Vera-Cruz mira a los tres. Pope es el único que no mira ni es mirado. Es uno de los portadores del paso. Carga con los dos hombros y la cabeza introducida entre las trabajaderas, tal y como manda la tradición en el pueblo. Camina a pequeños pasos con el resto de los cargadores. Pope carga el paso como si cargase con una responsabilidad mucho más grande que la de los demás.

Desde aquel golpe terrible es la primera vez que los cuatro acuden a una procesión. Y es como si habitasen una roca en medio del tiempo.

5

Las estaciones han ido pasando en silencio en los últimos seis años en Baeza y José, Juanca, Pope y Jaime han sufrido su propio vía crucis. Es el tiempo que ha transcurrido desde que tuvieran el accidente y su mundo se convirtiera en un camino doloroso. El tiempo desde ese viaje de la madrugada del 14 de agosto de 2016 de Cullera tras tocar en el festival Medusa, en el que atravesaron muchos pueblos dentro de un monovolumen y, justo a unos pocos kilómetros de casa, se estrellaron cuando ya salía el sol y se habían ido las estrellas. Nada fue igual desde entonces.

Sus familiares y allegados conocen las consecuencias de aquel choque, su día a día, sus luchas y sus derrotas. De puertas para afuera de sus casas, todos callan y siguen como pueden, pero Baeza, dicen siempre los ancianos, es un pueblo. Por eso, todos allí saben que las vidas de estos cuatro muchachos son otras muy distintas de las que tuvieron. Aquel 14 de agosto miraron a los ojos a la muerte y nada fue ya igual. Sus existencias quedaron sometidas a una tragedia que no los mató, pero les dejó tanto sufrimiento e incomprensión que no han vuelto a ser las mismas personas. Se ve en sus rostros, en sus andares, en su forma de saludar, en sus voces… y se sabe en todas partes en el pueblo, sobrevuela en las conversaciones que salen por casualidad o a propósito y que saltan de un bar a otro, de una plaza a otra, de una esquina a otra.

—Ayer vi a Juanca con su hermano. Parecía más animado —dice uno.

—El Jaime sigue con la pierna jodida —añade otro.

—Pope se ha puesto a trabajar con su padre —apunta el de más allá.

—José, pobre, todavía va lento, poco a poco —refiere el último.

Quizá en el pueblo no conocen al detalle el ahogo que guarda cada uno de ellos, pero cualquier paisano puede afirmar sin riesgo de equivocarse que estos cuatro chicos soportan una gran carga.

Una carga que no ha trascendido más allá de Baeza. Las vidas de los cuatro son grandes incógnitas fuera de su pueblo. Desde que sufrieron el accidente desaparecieron. No fue premeditado, más bien por una cuestión de supervivencia. Primero, el shock de vivir un episodio que casi los lleva a la muerte. Después, las duras rehabilitaciones que, en algunos casos, no han terminado seis años después. Al contrario: José y Jaime viven una realidad más difícil de lo que nunca hubiesen imaginado. Y los cuatro como banda, como Supersubmarina, han perdido la capacidad de comunicarse con el exterior y también con los suyos. Han publicado algún tímido mensaje en redes sociales, pero acabaron por dejarlo estar. No los lleva a ningún lado. No saben qué decir. Están demasiado inmersos en una recuperación larga, muy larga, tan larga que no se acaba. ¿Qué comunican? ¿Qué dicen? Varios años después no saben qué decir.

El accidente sucedió cuando la banda estaba en su mejor momento. Era un grupo grande y muy respetado en todo el circuito de la música española. Ese año 2016 habían metido doce mil personas en el WiZink Center de Madrid y eran cabeza de cartel de los festivales nacionales más importantes. Toda España conocía al grupo. Sus canciones sonaban en muchas radios y bares. Su carrera se comparaba con la de Vetusta Morla, la gran banda del indie español. Ambos grupos eran ejemplo de ascensión comercial desde la independencia artística y habían ayudado a que el indie se hiciera más masivo. Dos referencias incuestionables de una nueva generación de formaciones jóvenes con ganas de triunfar y seguir ensanchando la historia del pop-rock español.

En definitiva, Supersubmarina era un nombre sinónimo de éxito y buen hacer. Y, en un abrir y cerrar de ojos, todo desapareció. Se fue con violencia. Con estupor y desconsuelo. La foto se rasgó en mil pedazos y la música dejó de sonar. Regresar al momento anterior a que todo se volatilizara es imposible, pero también lo es volver al punto de partida. Están en una situación tajante que deja sin palabras. Una situación para la que nadie está preparado y sobre la que recaen demasiadas expectativas, auténticas losas para cada uno de los miembros de la banda. La posibilidad de su regreso es una cruz. Se ha impuesto el silencio.

José, Juanca, Pope y Jaime no han hablado públicamente del accidente ni de nada que tenga que ver con su recuperación. Los días, las semanas, los meses y los años han ido pasando y ellos han estado inmersos en sus nuevas existencias, alejadas de los escenarios, de los locales de ensayo y los estudios de grabación. Alejadas también de la prensa. Han sido años sin brújula, sin mapa, de caminar hacia delante sin ningún horizonte.

Los cuatro han quedado en verse conmigo en el hotel Puerta de la Luna, una mansión del siglo XVII cercana a la catedral y a las ruinas de la iglesia de San Pedro, donde se encontraba el primitivo Alcázar, que fuera mandado derribar por los Reyes Católicos. Con su aire de pueblo centenario, el centro de Baeza se muestra como un lugar algo irreal, marcado por una especie de liturgia antigua donde el presente busca su espacio entre los restos del pasado. El hotel Puerta de la Luna se halla en pleno corazón de esta zona monumental y majestuosa. La cita con José, Juanca, Pope y Jaime es por la tarde. Llegar hasta ellos no es que fuera imposible, pero tampoco había sido tarea sencilla. Más bien bastante complicada. Ernesto Muñoz, mánager de la banda, ha sido el portavoz de los cuatro desde que sufrieron el golpe. Se ha encargado de comunicarse con la prensa y sus muchos amigos y conocidos. Él, en el fondo, se ha encargado de hacer de cortafuegos ante el incendio mediático que originó el accidente de uno de los grupos más exitosos y queridos de España. Su función fue clave en los primeros días, pero aún más en el largo proceso que vendría después. Siempre transmitió el mismo mensaje: «La banda está parada y no concede entrevistas. La banda no está disponible». Parada, pero no acabada. Una banda detenida por una tragedia.

El muro de silencio era impenetrable. Muchos medios de comunicación se han puesto en contacto con Ernesto en estos seis años, pero también lo han intentado con sus familiares y amigos. Al principio, muchos periodistas no pararon de atosigar al grupo y a sus allegados hasta que, con el paso de los meses, el silencio los acabó venciendo. El proyecto Supersubmarina estaba parado y no había nada más que decir. Además, como suele suceder, el mismo paso del tiempo ayudó a diluir el interés informativo hasta relegarlo al olvido. La actualidad ya está en otras urgencias, en otras cosas que no tienen nada que ver con las vidas de José, Juanca, Pope y Jaime.

Durante esos años, yo fui preguntando periódicamente a Ernesto. Conocía al grupo, los había entrevistado a los cuatro juntos y me interesaba saber cómo estaba avanzando una recuperación de la que Ernesto daba la información justa, sin aportar detalles sobre las rehabilitaciones de cada uno ni detenerse en posibles opciones de futuro. En el fondo, le costaba hablar. Pasados tres años, le planteé la posibilidad de charlar con la banda al completo. «Todavía no están preparados», me dijo esa y otras tantas veces que *a posteriori* le volví a hacer la misma oferta. Era entendible y, con todo, había algo profundamente insólito en ese silencio. Era un silencio denso, compacto, misterioso. Un silencio que, como un conjuro milenario aplicado por una fuerza desconocida, había creado una barrera, un lugar inaccesible. Esa trinchera se hallaba en Baeza y respondía al nombre de Supersubmarina. El mismo nombre que había sido sinónimo de expansión, que había hecho tanto ruido, que había originado tantas canciones que habían llegado al alma de tanta gente y que había hecho nacer tanta música en tantas partes, indicaba ahora algo muy distinto: un espacio inexpugnable. Nadie podía llegar a él. Nadie conocía siquiera el camino de entrada ni de salida. Nadie sabía qué decir al respecto, tampoco José, Juanca, Pope y Jaime. Ninguno estaba preparado para hablar de ese nuevo y abrupto lugar que había brotado alrededor de ellos.

Con su paso severo, el tiempo siguió avanzando, el silencio se había hecho más y más fuerte y el lugar más inaccesible. Pero llegó una llamada de Ernesto: «Quieren hablar». Por fin. Ya estaban preparados o, al menos, eso creían.

6

La cita con José, Juanca, Pope y Jaime se ha planteado como una primera toma de contacto, un simple acercamiento a un periodista tras años fuera de los medios, sin abrir la boca. La idea es ver hasta qué punto creen que pueden hablar abiertamente o no. Hasta qué punto tienen algo que contar de sus vidas actuales y de lo sucedido aquella trágica mañana de agosto en la que un monovolumen se estrelló de frente contra una furgoneta y casi acaban muertos. Hasta qué punto pueden explicar todas las consecuencias.

No están seguros de saber qué decir ni cómo, incluso dudan de que hablar sirva para algo, pero quieren hacerlo. Quieren usar esta primera conversación como paso previo para una siguiente entrevista en *El País Semanal* que pueda explicar su situación a sus fans y al mundo de la música. «Llevamos años sin comunicarnos con la gente», explicará Juanca poco después. Quieren salir de su agujero e intentar que esa resistencia llamada Supersubmarina abra una grieta, vuelva a tener contacto con el exterior, aunque solo sea por una vez. Aunque solo sea porque aún, después de tanto tiempo, no lo ha hecho.

Juanca es el primero en llegar al hotel. Largo y erguido, se muestra cordial y educado. Pocos minutos después aparecen Pope y Jaime, quien se apoya en unas muletas. Sigue de operaciones en la pierna. Sus ojos azules transmiten un cansancio pesado. Tarda en sentarse, se mueve lentamente y se le nota un poco incómodo. Pope y Juanca se mueven bien y, a primera vista, no muestran ninguna lesión. A día de hoy son los que han tenido una mejor recuperación, sin que tampoco haya sido nada fácil para ellos. Sus historias también están llenas de momentos malos. En los tres noto una especie de tensión interna. Es como si apenas se conociesen. Quien toma algo la palabra es Juanca, quien transmite una cierta seguridad en sí mismo, aunque el tono de su voz desprende desasosiego, casi preocupación. Se comunican poco entre sí. Prefieren escuchar. El silencio los sigue acompañando. Un silencio que guarda un elemento distorsionador, como un ruido sordo. Algo salta a la vista, ya antes de comenzar a charlar: la banda no está al completo. Falta José.

José no acude a la cita. En el último momento ha tenido que ir al médico. El destino es siempre caprichoso y parece una señal: su ausencia ilustra el estado de Supersubmarina. La banda está parada en buena parte porque la recuperación de José va lenta. Muy lenta. De hecho, es una recuperación tan difícil y delicada que existe la posibilidad de que nunca termine del todo. Es decir, existe la posibilidad de que José nunca pueda volver a formar parte de la banda. Es una opción que está en el ambiente de una forma velada. Se comenta, pero no se piensa. Se dice, pero no se dice del todo. Y, sin embargo, está ahí. La opción de que no haya futuro, pese a todo el esfuerzo de los cuatro por salir adelante, es tan real como que José ha tenido que ir al hospital justo el día de nuestro encuentro. Su ausencia retumba como ese silencio majestuoso y dominante de la procesión del santo Vía Crucis de la noche anterior.

Sentados los cuatro, sin José, en el patio del hotel, se respira una atmósfera rara. Todo está suspendido en un limbo. En un extrañísimo e inaudito limbo.

7

La religión cristiana entiende el limbo como el lugar o estado en el que residen las almas de las personas que mueren sin haber sido condenadas al infierno. Limbo proviene del latín *limbus* que significa borde o límite, y hace referencia al «borde del infierno». En la imaginería popular es el lugar donde están las personas desconectadas de la realidad que las rodea.

El nombre de Supersubmarina viene de una canción del mismo título que compuso José cuando el grupo todavía no había grabado ningún disco. La letra en su estrofa final describe un estado de *aplazamiento*. Así rezan sus últimos versos: «Que note que estarás siempre a mi lado / Yo mientras seguiré aquí sentado / Como suspenso».

¿Una perversa premonición? ¿Es el destino final de Supersubmarina permanecer en este limbo al que parecían cantarle ya antes de darse a conocer al mundo? ¿Será su fin pasar a la historia como una banda suspensa en algún lugar imposible, estando sin estar con su público, con tantos oyentes que corearon sus canciones?

8

José llega antes de la hora prevista a la cita. Quedo con él a solas en la recepción del hotel TRH Baeza. Ayer no pudo ser, pero hoy se ha comprometido a venir. Es la primera vez que voy a verlo desde el accidente. La primera vez desde hace muchos años y nuestra última entrevista. No creo que lo recuerde, pero dice que se acuerda. Sonríe como un niño que ha resuelto un acertijo. José, que parece más chaval sin la poblada barba que llevaba antes, sonríe mucho y su sonrisa es contagiosa. Siempre lo fue. Ahora incluso más.

Muchos conocen a José como Chino, un apodo que le cayó por sus ojos rasgados cuando tenía seis o siete años. Empezó a llamarlo así Alberto, el hermano de Elena, la mujer de Juanca, y desde entonces lo apodaron así casi todos en la calle. Sus padres y sus hermanas siguen llamándole José, o «el nene», porque es el menor de una familia de cuatro hermanos: él y sus tres hermanas mayores, Ana, Lola y Helena. Chino es también el cantante, guitarrista y compositor de Supersubmarina, un artista muy reconocido en muchas partes, un músico tan talentoso que consiguió que su banda, a partir de las letras y la música que él componía, ganase muchos premios e hiciese de sus tres álbumes publicados Disco de oro —galardón que otorga la asociación de Productores de Música de España (Promusicae) cuando se superan las veinte mil copias vendidas de un álbum—. También alcanzó logros menos cuantificables, pero igual de importantes, como que el grupo fuera independiente artísticamente al mismo tiempo que sonaba en algunas radiofórmulas y que encabezara los principales festivales musicales sin olvidarse de girar por salas de toda España. Chino es el rostro más conocido de Supersubmarina y lo que los periodistas suelen llamar «el líder de la banda» por el mero hecho de ser el compositor y el *frontman*, el tipo que canta en el centro del escenario. Una cosa parece evidente: sin Chino, sin José, el grupo Supersubmarina no hubiese sido posible.

José ha sido el peor parado del accidente. De los cuatro, fue el que más cerca estuvo de morir. De hecho, los médicos llegaron a pensar que no saldría adelante por los daños causados por el golpe. Sufrió tanto, estuvo tan mal, que todavía le quedan varias secuelas, más allá de las cicatrices y las lesiones internas. A primera vista tiene falta de movilidad y coordinación en los brazos, camina algo lento y descompensado y, aunque ya habla con soltura, a veces, no vocaliza del todo bien. José es el cantante del grupo y uno de los mejores que ha dado la música española en el siglo XXI. Un portento de vocalista que ahora se esfuerza cada día por mejorar un poco más en su recuperación, un proceso muy complejo y lento, que carece de previsiones y fechas fijas. Un proceso, a fin de cuentas, que es una incógnita.

Esta incógnita es el misterio que sustenta el limbo en el que está Supersubmarina. Se trata de un misterio dentro de otro misterio. ¿Podrá regresar el grupo? ¿Podrá regresar José? A una pregunta sin resolver se suma otra pregunta sin resolver. Y las dos tienen la misma falta de respuesta. Por tanto, es un gran enigma sin solución. Nadie se atreve siquiera a plantearla. Ni médicos ni familiares ni amigos ni ningún miembro del grupo.

Nadie se atreve excepto José. Él está sentado en la recepción del hotel cuando con toda la determinación de su cuerpo dañado por el accidente empuja sus palabras.

«Seguro», afirma tajante.

«Segurísimo», repite con la mirada encendida.

9

Los acordes suenan lejanos y salidos de algún lugar remoto. Su distorsión recorre la oscuridad entre un murmullo inquieto. Se encienden las luces, Chino da un paso para adelante y habla desde el escenario: «Esta canción se llama como nosotros: Supersubmarina». Muchas de las mil ochocientas personas que abarrotan la sala La Riviera aplauden y celebran con algún vítor espontáneo el momento previo a que José, Juanca, Pope y Jaime se lancen a tocar la canción que se llama como ellos. Es otro concierto histórico en sus vidas. Año 2011.

Ahora los acordes revolotean como caracolas en un mar bravo y eléctrico. Se eleva la intensidad en una especie de ola gigante. José se revuelve sobre sí mismo y canta como gimoteando: «Llego al sitio y no me aguanto / Sé que tendré el cielo entre mis manos / Aparentando estar tranquilo / Y en el fondo sé que estoy temblando, temblando...». El público lo acompaña y se pone a cantar. Es la liturgia del rock.

La banda está desplegada en su posición habitual: Juanca a la batería y en la parte de detrás del escenario, José en el centro, como todo cantante de una formación clásica, y Jaime y Pope a los lados, el primero a la izquierda de José y el segundo a la derecha. A los cuatro los bañan haces de luz que salen de los focos del techo. Tras ellos, una pantalla de lucecitas led juega con las formas de puntos en un baile futurista. Grafías imprevisibles y coloridas: rojas, blancas, verdes, azuladas... El oleaje instrumental gana fuerza en esa ensoñación escénica. Al otro lado, el público grita con más énfasis. Enloquece. La liturgia se multiplica en una confusión de rostros y voces.

Con su porte atlético, José es pura elegancia. Viste como un figurín de catálogo de moda. Zapatos, pantalón de traje negro y camisa blanca con corbata fina. Hace rato que se ha desprendido de la chaqueta. El calor lo estaba matando. Sin embargo, su pelo juvenil, de corte clásico y algo desfilado, se mantiene intacto. Es otro ejemplo más de un atractivo que no se rebaja y que gusta a tantísimas personas. Es un *frontman* de primer nivel, perfecto para la portada de un disco y, más aún, para ese escenario de La Riviera en plena ebullición. Se acerca al micrófono y habla.

«Tengo la suerte de estar en la mejor banda de amigos del mundo. Seguro», dice a mitad de la canción con el brazo derecho levantado y el dedo índice en señal de énfasis.

«¡La mejor banda de amigos!», repite.

Juanca, Pope y Jaime van vestidos con camisas negras, en contraposición a José, y se mantienen en sus sitios. Tocan y observan cómo su amigo se dispone a presentarlos. La ceremonia del rock ha llegado a un momento cumbre. Al menos, para los colegas que comparten escenario y se recuerdan a sí mismos como la banda que son.

—Todo Madrid... Levanta las manos muy alto porque hay que mandar un aplauso gigante a un tío muy grande... ¡Que toca el bajo de puta madreeee! —grita José en compás con los acordes.

Y desde su posición de cantante se gira a su derecha y señala con el dedo a su compañero de banda.

—¡Pope! —vuelve a gritar.

Los aplausos se mezclan con las líneas de bajo de Pope, firme como un guerrero vikingo con su barba y sus pelos rizados.

—Qué guapo se ha puesto Pope hoy, ¿eh? —apunta José antes de pasar a presentar a Juanca—: Y Madrid no bajes los brazos porque hay que mandar otro aplauso a un tío muy, muy, muy grande, que toca la *bataca* de puta madre. ¡Juanca a la batería, por favor!

Otra oleada de aplausos llega desde el otro lado del escenario e impulsa a Juanca a descargar un solo, breve y rápido, a los platillos mientras se muerde los labios como si contuviese a una fiera dentro.

—Y a mi izquierda siempre en el escenario. Y a mi derecha siempre en las camas de los hoteles... Cuando veo su melena rubia, de espaldas... ahí está mi hermano... —dice José con una mueca guasona a la que, con la guitarra entre las manos, responde Jaime con una risotada—. Un aplauso gigante. ¡Que toca la Gibson como los ángeles! ¡Jaime! —grita.

El público cumple con su cometido: hay otra ovación.

—Y, por favor, la última con nosotros —sentencia José antes de encarar la parte final de la canción.

Los acordes, antes lejanos y salidos como de algún lugar remoto, son ahora meteoritos que caen sobre el escenario. Estallan en un frenesí de luces y alaridos. El fervor se adueña de todas las almas. La sala La Riviera es un hervidero. Es la liturgia del rock en su máximo esplendor. Y lo es, como un cuchillo de mil puntas brillantes en esta noche única, cuando José se parte en dos cantando, al galope con sus amigos de la banda, el estribillo de *Supersubmarina,* la canción que se llama como ellos. La canción que cantaron en ese *primer concierto de verdad* en el quiosco de música de Baeza.

10

El escenario, ese lugar elevado, ese espacio sagrado. El sitio donde se magnifican la vida y los sentimientos. Luces, instrumentos y acordes que están al servicio del espectáculo. Cánticos, gritos y botes que están entregados a la música. El terreno imaginario donde todo puede pasar, donde todo se proyecta para rebuscar en el pasado más escondido o perseguir el futuro más prometedor. El escenario es un poema en ojos de un jinete solitario o una fiesta en brazos de una marabunta. Allí donde hay un sollozo de almas perdidas o un clamor de corazones eufóricos está el escenario. Es una plaza tan ancha y tan profunda que caben todas las emociones en ella, las más radicales, las más distintas, las más únicas.

El escenario es lumbre para la guitarra y, como escribía Federico García Lorca, el poeta del cante jondo, «la guitarra hace llorar a los sueños». Habría que preguntarse: ¿Qué sueños? ¿Qué lágrimas? La guitarra de seis cuerdas que tejía, según el poeta andaluz, «una gran estrella para cazar suspiros».

El escenario flota en el negro de la noche y se funde con las memorias. Un escenario no se ve. Se vive. Un escenario puede acompañarte toda una existencia como una luna llena.

José, el *frontman* de Supersubmarina, el cantante de sus canciones y las de su banda y el guitarrista que teje estrellas, no recuerda el escenario. Imposible. José no recuerda aquel concierto de La Riviera de 2012 ni ningún otro en esa sala. Tampoco recuerda aquel concierto en el quiosco de música de Baeza, el primero importante de sus existencias donde en 2008 versionaron a Coldplay. No puede recordar ningún escenario. José no guarda recuerdo alguno de haber dicho: «Uno, dos, tres... ¡cuatro!».

El escenario no existe en su cabeza porque, después del accidente, José ha olvidado todos los momentos de su vida encima de él.

«Nada», dice con ojos de piedra.

«No tengo ningún recuerdo», añade con voz seca.

Entonces, ¿qué sueños?, ¿qué lágrimas?, ¿qué suspiros?, ¿qué estrella? y ¿qué escenario?

Hoy, mientras el mundo sigue su curso, José camina por Baeza de un lado para otro. A veces, lo hace acompañado. Otras, lo hace solo. Y siempre camina sin escenario y sin ninguno de sus formidables rumores de antaño.

11

El silencio es melancólico y turbio en este momento de la noche. José se ha entretenido en casa de sus padres y sale hacia su piso más tarde de lo que habría deseado. Cierra la puerta, baja las escaleras y, cuando se dispone a coger el camino tantas veces transitado, se detiene. Un viento suave se ha levantado y parece haberle silbado al oído. Está solo ahí, en mitad de la calle de adosados donde las luces de los porches se han ido apagando. La hora de recogerse ya ha llegado. La brisa silba tímida pero constante, como un niño que no se cansa de jugar. Movido por un impulso, José enfila hacia su derecha, en dirección contraria al camino que lleva a su piso, y se acerca al final de la calle, justo donde se cruza el paseo de las Murallas y las ráfagas de aire corren sin que nadie las vea.

La luna bien redonda cuelga en lo oscuro del cielo. Es la centinela de Baeza desde mucho antes de que José sufriera el accidente y de que naciera y también de que nacieran sus hermanas y sus padres, desde mucho antes de que existiera el pueblo de hoy y de ayer y desde mucho antes de que existieran todas sus generaciones de gentes. La memoria humana de Baeza, como todas las memorias del mundo, saben por encima de todas las cosas que esta vigilante sigilosa llegó antes que las palabras y los significados. Como un oráculo de blancor puro, la luna lleva siglos escuchando a quien cuenta sus penas. Es fiel compañera en los campos, amiga extraordinaria de los grillos y los olivos de sueño profundo, única guía en los caminos secundarios que se cruzan en esta tierra de aceitunas. La negrura sería total sin ella. Porque las estrellas son demasiado débiles en esta parte donde los cerros han visto tantas batallas sobre la piedra dura.

Ya en el paseo de las Murallas, el viento rodea a José y la luna lo observa desde su lejanía, más allá de la sierra Mágina. El oráculo milenario le dice algo. Le susurra un secreto. Él se mantiene quieto. ¿Qué dice la luna cuando todo es silencio? ¿Qué le confiesa a José mientras el sueño vence a los humanos? ¿Qué nos cuenta a cada uno de nosotros cuando buscamos respuestas? José ha llegado hasta este paseo que bordea Baeza para encontrarse con la luna. Ella y él y la inmensidad de la noche.

El viento ha dejado de silbar y José aguarda, bajo la luz blanca, inmóvil, perenne, como una estatua de mármol. Se queda sumido en sus pensamientos con la compañía de su oráculo.

12

Existe una leyenda en Baeza que apenas nadie recuerda, pero que José cree con una firmeza férrea. Dicen los más viejos del lugar que, si se posa la mano sobre la piedra centenaria de una de las columnas de la catedral, se puede cumplir un deseo. Al parecer, solo les sucede a los que tienen el alma depurada, aunque José no sabe bien qué significa eso. De camino a casa de sus padres, donde cada día come, se detiene frente a ese pilar de la torre que queda en la calle Canónigo Melgares, a unos pasos de la plaza de Santa María. Se para en la ida y en la vuelta. En un movimiento rápido y sin mucha solemnidad, pone su mano derecha en la piedra desgastada y pide un deseo. Siempre el mismo. Uno que le llega de muy dentro y que no le dice a nadie porque, si lo hace, no se cumple.

Cualquiera que hoy conozca a José podría imaginarse su deseo, pero, en cuestiones tan íntimas, todo puede ser. José calla y, cuando alguien le pregunta, sonríe, como el pequeño travieso que ya se detenía muchos años atrás frente a la misma columna. A veces, si se anima, solo suelta: «¿Tú qué crees?». Y no vuelve abrir la boca. Creer es una cuestión de fe y él cree en Dios o en algo superior que se inventó todo esto, y siempre creyó también en esta leyenda porque, en el fondo, es algo que considera muy baezano. Eso le gusta, que algo sea muy de la tierra en la que nació. De hecho, esta costumbre es una herencia musulmana. De cuando los moros llamaban a la ciudad Bayyasa y la Iglesia católica no dominaba el territorio. Entonces la catedral de la Natividad de Nuestra Señora de Baeza era una mezquita y, mucho antes de la llegada musulmana, un templo visigodo. Por tanto, la leyenda puede haber viajado desde tan lejos como la necesidad de la humanidad de creer en algo poderoso. José tiene fe en esta columna que ha resistido el paso de siglos y la lucha de religiones, pero se le hace imposible saber cuándo fue la primera vez que supo de esta fábula de los deseos. Quizá sus padres fueron los primeros en contársela. O puede que le llegase por alguna de sus hermanas mayores. O a lo mejor se lo dijo alguno de sus profesores. No tiene ni idea. Esta leyenda existe en su vida como el olivo en el paisaje: siempre ha estado ahí.

José camina lentamente, con un paso irregular, y, cuando pone su mano en el hueco de la columna, como tantos otros han hecho durante tanto tiempo, casi parece que llega suplicando. Sin embargo, quien lo conoce sabe que no es así. Nunca suplica. Es solo su andar averiado de ahora. Un paso, dos pasos, tres pasos y toca la piedra fría. En ocasiones está muy fría. El invierno siempre es traicionero en Baeza. A muchos turistas les sorprende. Piensan en Andalucía y piensan en calor. No cuentan con que el pueblo, asentado sobre cerros, está bastante elevado sobre el valle del Guadalquivir y puede llegar a tener días cortantes. José lo sabe y el tacto con la roca no le pilla por sorpresa. A veces, al apoyar la mano sobre esa concavidad ovalada y oscura, inclina un poco la cabeza, como manda la tradición. Otras, sin embargo, se le pasa. Lo que nunca olvida es tocar la columna ni, por supuesto, pedir el deseo.

Al dejar atrás la catedral, busca en sus recuerdos y no encuentra casi nada, pero no desiste. Cuenta que su *no recuerdo* favorito es de aquel viaje a Austin. Lo era antes del accidente porque se lo han dicho sus amigos de la banda y sus familiares y quizá hay dentro algo de él que así lo siente. El recuerdo de esos nervios por ir por primera vez a Estados Unidos y actuar en el South by Southwest. Llegaron a hacerlo hasta cuatro veces en distintos garitos. Aquello no era un festival: era una locura, el sueño para todo amante de la música en directo. Cientos de conciertos al día con cientos de bandas y artistas estadounidenses y de otras partes del planeta. En el avión, José iba nervioso pensando que cantaría en Norteamérica, allí donde habían hecho carrera Kings of Leon, The Black Keys, Band of Horses y Arcade Fire. Sus grupos predilectos. Sus referencias. Sus mejores dioses. Aquel era un recuerdo perfecto y que él rememora a través de la memoria de otros. Un recuerdo que, a veces, llega como ese extraño gusanillo que tuvo dentro del avión al cruzar el charco y, otras, en cambio, como esa otra sensación excitante de verse con el resto de la banda saltando de bar en bar para presenciar conciertos impagables. Porque ahí estaban también Juanca, Pope y Jaime. Juntos quemaron Austin. Cervezas sin parar, muchas risas y todo tipo de descargas chispeantes que los conectaban con algún tipo de cielo. Los cuatro conocían a la perfección ese tipo de electricidad. Ese cielo.

José camina por las calles de la zona monumental y, a veces, mira al cielo. Mañana volverá a poner su mano en la roca ovalada y desgastada de la catedral. Como el rayo que no cesa, volverá a pedir su deseo. Y no se lo dirá a nadie porque, si lo hace, no se cumple.

13

El casco antiguo de Baeza, por donde camina José todos los días y donde queda su piso, parece detenido en el tiempo. La piedra, impertérrita al paso de las estaciones, domina el entorno en paredes, suelos y monumentos. Las casitas tienen esa piel firme, de roca sabia, acariciada por el sol de la mañana y que se acicala con los portones de madera y los balcones con tiestos de plantas coloridas. Las callejuelas, sin trazo determinado y adornadas con faldones amarillos, transmiten una irregular armonía. Un aire tranquilo y sereno abraza a este entorno histórico, solo alterado por el canto de los pájaros y el griterío en el recreo de los niños del Instituto de la Santísima Trinidad, el mismo en el que coincidieron en secundaria José, Juanca, Pope y Jaime. Su rumor sobrevuela las paredes del centro escolar hasta llegar a las acogedoras calles y al corazón mismo de este lugar amurallado, es decir, justo al lado, a la plaza de Santa Cruz, vigilada por la mirada solemne de la catedral de la Natividad de Nuestra Señora de Baeza. «Si quieres ruido, te vas a vivir a Granada», afirma José. En la entrada principal del Instituto de la Santísima Trinidad, sobresale una placa de metal desgastado dedicada a Antonio Machado. «Caminante no hay camino, se hace camino al andar», se lee en español, inglés y francés en un emblema con el rostro en piedra del poeta y su firma debajo. No es puro azar: Machado llegó en octubre de 1912 a este instituto como profesor de francés.

Cuentan los baezanos que estos caminitos blancos acabaron por enamorar al poeta, que había llegado a Baeza sumido en una depresión por la muerte de su esposa Leonor a causa de una tuberculosis. El poeta más laureado de la generación del 98 estaba desesperado sin su mujer en Soria y pidió su traslado a Madrid. No fue posible. El único destino vacante era Baeza, donde durante los siete siguientes años, según algunos biógrafos, penó más que vivió, dedicado a la enseñanza de Gramática Francesa en este instituto de Bachillerato instalado en la antigua universidad baezana. Los lugareños más entendidos, o los más arraigados a su tierra y a la historia que de ella mana, tienen mucho que decir de esa pena del escritor de *Soledades* y *Campos de Castilla*. Se refieren a ella, más bien, como una tristeza que fue fundiéndose con el bello paisaje del valle del Guadalquivir. Las tristezas de José, Juanca, Pope y Jaime también parecen fundidas con este campo que los vio nacer y crecer.

¿Qué versos escribiría el poeta sobre la historia de estos cuatro chavales baezanos? ¿Acaso unos parecidos a los que escribió en *Viejas canciones*, ese poema que tanto se oye en los colegios de Baeza, inspirado en la vida de Machado en estas tierras andaluzas?

En el hondón del barranco
Se ve al jinete caído,
que alza los brazos al cielo.

Machado no sabía nada de rock ni de pop. Esas palabras ni siquiera existían cuando él escribía bajo las encinas los versos de sus canciones. Como afirman muchos baezanos, Machado sabía del alma humana, esa que desea y sufre, esa que puede estar condenada a vagar en un limbo, al borde del infierno, atormentada por el silencio del cielo.

14

Hay un pensamiento que invade a José con cierta rabia. Se encuentra en silencio en casa de sus padres y piensa: «Hubo una vez una banda…». Se lo dice a sí mismo como si cada palabra llegase desde muy lejos. Intenta no lamentarse, pero, a veces, no puede. Es un pensamiento recurrente y sabe que Juanca, Pope y Jaime también lo tienen de vez en cuando. No se lo ha preguntado a ninguno, aunque no hace falta.

Hubo una vez una banda, una gran banda de Baeza. José era el cantante, Juanca era el batería, Pope era el bajista y Jaime era el guitarrista. Y sucedió algo más grande de lo que ellos podían soñar. De lo que nadie podía imaginar. Hubo una banda que llenaba pabellones y salas, que tocaba en festivales como cabeza de cartel y cuyas canciones se cantaban en miles y miles de gargantas. Hubo una vez una banda de Baeza que parecía una banda de España entera. Una de esas bandas formadas por cuatro chavales que se comen el mundo. Que surgen en el momento justo. Que llegan adonde solo llegan los elegidos. A ojos de muchos existió esa gran banda. Muchos la recuerdan. Muchos la añoran. Sus miembros lo saben. ¿Y a sus ojos? ¿También existió después de todo? Existió, claro, por supuesto, pero para ellos, para los cuatro, era algo más: era un grupo de amigos. «Amigos del alma», dice Juanca. «Amigos de siempre», apunta José. «Los mejores amigos», señala Pope. «Amiguísimos», indica Jaime. Un gran grupo de amigos. O como sentencia Jaime: «La banda lo era todo».

¿Y ahora? ¿Qué es? ¿Dónde está? Hay muchas preguntas. Quién sabe. Ahora hay cuatro viejos amigos congelados en el tiempo, como esos caminitos adoquinados y blancos del centro de Baeza. Están en un limbo que nadie conoce, que ni siquiera ellos pueden definir. Es un espacio extraño, que les ha tocado habitar. Cuando Pope se pone a pensarlo, siempre le sale la misma frase: «El grupo se quedó en *standby* y nuestra amistad también». Es decir, en modo de espera, en reposo, como un aparato que podría funcionar y, sin embargo, no funciona. Nadie habla de eso, tampoco ellos. Nadie habla de ese modo en *standby*. De la manera en la que ahora llevan sus vidas.

El limbo responde a una realidad: Supersubmarina son cuatro amigos aún en estado de shock. Años después del accidente, José, Juanca, Pope y Jaime siguen bloqueados. Han pasado muchísimas mañanas, tardes y noches sin preguntarse, sin hablar. Los días se han sumado unos a otros, como ladrillos de murallas invisibles que crecían ante ellos. Murallas como las que aún rodean al casco viejo de Baeza. Solo que, en lugar de guardarlos juntos, a ellos los rodeaban por separado, como si fueran cuatro territorios cada día más distintos, más solos, independizados por la fuerza. Cuatro zonas dañadas que, a medida que pasaba el tiempo, más elevadas tenían sus atalayas y más difícil era atravesarlas. ¿Cómo se podrían echar abajo? ¿Cómo podrían volver a estar más juntos? ¿Cómo se podría mejorar la situación actual? Es muy difícil. Es dificilísimo. Cuatro historias diferentes y murallas tan altas.

Cada uno ha ido peleando por su cuenta y con ayuda de sus familiares. El problema es que como grupo no han podido hacerlo. Una banda es un ente propio, una suma de realidades componen una realidad mayor. Una realidad que solo entienden y conciben sus miembros. Tiene su propia frecuencia, su propia dimensión. Por eso, una banda es un lugar inaccesible para el resto del mundo. Como una ciudad encantada. Esa es su magia. Su poder catalizador. Y esta banda ha perdido lo que los unía. El hechizo se ha esfumado. Los amigos están paralizados consigo mismos. No se encuentran. Saben quiénes eran y conocen su pasado, pero no saben quiénes son ahora ni cuál es su presente. Mucho menos saben si hay futuro.

Esa banda de cuatro amigos ha sido engullida por el dolor.

15

Hay un limbo en todo amplificador. Un modo *standby* antes de encender la guitarra. Se trata de una especie de arranque suave que permite que la entrada de electricidad sea menos agresiva para las válvulas del amplificador. De alguna forma, se pone en este modo antes de encenderlo definitivamente para que las válvulas se vayan calentando y reciban la tensión de caldeo para los filamentos, que deben ir cogiendo temperatura hasta alcanzar la correcta para empezar a trabajar y, por tanto, sonar en las mejores condiciones. De lo contrario, el encendido dañaría los filamentos de las válvulas, que suelen tener una resistencia peor cuando están fríos. El modo *standby* no solo es un arranque progresivo, sino que es necesario para que el amplificador no se estropee.

Por tanto, un amplificador en *standby* es un limbo antes de que una banda de rock se ponga a tocar. Es la espera que se hace para, con la temperatura adecuada, poder ejecutar en conjunto la primera canción.

Supersubmarina está en ese modo. Modo *standby.* Un amplificador, como podría ser el Cagarrut que los unió, que todavía no puede sonar. Y nadie sabe cuándo podrá hacerlo o si se ha quedado averiado para siempre en ese modo *standby*.

16

Es sábado al mediodía y en Twitter hay un chico que ha compartido una canción de Supersubmarina con un mensaje escueto: «Qué grandes son Supersubmarina. Espero su regreso». La canción es *LN Granada*.

Más allá de las dos o tres nuevas polémicas del día, su tuit empieza a crecer. Tiene varios retuits y muchos *me gusta* y todo tipo de comentarios que lo convierten en un mensaje con mucha interacción y alcance para buena parte de la gran comunidad de fans de la banda. «Ojalá 2022 nos trajera la vuelta de Supersubmarina», dice un comentario. Otros van en la misma línea: «2022 me parece un año perfecto para que vuelva Supersubmarina», «Molaría que en 2022 volviese Supersubmarina, ¿no? Vuelve la música en directo en su máximo esplendor y Supersubmarina», «Sigo echando de menos a Supersubmarina y comienzo a pensar que no lo voy a superar nunca (emoticono de corazón roto)», «¿Os imagináis que vuelve Supersubmarina y de repente 2022 solo va a mejor y solo trae buenas noticias?», «Si tiene que pasar algo bueno este 2022, que vuelva Supersubmarina», «¿Os imagináis que el Sonorama anuncia por sorpresa a Supersubmarina para este verano?».

Desde hace ya un tiempo, después de haber hablado con José y el resto del grupo, sé que no habrá entrevista de Supersubmarina para *El País Semanal*. No habrá ninguna entrevista en ningún medio. No habrá nada. Ha vuelto el silencio. El muro sigue alto y fuerte. Los cuatro amigos están rodeados por sus murallas. Todo vuelve a estar en suspenso. En ese extrañísimo e inaudito limbo.

Este sábado, mientras el tuit no para de recibir comentarios que desean el regreso de Supersubmarina, me entra una llamada.

Es Juanca. Contacta conmigo como portavoz del grupo. Habla pausado y serio: «Es complicado, pero queremos intentarlo».

La frase aparece en mi mente como una llave que estaba escondida y que, por fin, ha aparecido. Ese lugar inaccesible llamado Supersubmarina se vuelve a abrir. Ahora todo empieza a estar más claro, veo ese limbo de otra manera. Supersubmarina no es solo la historia de un accidente. Es la historia de algo más grande y complejo. Una historia que merece ser contada desde el principio hasta llegar al presente, por inverosímil que parezca. El futuro, por ahora, no existe.

Hubo una vez una banda en Baeza, cierto, y esa banda hoy se llama Supersubmarina.

Segunda parte

El destino

Solo hay cuatro personas que sabían lo que eran The Beatles.

PAUL MCCARTNEY

Pero lo que tú no sabías
es que los sueños no se pueden dominar.

Canción *¡Chas! Y aparezco a tu lado*

1

Hubo una vez una banda en Baeza y hubo una vez, mucho antes, otra llamada The Beatles. ¿Tiene algo que ver la banda más famosa e importante de todos los tiempos con Supersubmarina? ¿Por qué esta asociación? En el fondo, casi todos los grupos musicales del mundo tienen que ver con The Beatles, aunque solo sea porque los cuatro fabulosos de Liverpool nunca dejarán de ser un ejemplo incandescente para todos esos chicos y chicas que quieren probar a formar una banda. Sin embargo, hay una conexión que no me quito de la cabeza. Desde que fui a Baeza, para entrevistarme con José, Juanca, Pope y Jaime, no he dejado de pensar en los paralelismos entre ambos grupos. Es casi una obsesión, como un motor que también empuja esta historia de Supersubmarina.

Quizá nadie, y mucho menos sus cuatro protagonistas encerrados en sus almenas, se ha parado a pensar en la conexión simbólica que une a Supersubmarina con The Beatles. Yo no hago otra cosa. Es algo que, como el viento que surge sin avisar en los campos de Baeza, está ahí, en mi cabeza. Un recordatorio de que existe algo que se escapa a simple vista, pero define una tierra, un lugar, un espacio..., una historia. Es un elemento poderoso e intangible, como la esencia misma de la música. Un elemento que conecta realidades distintas bajo el embrujo de las emociones, de los sentimientos que flotan igualmente en el aire y en lo profundo de los seres humanos.

Camino por las calles empedradas de la zona monumental de Baeza y siento la extraña conexión. Conduzco en el coche por la autopista hacia Madrid y no paro de ver señales. Estoy en mi casa escuchando a Supersubmarina y acabo poniéndome canciones de The Beatles, o viceversa. La historia de Supersubmarina está enlazada con la historia de The Beatles por un soplo que nadie ve y que nadie nombra. Es como ese látigo de viento al que se refería en sus poemas Antonio Machado, asombrado por el misterio del paisaje del valle del Guadalquivir y la sierra Mágina. Y ese látigo suena cada día más fuerte hasta alcanzar un significado. Hay un simbolismo previsto por el destino.

Supersubmarina son cuatro historias que antes fueron una. Sí, como The Beatles. Una banda. Una verdadera banda. De aquellas que, sobre el escenario, parecían un mismo corazón latiendo. José, Juanca, Pope y Jaime y ese corazón llamado Supersubmarina. Como John, Paul, George y Ringo y ese otro latido de The Beatles. Cuatro personas a un mismo ritmo, con un mismo deseo, dentro del mismo organismo. A The Beatles les definieron de muchísimas formas bonitas y, con todo, la mejor de todas las definiciones fue aquella en la que afirmaban que eran cuatro amigos de Liverpool que se conocían desde la adolescencia y tocaron juntos la música que amaban hasta el último día. Es la manera en la que más le gustaba recordar a la banda a Paul McCartney. Años atrás tuve la suerte de entrevistar a Ringo Starr y me lo dijo con sus palabras: «Por encima de todo, The Beatles fuimos unos amigos inolvidables».

Aquella definición era y es imbatible. Y es la misma que se podría aplicar a José, Juanca, Pope y Jaime, incluso la suya viene de más lejos. Supersubmarina son cuatro amigos de Baeza que se conocen desde la niñez, correteando juntos con cinco o seis años detrás de un balón por el paseo de la Constitución, y también tocaron la música que amaban hasta el último día. Su historia podría ser como la fábula de The Beatles. Un ejemplo maravilloso. Una historia extraordinaria que conecta con el cuento de los de Liverpool en coincidencias de todo tipo. El sueño de The Beatles duró diez años y José, Juanca, Pope y Jaime también llevaban ese tiempo juntos como banda hasta el día del accidente. Y aún más: la carrera oficial de The Beatles duró ocho años, desde que publicaron su primer sencillo en 1962 y se separaron en 1970, y la de Supersubmarina lo mismo, desde que publicaron su primer EP en 2008 hasta que tuvieron el trágico golpe en la carretera en 2016.

Dos bandas y una gran conexión. Chavales salidos de la misma ciudad, tocando juntos en un local de ensayo desde el primer día, soñando el mismo sueño y cumpliéndolo. José, Juanca, Pope y Jaime no necesitaban cantar en inglés ni llevar flequillos ni tomar LSD para parecerse a John, Paul, George y Ringo. Sus historias tenían esencias similares y hoy parecen conectadas por increíbles coincidencias. Magia. La magia que solo puede contener la música.

Sin embargo, la magia siempre guarda hechizos imprevisibles. La historia de los cuatro fabulosos de Baeza se detuvo de una forma muy distinta a la de los de Liverpool. No se acabó porque lo decidiesen sus miembros o estos buscasen caminos artísticos en solitario. No. The Beatles pusieron punto y final a su relato, pero Supersubmarina no. No hubo broche. Ellos están en modo *standby*, como dice Pope. A diferencia de la banda más famosa de la historia y de tantísimas bandas. Están en un ángulo muerto, donde nadie los ve ni sabe nada de ellos. Permanecen suspendidos en una especie de vacío astral. Su fábula se ha dado la vuelta. Se ha convertido en algo insólito. Está en otra dimensión. Y no hay manera de ponerle nombre.

2

La fábula de Supersubmarina empezó hace mucho tiempo. Baeza era la pequeña ciudad que sigue siendo hoy, pero, entonces, a finales de los noventa del siglo pasado, en el paseo de la Constitución jugaban muchos más niños que ahora. Tropelías y chillidos conformaban el típico trajín en el parque a la salida del colegio. Allí, al acabar las clases, acudían Juanca y Jaime, que vivían al lado del paseo y no siempre esperaban a terminar la merienda en casa para bajarse a echar unas patadas al balón. José y Pope, por su parte, solían estar ya jugando antes de que ellos llegaran. Tampoco vivían lejos. En realidad, nadie vive lejos de ningún lado en Baeza.

Los chavales correteaban por la amplia avenida, punto de encuentro de los lugareños desde que fuera construida allá por el siglo XVI para albergar el mercado. De hecho, el edificio más representativo es la Alhóndiga, con sus tres alturas y arcos de medio punto situados en un lateral de la plaza y donde en la Edad Moderna se daba el comercio de cereales. Esto se lo contaba siempre su profesor de ciencias sociales, pero a los chavales no les importaba tanto el pasado de Baeza como los campeonatos de fútbol en el paseo. Se escapaban a jugar todas las tardes. Era su rutina y su máxima ilusión. Había tantas infanterías de niños que era difícil saber quién compartía equipo o lo que fuera que se formara para correr detrás de la pelota. Se mezclaban los chicos de colegios distintos y se elegía con el dedo quién iba con quién. Daba igual. El objetivo era jugar y, claro, también, para el que podía, gastarse unas pesetas en alguno de los tres quioscos de chucherías. La zona central del paseo, peatonal y arbolada, recogía la algarabía principal, con competiciones de canicas, peonzas y gente cambiando cromos, pero lo mejor era lo que siempre se cocía en el quiosco de música: los partidos de dos contra dos. Había colas para jugarlos mientras los padres esperaban tomándose algo en el Bar Mercantil hasta que obligaban a sus hijos a irse a casa a hacer deberes o a cualquier otro fastidio.

Bajo el techo del quiosco se conocieron, José, Juanca, Pope y Jaime. Eran cuatro críos de entre un pelotón diario. Allá por 1997, José y Juanca tenían once años y Pope y Jaime uno menos. Habían coincidido muchas veces en los partidos de fútbol del paseo. Lo único que les importaba era pasarlo bien y, entre tanto, saber quién tiraba más fuerte y quién regateaba mejor. También conocer de qué equipo era cada uno. José, Juanca y Pope eran del Real Madrid. Jaime, del F. C. Barcelona. Jaime era minoría ante ellos y ante casi toda Baeza, pero podía presumir de que su equipo, entrenado por Johan Cruyff, había ganado hacía poco la Copa de Europa. Golazo de falta de Koeman y el Barça hizo historia. Tenía cinco años cuando pasó, pero se lo podía restregar a los demás. Los otros no podían decir lo mismo. La última Copa de Europa que había ganado el Real Madrid había sido en 1966. Por mucho que fuera la sexta y antes hubiese conseguido cinco seguidas, hacía un millón de años de eso, España era en blanco y negro y vivía Franco. Eso era más viejo que el comer. La cosa había cambiado. El Barça era mejor. Además, la séptima del Real Madrid era un imposible. Desde la Quinta del Buitre se venía diciendo que «este año cae» y nadie se lo creía ya. Cada temporada se sucedían desastres como el del Milán, el del PSG, el de la Juventus de Turín... Hasta el abuelo del anuncio de la fabada asturiana se reía de ello. Era tan improbable que el Real Madrid se alzase otra vez con la Copa de Europa como que de Baeza saliese un grupo de rock que triunfase.

Los cuatro habían nacido en Baeza y, por eso, se cruzaban por la calle a menudo. José estudiaba en el colegio Antonio Machado, Pope en San Juan de la Cruz y Jaime y Juanca en los Filipenses. Todos acudían con alegría y fervor por las tardes al paseo de la Constitución para jugar. Fue el primer sitio donde se reconocieron y hablaron entre ellos. El fútbol era su gran divertimiento, incluso su pasión. Jugaban tanto que, al final, se apuntaron al Baeza Club de Fútbol. Formaban parte de sus categorías inferiores. A finales de los noventa, el Baeza C. F. vivía una época dorada, o al menos eso se comentaba por la ciudad. Hasta el *Diario de Jaén* escribió sobre ello. El equipo estaba en Tercera división y jugaba mejor que nunca. De hecho, justo cuando el Barça ganaba la Copa de Europa y la Liga, el Baeza C. F. llegó a jugar una eliminatoria de la Copa del Rey. A Jaime le hacía gracia pensar en el paralelismo; no tanto a los demás. Era verdad que la aventura no duró mucho: cayó eliminado en primera ronda ante el Polideportivo Ejido. Al menos, la breve gloria sirvió para que se instalasen mejores focos en el Estadio Municipal. La Real Federación Española de Fútbol lo exigió.

Ellos conocieron los nuevos focos en los entramientos de la categoría alevín del Baeza. De los partidillos a destajo en el quiosco tras salir del colegio pasaron a competir en el Estadio Municipal. Pronto se vio que Juanca era el que más destacaba. Fue el primero en pegar el estirón, pero también era el que mejores condiciones físicas tenía sobre el terreno. Podía jugar de central o mediocentro. Robaba bien y sabía subir con el balón controlado. Algún entrenador decía que podría ser como un Fernando Hierro, aunque su jugador favorito era Fernando Redondo. ¿A quién no le fascinaba Redondo? Era todo clase. El argentino era el único futbolista que regateaba peinándose. También era el jugador preferido de José y Pope y eso que jugaban en posiciones distintas. José era lateral derecho y Pope era portero, como Jaime, que no quería saber nada de Redondo y sí mucho de Guardiola. Los dos porteros alevines se turnaban como titulares a los guantes, pero ninguno parecía que fuera para futbolista profesional. Era algo que se podía percibir ya a esas edades. Tan solo Juanca podría haberlo intentado, pero no lo hizo. Además era difícil despuntar en el Baeza C. F. Para eso estaba el Atlético Jaén. Los de Jaén siempre habían sido mejor equipo.

El fútbol los unía, como a tantos chicos de su edad en toda España. Eran cuatro muchachos de una ciudad de unos quince mil habitantes y que muchos españoles no sabían situar en el mapa. Un pueblo por ahí perdido en el sur, de entre los muchísimos que existen, con niños jugando en la plaza principal y comercios que cierran a la hora de la siesta. De hecho, debido a ese desconocimiento, poca gente de Madrid o Barcelona recomendaba ir a Baeza. No sucedía lo mismo con otras ciudades andaluzas, que a todos vienen a la cabeza y reconocidas por su belleza turística: Sevilla, Granada, Córdoba, Málaga, Cádiz... ¿Pero Baeza? ¿Quién hacía planes para visitar Baeza? Antes de acercarse al pueblo que acogió a Antonio Machado, muchos iban a Jaén, que tiene una catedral muy famosa y un aceite aún más conocido. Allí solo llegaba algún apasionado de Machado, los más entendidos de la geografía española, los que buscaban más allá de los márgenes y rastreaban lugares bonitos y no muy populares o los que sabían mucho de historia y del gran patrimonio de este enclave, hogar de hispanogodos, tribus árabes, familias Omeyas, muladíes, mozárabes y cristianos bien asentados tras la Reconquista. Incluso en ese momento de esplendor cristiano, Baeza tuvo que pertenecer al Reino de Jaén. Siempre Jaén. Y siempre Úbeda. También había que decirlo. La ciudad vecina, con el doble de población, también repleta de monumentos preciosos y con la que comparte la capitalidad de la histórica comarca de La Loma. Si muchos se olvidaban de visitar la bonita Úbeda, aún más se olvidaban de visitar la bella Baeza. Hasta ser declarada por la UNESCO ciudad Patrimonio de la Humanidad en 2003 junto a Úbeda, la desmemoria asediaba sus calles.

Sin embargo, a finales de los noventa del siglo pasado, nada de esto preocupaba a José, Juanca, Pope y Jaime, chavales baezanos que solo pensaban en jugar.

Eran cuatro niños destinados a ser amigos.

3

Paco siempre había querido un niño y, por fin, llegó José. Adoraba a sus hijas Ana, Lola y Helena, pero le hacía ilusión tener un varón. «Cosas de hombres», le decía a todo el mundo. Por tanto, pocos niños más buscados en toda Baeza que ese pequeño que recibió el nombre de su abuelo y que, sin todavía haber visto la luz, se había convertido ya en un acontecimiento en la familia.

José nació en 1986 cuando Paco ya era teniente alcalde de Baeza. Llevaba tres años en el cargo, después de que sus compañeros de partido le hubiesen ofrecido ir segundo en las listas del Partido Socialista Obrero Español (PSOE) en la candidatura para el ayuntamiento de su ciudad. Su militancia venía de lejos. En 1977, Paco se había afiliado al PSOE en Torrejón de Ardoz, cuando vivió en Madrid por trabajo. Se dejaba el lomo montando teleféricos en la capital, ciudad en la que nacieron sus hijas Ana y Lola. Pero a Paco y a su mujer, Mari, no les gustaba Madrid. No se hacían a ella, así que regresaron a casa en 1980. Ambos eran de Baeza y amaban su «pueblo amurallado». Se conocían desde niños y empezaron a salir cuando él tenía dieciocho años y ella dieciséis. Como se dice coloquialmente en Baeza: la arrastró del ala. Sucedió en 1966, el mismo año en el que se armó la marimorena en el pueblo por el homenaje fallido a Antonio Machado. Una comisión de personalidades del mundo de la cultura española, vinculadas con la oposición democrática al régimen de Franco, había decidido hacer una serie de homenajes titulados *Paseos con Antonio Machado* y, entre ellos, se incluía que Baeza fuera el hogar de una pieza escultórica de Pablo Serrano. Se iba a instalar el 20 de febrero de ese año, pero la policía franquista lo impidió y obligó a que el gran busto de Machado regresase a

Madrid. Llovieron palos, hubo detenciones, el mundo otra vez se derrumbaba, pero Paco y Mari se enamoraron. Un amor a prueba de adversidades. Cuando la cabeza escultórica de Machado regresó a Baeza y se instaló por fin en la base monumental de cemento del paseo de las Murallas en 1983, Paco y Mari ya eran padres de tres hijas y vivían muy cerca del «cabezón», como todos en el pueblo llamaban a una obra que se ha convertido en un símbolo del lugar donde el poeta pasó siete años de su vida. El cabezón, por tanto, vio nacer a José, «el nene» que vino después de Helena.

El nene era muy pillo. Como decía su madre: «No es malo, es travieso». A veces, Mari se llevaba las manos a la cabeza y suspiraba porque nunca se estaba quieto. Su padre también lo sabía y se preguntaba, sin esperar ninguna respuesta: «¿Cómo no va a ser travieso si ya vino de nalgas?». Pesaba cinco kilos y venía ya como un toro salido del burladero, explicaba Paco a los suyos cuando hablaba de su hijo. El médico lo describió muy bien en el hospital el día que nació: «Señora, señor, no es un chiquillo, es un boxeador». Rieron todos: Mari, Paco y las tres hermanas. Con el tiempo, no le quitaron nunca razón a aquel médico. Era un boxeador que no paraba quieto, ni con los pies ni con las manos... ni con la cabeza. «Es como un torbellino de ideas, al menos sesenta al día, a cuál más disparatada», decía su padre.

¿Cómo olvidar el día que trajo a casa una rata muerta cogida del rabo? Estaba bien que le gustasen los animales, pero eso fue un asco. Y, con todo, ese vendaval de ideas no era lo que más le preocupaba a su padre. El problema era que el chaval no le tenía miedo a nada. Un día, con cinco años, apareció solo en casa. Llamaron a la puerta, abrió Paco y ahí estaba ese mocoso tan tranquilo. Había decidido volverse del colegio sin esperar a sus hermanas mayores. «¿Para qué?», pensó el chaval. Se conocía el camino, tiró por la calle Pedraza y se fue tranquilamente a su casa. Además, al pasar por la catedral recordó el cuento que le habían contado poco antes que decía que, si tocabas la columna de la catedral y pedías un deseo, se cumplía. Así que eso hizo. Se cruzó todo el pueblo sin nadie y llamó a la puerta con una cara de normalidad que echaba para atrás. «¡Y menos mal que Baeza no es Madrid! Le podría haber pasado cualquier cosa...», dijo su madre. Otro día, llovía sin tregua y José corrió a jugar a lo alto de la colina. Desde lejos se veía un puntito rojo dar saltos, como muy alegre. Su madre no dio crédito. «¿Ese puntito rojo es mi hijo? ¡No puede ser!», pensó ella. Le gritó a lo lejos con tanta fuerza que parecía el personaje de Los Morancos llamando a Joshua. «¡Pero qué haces, ven aquí, te vas a poner malo! ¡Ay, mi hijo! De verdad, el nene no es malo», repetía Mari a su marido y sus hijas. «Es solo un travieso».

Para su familia, el nene no era un niño normal. Siempre tuvo algo especial. Era tímido, aunque travieso, jugaba mucho solo y le encantaba inventar cosas e interpretar todo tipo de personajes. No tenía ni cuatro años cuando se puso una bata de su padre y una corona del roscón de reyes y exigió ser llamado majestad por toda la familia. «Masestad», según lo decía aquel renacuajo. De esta forma, José, el travieso, se convertía en el rey de la casa. Un día quiso ser Martín Vázquez, el futbolista del Real Madrid. Y otro, cuando los Reyes Magos no le trajeron la plaza de toros de Playmobil, que no existía, claro, pero que había pedido porque su padre lo llevaba a las corridas del pueblo y tenía afición, al niño le dio por torear en el salón y pidió ese juguete que no existía. Tuvo que convertir el circo de Playmobil en ruedo: los payasos pasaron a ser toreros, los leones eran toros y dibujó la arena tal y como la veía en la plaza de Baeza.

Esa cabeza llena de ideas, además, tenía talento para la música. Puede que le viniese de su madre. Cuando el pequeño nació, ella ya hacía cante flamenco y a lo mejor algo se le pegó. A los dos años se aprendió de memoria *Adiós, papá*, de Los Ronaldos, que no paraba de escuchar en el casete de Ana y que la tocaba con una raqueta de tenis en el salón, tirándose incluso de rodillas para la pose épica. Poco después le pasó lo mismo con *¡Chas! Y aparezco a tu lado*, de Álex y Christina. Absorbía como una esponja las canciones que habitaban la casa y que salían de la habitación de Ana y Lola. El Canto del Loco, Pereza, Melón Diesel... También le encantaban Héroes del Silencio. Tanto fue así que en una función del colegio se marcó un espléndido *playback* de algunas de sus canciones más conocidas. Muchos alucinaron con él en el papel de Bunbury, todo chulito. Más alucinaron en la familia cuando pidió a los ocho años ir al conservatorio con su madre y con Lola. Después de años de crianza, Mari había recuperado sus clases musicales y el pequeño de la casa se sumó por iniciativa propia. Los tres iban al conservatorio de Baeza, cerca de la catedral, y allí José daba cuatro horas de clases: una hora de lenguaje musical, otra hora de coro y dos más de piano. Tocaba el órgano, tocaba la flauta, tocaba la trompeta, tocaba el tambor, tocaba la armónica... y, según bromeaban sus hermanas, «tocaba las narices». No paraba de hacer diabluras ni de tocar. Cuando su madre lo ponía a leer, él agarraba la flauta e iba anunciando con pitidos y soplos los párrafos y no leía. Las teclas se le daban bien y le gustaban. Practicaba todos los días en casa con el teclado, aunque no siempre se mostraba tan aplicado como debiera para todo lo que había que estudiar. Le gustaba tocar, pero no tanto hincar los codos. Empollar le costaba mucho más que acercarse al teclado e ir sacando composiciones de Mozart, Beethoven, Rajmáninov o Liszt. Lola le daba clases como maestra junto a otros chiquillos, pero José no hacía más que reírse e intentar jugar.

Cuando acabó el grado elemental, saltó al conservatorio de Linares y dejó el equipo de fútbol. No tenía tiempo para compaginar las dos aficiones. Baeza perdía un lateral derecho peleón, pero ganaba un pianista con cualidades. Juanca, Jaime y Pope siguieron en el Baeza C. F. un tiempo más hasta que también lo dejaron. En Linares, José se encontró con más exigencias académicas y su madre, que abandonó el conservatorio como Lola, empezó a estar encima de él para que no se relajase. Sabía que su hijo tenía algo con la música. El mejor profesor del conservatorio de Linares le dio la razón. José Morales le dijo un día que el niño tenía futuro. «Sobre todo para lo poco que estudia», añadió. El nene era todo talento.

En casa, por eso, le empezaron a llamar *el niño orquesta*.

4

Una tarde, Paco y Mari decidieron hacer un desembolso importante. Cuando José llegó a casa en el coche de la madre de otro niño que también iba a clases musicales en Linares, se encontró con un piano en el salón. Un piano vertical Young Chang de color negro. Sus padres habían sustituido el teclado por él. Alto, reluciente y pulido, el piano parecía brillar con luz propia en aquel pequeño salón rectangular de la calle San Benito.

«Seguro que hay muy pocos niños en Baeza que tengan un piano», pensó José. «Quizá yo sea el único».

El pequeño de la casa se sentó y, al principio, apenas jugueteó con las teclas. Blancas por aquí, negras por allí. Se acomodó mejor y se puso a tocar *La Sonata Facile*, también conocida como La Sonata para piano número 16 en do mayor de Mozart. Era una de sus sonatas favoritas y la que había practicado en el conservatorio de Linares. Mozart le gustaba mucho. En cuestión de unos segundos, la casa se impregnó de esa danza alegre y saltarina. Sus padres estaban más que orgullosos del nene. Sería un trasto, se dijeron para sí mismos, pero, contemplando cómo deslizaba los dedos y fijaba su mirada en las teclas, había una verdad más poderosa: el niño orquesta tenía un don para la música.

5

La música. ¿Qué es la música? José nunca se había preguntado qué significaba realmente esta palabra hasta el día que, por primera vez, sintió algo especial. Siempre hay una primera vez para todo y también para entender que la música no es solo un sonido que está en el aire o que entretiene como un juguete. Desde sus primeros años, José siempre había tenido una relación muy personal con las canciones y se le veía disfrutar en diferentes momentos con ellas, pero la música podía ser mucho más. Algo superior.

La pregunta le asaltó un Martes Santo. Se lo preguntó y la definió para sí mismo como el momento en el que un sonido puede elevarte del suelo. Un sonido, una voz… o un coro. No se lo comentó a nadie, simplemente lo sintió. Se hallaba en la segunda fila, en ese inmenso conjunto de voces masculinas y femeninas cuando notó un latigazo fuerte, en el centro del pecho, que le agitó el esqueleto y lo emocionó. No era nada malo. Al contrario, era muy bueno, aunque inexplicable. Durante un instante creyó que, empujado por el latigazo, se elevaba por encima de sí mismo y de todos en el interior de la catedral. Como si fuera un ángel, o un chaval volador, o un mago dentro de un conjuro. La música se convirtió en una sensación extraordinaria en su cuerpo y en su mente, un sentimiento nuevo y apabullante.

Tenía ocho años y acababa de entrar a la Coral de Baeza, como en años anteriores ya habían hecho sus hermanas. Su madre lo había animado a participar en esta tradición familiar y había acabado siendo una de las voces masculinas que apoyaban el canto solemne del *Miserere*, una composición que musicalizaba el salmo 50 y que era seña de identidad de la Semana Santa baezana. Ese martes la música cobró otro significado. Por primera vez le revolvió tanto que por una ráfaga de tiempo breve e intensa creyó que sus pies levitaban mientras el coro de voces y la orquesta sinfónica resonaban como una tormenta en las bóvedas de piedra del templo.

Los más viejos de Baeza dicen que el *Miserere* debió comenzar a interpretarse en el pueblo allá por el año 1860, después de que Miguel Hilarión Eslava lo compusiera por encargo de la catedral de Baeza. Por tanto, un canto de más de un siglo de existencia tuvo una función reveladora en el pequeño José. Son cosas que pasan. Él pensó que quizá porque era Martes Santo sonó distinto a como había sido interpretado en los ensayos de los días atrás. No lo sabía. Tan solo podía decir que, aun sabiéndose una pieza diminuta dentro de un gran conjunto de voces e instrumentos, con la catedral llena de paisanos hasta los topes, aquel día sintió que se elevaba del suelo.

El poder de la música era ese: el de elevarte.

6

Hoy, José puede recordar todavía los cánticos del *Miserere* y las notas de *La Sonata Facile,* pero nada del accidente. Nada. Es un agujero negro. Muy negro. Denso y profundo como un vacío sideral. «Cero recuerdos», dice como si dejase caer una piedra en el agua turbia. «Todo borrado», añade afligido.

No recuerda nada del día del accidente ni de ningún escenario, en el que cantó y tocó la guitarra. Su agujero negro, denso y profundo, se extiende como una mancha de petróleo en su memoria hasta absorber y sepultar sus recuerdos. Mucho tiempo vaciado de su cabeza. Extirpado salvajemente. El monovolumen se estrelló y el primer recuerdo que tiene José es abrir los ojos en una clínica de rehabilitación de Madrid, muchos meses después de casi morir por el accidente de tráfico. El monovolumen colisionó y su mente hoy divisa recuerdos sueltos, la mayoría muy remotos, de cuando era niño, de cuando estaba en el colegio, de cuando no estaba subido a un escenario. Echar la vista atrás para él es no recordar nada de la tragedia que casi lo mata, pero tampoco de los momentos en los que la música le hizo tan feliz.

Negro y denso. Vacío. Hay una parte de la vida de José que no ha existido para él.

En la actualidad, mientras asiste a rehabilitación en Jaén y en Baeza, José acude a casa de sus padres todos los días a comer y a tocar el piano con su madre. El mismo instrumento que le regalaron cuando era un niño. Vuelve a practicar en el piano del salón como cuando estaba formándose para ser un músico. Puede recordar el movimiento dramático de *allegro en do mayor* y, luego, algo más ligero, *el andante en sol mayor,* hasta rematar en ese *rondó en do mayor* de gran profundidad interior. Notas volando en su cabeza, tres movimientos unidos y una sonata atravesando el espacio y el tiempo. Un sonido que lo único que no puede atravesar es ese agujero negro y denso de su cabeza. Profundo. Tremendamente profundo y que no lleva a ningún lado.

El vacío inmutable del día del accidente en el que el sol descargó su rabia de agosto y él estuvo más muerto que vivo.

7

El sol invade el cielo con más ímpetu de lo normal. Desde primera hora, el calor se apoya en Juanca y le hace sentirse más pesado. A su cuerpo le cuesta moverse. Lleva varios días sintiéndose así y esa mañana, jornada de concierto en el festival Medusa, más que nunca. Se siente raro. No sabe definirlo de otra manera. Enjuga el sudor que cubre su frente y piensa que ese sol del demonio le está afectando.

Durante la prueba de sonido, en plena ebullición de las cuatro de la tarde, esa sensación le acomete con fuerza. Habían llegado muy apurados al recinto y quizá el estrés de las prisas influye en su percepción. Sobre el escenario, ajustando los platos con las baquetas en la mano, la molestia es muy real. Le falta chispa. Nunca le ha gustado el calor y en Cullera hace uno pegajoso, incómodo, distinto al de Baeza y al que no puede vencer. A veces le oprime y limita sus pensamientos. No tiene el típico dolor de cabeza, más bien es una sensación más sibilina, una especie de pérdida de energía, de flaqueza general, que lo pone un poco en alerta. ¿Por qué? No lo sabe. Se para a pensarlo más de dos segundos y lo invade la idea de que algo puede ir mal. Por tanto, prefiere no pensar y seguir con la jornada como un autómata con una empanada mental.

«Vamos, Juanca, no te rayes. Solo concéntrate en que esta noche tenéis concierto», se dice.

Cuando por la tarde regresa al hotel en Valencia tras la prueba de sonido, el sol se mantiene inquebrantable y se siente igual. Quizá, por eso, decide cenar solo. Cambia el *modus operandi* habitual. Siempre cena con el resto. Sin embargo, este 13 de agosto baja antes que los demás al comedor. Pica tres o cuatro tonterías y se va a su habitación. Se topa con sus compañeros por el camino. Él sube y ellos bajan. Se cruzan, se saludan y no hace falta que se digan que quedan luego en la recepción para coger el coche que los llevará al recinto. Todos conocen los horarios y se saben al dedillo cómo funciona la logística en las noches de concierto. Y, si alguno se despista por lo que sea, lo pone bien claro en el grupo de WhatsApp de la gira. Lo consulta: *Supersubmarina Crew*.

> A las 21.00 abajo en la planta de recepción para cenar. Lo haremos en el hotel, tenemos cuarenta euros por persona para cenar. Si alguien va antes a cenar, no os coléis. Dando el número de habitación es suficiente. También tenemos veinte euros por persona del minibar de la habitación. A las 22.15 salimos para el festival. Recuerdo horarios:
> Cambio: 00.20 – 00.50. Bolo: 00.50 – 2.20

El mensaje es de Chicharro, siempre eficiente como *tour manager*. Los aligera cuando se entretienen, les tiene preparadas sus cosas, les recuerda los horarios... Es el capo de las giras.

Mientras los demás cenan, Juanca decide darse una ducha en su habitación. Necesita refrescarse y combatir ese calor viscoso que lo acompaña durante todo el día. Agosto en la costa levantina siempre acarrea sufrir esa pesadumbre húmeda y un poco desquiciante, pero esta vez se está superando. Lo empuja a estar intranquilo, un poco fuera de órbita. ¿Qué le sucede? Tiene un presentimiento de fatalidad y no se explica bien a qué viene. Puede que sea el cansancio. La gira va bien, aunque ha crecido demasiado. Sumaron más conciertos para el verano y siente que ahora, tras haber superado el ecuador veraniego, sus huesos están sufriendo. Quizá le están mandando señales, como las que le han llegado de sus músculos con esas extrañas parálisis en la cara. Puede que la última señal sea ese descenso del ánimo inexplicable, como si se quedase sin batería.

Los días raros son aquellos en los que un mínimo detalle adquiere una importancia desmesurada y Juanca confirma que es un día raro, muy raro, cuando se mete en la ducha. Intenta regular el grifo del agua para que esté más fría que caliente y le cuesta bastante. Es como si ese mando no quisiese ofrecerle la ansiada agua fría que barrerá el calor pegado a su piel. Espera unos segundos, que se hacen eternos, y el agua sigue saliendo templada, un templado que le incordia. Parece caldo cayendo sobre su cuerpo sudado. «Qué mierda», dice. Desnudo entre las mamparas de cristal, inmóvil y patidifuso, observa el agua correr por sus pies. «Qué día más raro», piensa.

Esta sensación lo acompaña también una vez dejan el hotel y se van al festival. Está a algo más de media hora de trayecto desde Valencia. Van todos callados y ninguno dice nada cuando entran con el monovolumen al recinto. El ambiente está a medio gas. Miran por las ventanillas y apenas ven el barullo propio de otros certámenes. Gente que va de aquí para allá, pero sin mucho trajín. El Medusa no parece el sitio más indicado para tocar. Vienen de hacerlo en Málaga y Lanzarote, en festivales más ajustados a la banda, y, de repente, a mitad de agosto, con el cansancio sobre sus espaldas, se ven en este evento de electrónica donde no pintan nada. Supersubmarina comparte programación con un reguero de *djs*. El grupo es cabeza de cartel junto con pinchadiscos de fama mundial como Afrojack, Martin Garrix, Steve Angello y otros tantos que, a decir verdad, ninguno conoce bien. Al menos están en el escenario del indie, donde hay caras conocidas como Izal o La Habitación Roja. Es un escenario muy pequeño y han estado tocando en espacios más grandes. Parecen otro grupo. Salen a tocar a las 00.50 de la noche y solo hay mil personas. A lo mejor menos. Es difícil saberlo, pero son muchas menos que los muchísimas miles que acostumbran a tener en otras actuaciones.

«En el festival de Sonidos Líquidos había muchísimas más», le dice Pope.

Lo único cierto es que todo parece ir en contra. Incluso el maldito calor. El sol se ha ido y la noche ha caído, pero el sofoco se mantiene como un recordatorio de ese extraño presentimiento de Juanca. Y aún más horrible es la humedad. Quizá, por eso, dan un bolo malo. De los peores de los últimos tiempos. No hay *feeling* ni entre ellos ni con el público. Y eso es lo más importante: el *feeling*. Ha sido aplastado por el calor. O por ese festival en el que sus canciones quedan sepultadas por el *chunda chunda* a todo trapo. *Boom, boom, bang, bang* y éxtasis por todos lados. Una hora y media de actuación como monos atrapados en una jaula. La culpa es de ellos: han decidido aceptar este bolo en la gira. Otro más.

Pasadas las 2.20 de la madrugada, llegan a sus camerinos y Juanca comenta que el concierto no le ha gustado. A los demás tampoco. Pope y Jaime dicen que el calor no les dejaba tocar bien. Las manos se les pegaban a las guitarras. A Jaime no solo no le ha gustado, sino que además se queja de lo mal que huele la carpa. No le gusta nada el ambiente del Medusa. Se revuelve un poco mientras lo dice. Comen de pie unos trozos de pizza y en menos de una hora ya están listos para marchar. El desastre del concierto parece la excusa perfecta para irse con más prontitud de lo normal. El trayecto de regreso al hotel es de cuarenta minutos en sentido contrario a Baeza y a todos les sigue pareciendo demasiado. Les haría sumar más minutos de viaje al día siguiente. Están con una sensación incómoda en Cullera y volver a Valencia es dilatar esa impresión fatigosa, nada gratificante, como una tarea innecesaria. José y Pope son los únicos que parecen dispuestos a soportarlo y evitar así el largo regreso nocturno. Sin embargo, ninguno de los dos opone mucha resistencia al planteamiento de volver a Baeza directamente, porque ya estaba hablado y medio acordado por la mañana en el viaje de camino a Valencia. Lo hablan de nuevo: si viajan ya mismo, de madrugada, llegarán a primera hora de la mañana del domingo a sus casas. A fin de cuentas, regresarán a tiempo para disfrutar del final de las fiestas. Podrían descansar un poco en sus camas y, luego, por la tarde, quedar con los colegas. Es una buena opción. Perderse la feria de agosto es una jodienda y ellos están en Cullera sin mucha gana. Se merecen disfrutar de al menos un día de festejos, aunque Jaime sea el único que no podría hacerlo: había contado por la mañana que tiene que ir al entierro del padre de un amigo. Ernesto ejerce de mánager y les aconseja que duerman en Valencia y viajen por la mañana, como el resto del equipo. Lo escuchan, pero no le hacen caso.

Pasadas las 3.00 horas de un domingo que había empezado estirando las malas sensaciones del sábado, el Seat Alhambra gris espera en la puerta de entrada del festival con todas las maletas dentro. Chicharro está al volante. Hay muchísima gente cuando José, Juanca, Pope y Jaime pasan entre la multitud a riesgo de ser reconocidos. No sucede. El *chunda chunda* rebota por todos lados cuando el coche enfila la carretera dirección a Baeza. El monovolumen acelera por la A-38 y el Medusa, como un territorio que no debieron pisar jamás, va quedándose atrás hasta desaparecer. La noche es cerrada y el camino oscuro.

Sentado como copiloto, Juanca piensa que el calor sigue siendo insoportable y se acuerda del agua del grifo.

«¿Por qué el día había sido tan raro?», piensa.

Menos mal que ya había terminado y en unas horas saldría el sol. Un día que, en el fondo, está siendo ya empalmado con el otro como dos cables sueltos de una misma corriente. Una corriente que va a causar el mayor cortocircuito de sus vidas de regreso a casa.

Ya es 14 de agosto.

8

A Juanca le empezó a gustar la música gracias a la colección de vinilos de su padre. En Baeza, los más allegados conocían la gran afición de Juan a los discos, pero solo sus familiares sabían hasta qué punto era su pasión. Era lo que se dice un friki, un auténtico devorador musical. Toda novedad que entraba en Discos Metrópolis caía en sus manos. La tienda de discos de la pequeña ciudad se encargaba de asignarle algunos vinilos en cuanto cruzaban la puerta. Le gustaba de todo y, especialmente, los grupos de los sesenta y setenta. Entre sus favoritos se encontraban Supertramp, Neil Young, Alan Parsons, Fleetwood Mac o Barry White. También le atraía mucho la música negra del sello Motown, todas esas canciones breves y alegres que levantaban el ánimo en los días grises. Muchas de estas sonaban en el coche cuando Juan y sus hijos Juanca y Antonio, el más pequeño, escuchaban y miraban el paisaje por las ventanillas. Con la música a todo volumen, los viajes pasaban volando.

Juan se sentía muy orgulloso de que sus hijos trasteasen en su colección de discos. Ambos lo hacían y, en el caso de Juanca, siempre tan inquieto, sucedía a menudo. El niño, tan deseado por todos por ser el primer nieto, había salido a su abuela. De crío estaba siempre con su madre y le gustaba tunear los coches de juguete. No se estaba parado. Por eso se iba todas las tardes a dar patadas a un balón y se dejaba la piel en cada partido de fútbol. Parecía que tuviese que gastar la energía de un pequeño animalillo salvaje. Solo se tranquilizaba cuando se acercaba a la colección de vinilos. Era como si hubiese hallado un tesoro. Su padre lo observaba desde la puerta y veía al niño inmóvil y fascinado, que levantaba las cejas cuando descubría alguna de esas carátulas sugerentes como la del disco *Déjà Vu*, de Crosby, Stills,

Nash & Young. Con su aire en sepia de la portada, se veía a esos tipos como bandoleros, sentados en aquellos troncos del campo, con una guitarra en el suelo y un perro pastor como compañero guardián. Juanca tenía doce años y ya cogía los vinilos como si fuera un pinchadiscos profesional. Los posaba en el plato, se ponía los cascos, cerraba los ojos y escuchaba con la emoción de un niño entrando en una habitación llena de juguetes. Era feliz.

«Menudo fanático», le decía su padre con una sonrisa en la cara.

De esta forma, el fanático heredó la colección de vinilos sin necesidad de que su progenitor muriese. Su padre se la regaló cuando ya era un mozo que tocaba la batería.

La música siempre ha estado en la vida de Juanca. Su madre ya empezó a cantar cuando era adolescente. Cantaba y tocaba a la guitarra canciones protesta en los botellones de su pandilla que, luego, cambió por las del coro del Rocío. Iba con Juan, que también cantaba, pero Leni era quien más activa se mostraba en el coro y quien amenizaba las fiestas en casa. Cuando había reuniones familiares, no se cortaba un pelo y, como si estuviese rodeada de niños en una de las funciones del colegio donde trabajaba de maestra, se ponía a cantar. Ese recuerdo lo tiene Juanca desde bien chico. La madre cantando incluso cuando vivían en Madrid, en aquellos primeros años en los que Juan pasó de ser delegado de Jamones Navidul en Jaén a jefe de ventas en Alcobendas. De Madrid, la familia se fue a Motril y allí estuvieron hasta que se asentaron por fin en Baeza. Juanca tenía ocho años y justo nació su hermano Antonio. Fue el momento en el que Juan y Leni decidieron echar raíces en Baeza, donde se habían conocido y habían querido formar una familia. Juan empezó a trabajar en una empresa de aceite de la zona hasta que pudo montar Representaciones Baeza, su propio negocio de distribución de vino y alimentación para la provincia de Jaén. La decisión trajo mucha más música a la vida de Juanca: se multiplicaron las reuniones familiares en Baeza en las que su madre cantaba y tocaba y su padre pudo ampliar su colección de vinilos y encontrar un espacio definitivo para conservarla hasta que su hijo mayor se hiciese con ella.

Los vinilos ya rodeaban a Juanca cuando sus padres lo animaron a meterse en una cofradía. Era una tradición: Juan y Leni pertenecían al coro del Rocío y querían que su hijo se uniese al coro y a la cofradía del Santo Entierro, muy ligada a la familia desde que el abuelo Antonio fue Hermano Mayor y, después, lo fue Leni. Los chavales se juntaban a las distintas cofradías y bandas y aprendían a tocar instrumentos para los pasos de Semana Santa. Desde siempre las cofradías han sido asociaciones que buscaban rendir culto a Dios, la Virgen y los santos y son vistas por las autoridades religiosas como un instrumento ideal para consolidar la fe cristiana. Sin embargo, después de tantas décadas de tradición, los baezanos entienden las cofradías como un elemento de integración social más que religioso. Sirven como entidades para que los jóvenes se junten y socialicen entre ellos, como en las peñas populares. De esta forma, Juanca ingresó en la banda de la ilustre cofradía de la Humildad de Nuestro Señor Jesucristo y Nuestra Señora de los Dolores del Rosario, pero que todos conocen en el pueblo como cofradía La Humildad, aunque no deje de pertenecer a la cofradía del Santo Entierro. La sede de La Humildad estaba en la parroquia de El Salvador, aunque los ensayos con la banda se hacían en una nave del polígono industrial. Allí, Juanca se encontró con tres de sus amigos de pachangas: José, Pope y Jaime.

La banda de la cofradía La Humildad los volvió a unir a los cuatro. O más bien fue otro paso más para que se empezase a labrar una amistad entre ellos, una relación más fuerte y que generó vínculos sólidos entre estos muchachos que a partir de entonces también tenían la música como un espacio compartido. Habían jugado partidos de fútbol en el quiosco del paseo de la

Constitución y en el Baeza C. F. y ahora se intercambiaban instrumentos en la nave del polígono. Estaban como destinados a seguir unidos. Una vez dentro, los cuatro comprobaron que la fe católica no era tan importante como pertenecer a una banda de música. Era difícil de explicar si no se acudía a los ensayos. La religión era el origen y el fin de toda cofradía, pero los grupos que pertenecían a cada hermandad tenían su propio funcionamiento alternativo, mucho más ligado al sentir de la chavalería y al ir y venir de las personas que buscaban estar unidas, salir y divertirse a través de la música, aunque esta fuera dirigida a procesiones penitenciales, pasos de Semana Santa, rezos y réquiems. Nadie imponía ningún credo. Todos se dejaban llevar por la música y su poder comunitario. Así, Juanca escuchaba la *Marcha de Cristo de la Humildad*, que había sido compuesta por la banda de la hermandad en los años ochenta, y no pensaba en nada religioso. Simplemente le gustaban el melodrama y la dignidad de esos pasos, ejecutados con contundencia. Para él, como para José, Pope y Jaime, las marchas que tenían que memorizar servían para aprender a tocar instrumentos y para algo más importante: empezar a tener una cuadrilla gracias a la banda musical.

Empezaron a crear pandilla entre los cuatro. Una pandilla con sus propias reglas. El equipo de fútbol estaba regido por demasiadas normas y marcado por una disciplina que no había en el grupo de la cofradía. A los cuatro les encantaba el fútbol, pero rodearse de cornetas y tambores era otra cosa. Había una especie de anarquía premeditada en cada ensayo. Liberaba soplar a pulmón abierto una trompeta o golpear con fuerza un tambor. Y liberaba de una forma distinta a practicar deporte. Así lo sentían las cerca de sesenta personas que se reunían cada tarde para ir viendo qué instrumento era el adecuado para cada una. Tambor, bombo, corneta, redoblante, timbal, trompeta, fliscorno… No se elegía de antemano. Iban probando unos y otros mientras charlaban y comentaban todo tipo de tonterías. Incluso José,

Juanca, Pope y Jaime, adolescentes en la edad del pavo que no llegaban a los dieciséis años, se veían reflejados en otros más mayores que ellos cuando estos hacían el ganso.

Juanca, tan disciplinado y entregado a sus pasiones, era el único de los cuatro que todavía compaginaba los ensayos semanales con los entrenamientos en el Baeza C. F. Era el más preparado de todos para jugar al fútbol y se las veía canutas para poder entrenar y ensayar a la vez. Con el tiempo acabó dejando el fútbol y centrándose en la banda. Fue una decisión natural, como la de acabar tocando el fliscorno. Había probado con otros instrumentos, pero se hizo fuerte con esta especie de trompetita versátil, tan útil para sonar en las marchas y que, incluso, había sido usada en las viejas orquestas de jazz. Un instrumento que, mucho tiempo atrás, según dijo Jesús, el director de la banda de la cofradía, había servido en los campos de batalla para convocar a los flancos de los ejércitos. A José le pareció bien y también se decantó por el fliscorno. Tenía tanta destreza musical desde niño, además de contar con la experiencia importantísima del conservatorio, que pensó que tocarlo estaba chupado. Por su parte, Pope, después de probar con el tambor, decidió tocar la trompeta. Se le daba muy bien. Mejor de lo que creía al principio. Jaime, que fue el primero en ingresar en la cofradía, era el único que parecía tenerlo más claro desde el principio debido a que su padre había sido trompetista de la banda municipal de Baeza. Aunque le llamaba la atención la corneta, se especializó en la trompeta por seguir el legado de su padre. Manejarse con este instrumento lo animó a querer tomarse la música más en serio y le entró el gusanillo de estudiar solfeo. Ni él ni Pope ni Juanca podían alcanzar el nivel de conocimientos musicales de José, que además estaba mejorando su canto en el coro de la catedral, pero ilusión por la música ya no le faltaba a ninguno.

Dentro de la banda La Humildad supieron por vez primera lo que es formar parte de un grupo. Entendieron la relación especial que nacía de pertenecer a una banda donde primaba más el conjunto que una de las partes. Una relación que además se vivía con mucha intensidad a medida que se acercaba la Semana Santa: se programaban más días de ensayos, había más entrega en cada interpretación, todos se fijaban mucho en los detalles... El día grande de la cofradía La Humildad era el Jueves Santo y, por tanto, la banda tenía que estar muy preparada para dar lo mejor de sí misma en las marchas que solían tocar, como la del *Cristo de la Humildad*, la de *Dolores* o *El Salvador*. Himnos repletos de épica y emoción, recargados en su ascensión instrumental, con una gran capacidad de impactar de inmediato en el oyente. Pasos sonoros que desprendían una fuerza aplastante, como casi todo lo que tenía que ver con la conmemoración religiosa, toda esa elevación espiritual a través de una música musculosa y vehemente, interpretada con pulcritud. José y Juanca se involucraron tanto que llegaron a componer alguna marcha por sí mismos para sumarla al repertorio de la banda. Había una madera real de músicos ya en ellos.

La música formaba parte de sus vidas y eso, a fin de cuentas, significaba que tenían una nueva diversión. Porque la banda La Humildad servía como tropa para pasarlo bien. Viajaban a otros pueblos de Andalucía a tocar en otras procesiones o participaban en certámenes de grupos cofrades. A veces madrugaban mucho para salir de viaje en el autobús, pero siempre merecía la pena: conocían otros lugares, otras gentes, otros paisajes, y siempre iban juntos como banda, como colectivo adolescente dispuesto a reírse y dejarse asombrar con cada experiencia. El viaje a Málaga, por ejemplo, se les quedó marcado. Por la ciudad, por el ambiente, por el buen rollo. Lo pasaron pipa.

José y Juanca tocaban el fliscorno. Jaime y Pope soplaban la trompeta. Empezaban a estar unidos por la música, un hilo invisible que los ataba más fuerte que el colegio y el fútbol.

Ellos aún no lo sabían, pero los cuatro estaban a punto de ser una pandilla.

9

Dentro del monovolumen, Pope piensa que la banda lleva unos cuantos conciertos en los que no hablan como antes. Lo normal es comenzar cualquier viaje comentando algún asunto relacionado con la actuación reciente o lo que fuera que surgiese en las cabezas de cada uno. Sin embargo, la gira de verano los ha silenciado. Se sientan y callan. De hecho, Pope se guarda ese pensamiento para sí mismo y no dice nada.

Los cuatro han abandonado la carpa del festival a toda prisa y, al subir al coche, se han puesto ropas más cómodas: pantalones cortos, camisetas sueltas y chanclas. El calor sigue acompañándolos y quieren evitar poner el aire acondicionado, que siempre juega malas pasadas. José es el más cuidadoso: no sería la primera vez ni la última que un cantante se queda afónico de un día para otro por culpa de enchufarlo a la ligera.

Menos Chicharro, que conduce, todos tienen ganas de dormir o, al menos, intentarlo. Es tarde y han dejado atrás el Medusa como quien abandona en la cuneta un trasto inservible que se olvida. Juanca va de copiloto. Justo detrás van José y Pope y, en la parte del fondo, en los dos asientos diminutos que se despliegan, se sienta Jaime, que ya se ha acostumbrado a ese sitio. Ser el más delgadillo y pequeño le lleva a ocupar esos recovecos. El arrullo del vehículo los acompaña con la inercia de otras veces. Para aplacarlo, Juanca sintoniza Radio 3. Virginia Díaz está retransmitiendo el festival Sonorama Ribera desde Aranda de Duero. Cada uno está a lo suyo, consultando los móviles y acomodándose en los asientos mientras Chicharro maneja el coche por la carretera oscura. Empieza a sonar Molotov desde uno de los escenarios del Sonorama. Juanca hace un amago de subir el volumen, pero decide dejar la música a una intensidad baja, como una parte más de ese paisaje sin alteración que invita a cerrar los ojos. Ninguna descarga eléctrica de los mexicanos rompe el ambiente narcótico. «Gimme tha power!», canta Tito Fuentes al otro lado de las ondas, pero allí nadie se inmuta y, poco a poco, van cayendo en la somnolencia.

Como una libélula en la noche, el monovolumen planea solitario por la nacional 322 atravesando pueblos y dejando atrás gasolineras y desvíos. Pope recuerda algún viaje que, tiempo atrás, habían hecho por esa misma carretera cuando se dirigían a tocar al litoral mediterráneo. Es un camino habitual, que se extiende en el mapa como un brazo entre Valencia y Baeza. Algún día será una autovía, les dijeron, pero la nacional aún conserva su carácter del pasado siglo XX, de esa época en la que las carreteras aún eran arterias despobladas por donde ruge el horizonte y transitan camiones de mercancías como guardianes de ese mundo que no sale en los periódicos. Pope siempre ha creído que ellos conocen algo ese mundo. No solo porque son de Baeza, sino porque llevan ya muchos años recorriendo la geografía española en furgoneta y tomando todos esos caminos que permanecen a la intemperie. De concierto en concierto, de gira en gira, de año en año… Acumulan ya muchos días dedicados a ser viajantes, tanto como a ser músicos. Viajantes con sus pensamientos y sus silencios perdiéndose por las carreteras a través de las ventanillas. O con sus ilusiones también flotando por los caminos que se cruzan.

Dentro del coche, Pope solo aspira a un deseo inmediato: dormir. Afuera, la noche es densa. Después de revolverse un poco en el asiento y conseguir encontrar una postura, entra en un sueño ligero, interrumpido por ráfagas en las que su cuerpo cansado le exige una cama confortable y no ese espacio incómodo e improvisado del monovolumen. ¿Cuántas veces se ha obligado a dormir así, en un vehículo en movimiento y no acondicionado? Un vehículo que solo sirve para viajar sentado y rígido, como un viajante activo y no como un muñeco de trapo. ¿Cuántas veces lo han hecho él, José, Juanca y Jaime? ¿Y cuántas más lo seguirán haciendo? Son una banda importante, de las más importantes del indie español y, con todo, no se comportan como unas estrellas del rock clásicas, ni tampoco tienen nada que ver con esos grupos estadounidenses o ingleses que viajan en autobuses de lujo, con camas, habitaciones y bares incluidos. Que van de una ciudad a otra en hoteles *deluxe* con ruedas. España es más pequeña que ese mastodonte llamado Estados Unidos. Es accesible y se pueden medir las giras de forma distinta. Es posible hacer lo que hacen ellos: tocar en Gandía y dormir en Baeza. Aunque ahora, justo ahora, están todos intentando dar una cabezada en el coche.

Molotov ha dejado de sonar por el transistor. Pope lleva apoyada la cabeza en el cristal cuando oye que Chicharro dice algo entre dientes. No alcanza a entenderlo. No se encuentra bien. Asegura que anda cansado y que le ha entrado una morriña estúpida. No va seguro al volante y prefiere parar. Deben andar cerca de los últimos pueblos de la provincia de Albacete cerca de Jaén. No están muy lejos de casa. Pero Chicharro no puede más. Cuando dice hasta aquí, es hasta aquí. Mejor no forzar.

Chicharro busca la primera gasolinera en la carretera y, pasado Villacarrillo, encuentra una especie de venta. La noche sigue siendo pesada y está bastante oscuro. Es una gasolinera muy pequeña, perdida en mitad de una nacional sin tránsito a esas horas de la madrugada. Normalmente, Juanca se encarga de los relevos cuando Chicharro se cansa al volante. Sin embargo, Pope, ya despierto, se ofrece voluntario. En la ida, en el camino a Valencia desde Baeza en el día anterior, que en realidad es el mismo día porque han empalmado ambos como dos cables sueltos, ya condujo un rato largo. No le importa volver a hacerlo. En el fondo, desde que su padre lo llevaba con cuatro años a los olivares a saber lo que era trabajar, tiene una actitud de hierro. Pope sabe sacrificarse, es algo que ha aprendido en casa. Y, en este momento, toca sacrificarse. A Chicharro y a Juanca les parece bien. Mientras, José y Jaime siguen dentro del coche, cansados y zombis, con ganas de verse en una cama. Pope estira unos segundos las piernas y se pone al volante. Chicharro se queda de copiloto y Juanca pasa atrás junto a José. Jaime se mantiene al fondo del todo, en su sitio habitual, donde a veces parece que no está.

El Seat Alhambra gris vuelve a acelerar en dirección Úbeda. «No queda mucho para llegar a casa», piensa Pope. La radio está sonando, pero el nuevo conductor no la escucha. Su mente se concentra en la carretera mientras cavila sobre todos esos viajes que llevan haciendo juntos desde que formaron la banda. El resto vuelve a intentar dormirse y él conduce en silencio con el mismo pensamiento con el que entró al coche: «Antes hablábamos más en los viajes, antes no estábamos tan cansados de ir de una ciudad a otra, de un festival a otro… Antes, simplemente, no nos sobraba ninguna actuación».

El amanecer dará paso a la mañana y la mañana se terminará de un tajo.

10

A veces, Pope pensaba que tal vez había nacido debajo de un olivo. Sus primeros recuerdos brotaron en el campo. Su padre siempre le contó que todavía no sabía andar en condiciones, dando pasitos pequeños y torpes, y ya se caía con los terrones de arena del olivar. Mientras el resto de los niños se soltaban por los pasillos de las casas o de las guarderías, Pope aprendió a caminar en el campo, entre olivos.

Los olivos siempre han formado parte del paisaje de Baeza. Se podría decir que son tan antiguos como el sol. Su extensión alcanza más allá de donde llega la vista. Miles y miles y miles como un ejército desplegado hasta el infinito en un millón y medio de hectáreas. Se ven desde cualquier lugar de Baeza, pero también de Úbeda y de otras poblaciones cercanas. Dicen que son más de sesenta y seis millones de árboles, lo que quiere decir que hay más olivos en Jaén que españoles en España. Se alargan dando forma a un océano verdoso oscuro, frente a un horizonte montañoso e imponente. De hecho, al paisaje, como salido de un sueño, se le conoce como mar de olivos. Muchas veces el sol lo hace refulgir en su inmensidad como si guardase la promesa de ser un mar bravo y profundo, tan esplendoroso como inabarcable. En otras ocasiones, las nubes de la mañana lo inundan de misterio y lo cubren con una bruma inquietante.

A Pope nunca le gustaron aquellos batallones invencibles de ramas y hojas verdes. Ni con niebla ni con sol ni con lluvia. Ese mar terrestre era un paisaje abrumador y formaba parte de su vida. Uno se acostumbra como a ver nubes en el cielo, pero los olivares siempre fueron para él mucho más que una postal de la que presumir: una obligación, un trabajo agotador, ese lugar donde gastaba días libres y hasta las vacaciones del colegio.

Cuando no estaba en el colegio, acompañaba siempre a su padre al campo. José María tenía unos doscientos olivos propios y además era el encargado de fincas ajenas donde trabajaba la siembra y la recogida. Pope solía marchar con él los fines de semana y los días festivos hasta las pedanías de la Escuela, La Laguna o Jimena. José María entendía que, de esta forma, su hijo podría valorar lo que costaba la vida y entender lo difícil que era sacar adelante a una familia. Su padre lo había hecho con él y él lo hacía con Pope. Trabajar el campo formaba parte de la educación que tenía que recibir un niño en la familia Cabrera. Aunque, a decir verdad, esta tradición iba mucho más allá de su familia: estaba en la sangre de todos los campesinos de Baeza. Para muchos, el campo en Andalucía todavía lo era todo, principio y fin, razón de ser y de vivir.

A los doce años, Pope ya conocía el gran mandamiento que era el trabajo de la tierra en su casa. Un mandamiento que vencía a todos los demás. Aprendió a tocar la trompeta de juguete con un año, casi la misma edad a la que ya correteaba por el campo. Y, casi a la misma edad a la que ya jugaba en el equipo de fútbol del Baeza, recorría las fincas, olivo por olivo, paso a paso, mientras comprobaba que el chupete de cada gotero funcionaba bien. Al principio seguía las directrices de su padre. Después ya iba solo. La mayoría de los riegos venían del río y, a veces, llegaba el agua con barro y dejaba los goteros atrancados. Había que desatrancarlos o cambiarlos. Otras veces, muchas más, la avería venía de las mordeduras de los conejos. Clavaban sus dientecillos incansables en las gomas y se iban agotados después de dejarlas con pinchazos por todas partes. Quedaban inservibles. Otra tarea que ya de niño aprendió fue a hacer los suelos. Con paciencia, quitaba con una mano de hierro las hojas que se caían a la tierra. Podía estar entre dos y tres horas limpiando la finca. Sin embargo, nada odiaba más que pestugar. Se calzaba los guantes, cogía el hacha y con el filo iba quitando los hijos de los olivos, toda esa tarea plomiza de arrancar las ramas. Zas, zas, zas... En ocasiones se veía obligado a usar también tijeras para cortar las pestugas nuevas que estaban echando brazos que no convenían. Le aburría y le agotaba aún más que los suelos y los goteros, pero, encima, esta labor de preparar al olivo para la aceituna se hacía en verano con todo el calor.

Cuando ya con catorce años empezó a ganar su primer jornal, podía estar hasta ocho horas quitando hijos. Él, su padre y el resto de los jornaleros se ponían a currar a las seis de la mañana y apuraban hasta la una del mediodía, cuando ya el sol era como un gigante aplastando guisantes. Zas, zas, zas... Pope llegó a creer que podía morir asfixiado. Por eso, él siempre prefirió la recogida de la aceituna. Se hacía en diciembre, llegado el puente de la Constitución, y duraba como mucho dos meses, según el volumen de frutos que hubieran dado los olivos. Su padre iba con el tractor y el vibrador. Él andaba detrás tirando del mantón y echándolas en el remolque. En un año bueno, un olivo podía dar hasta ochenta kilos de aceitunas, es decir, un solo olivo ya era muchísimo trabajo. Al menos, en la recogida, sin los rigores de una temperatura criminal, paraban a comer con tranquilidad. Alrededor del mediodía, se sentaban bajo un olivo, sacaban la capacha y tiraban del chorizo, las habichuelas con huevo o la carne con tomate que dejaba siempre preparada su madre.

Pope conocía sus obligaciones, pero le interesaba mucho más su nueva pandilla de amigos que los olivos. En definitiva, era un adolescente como otro cualquiera. En la banda de la cofradía La Humildad había intimado con José, Juanca y Jaime. Una amistad que se alimentaba más allá de la música y el fútbol porque además los cuatro coincidían también en el colegio Santísima Trinidad, donde cursaban la ESO. José y Juanca eran un año mayores que él y Jaime y guardaban ese aire tan propio de los mayores en un instituto, cuando un solo curso confería de unos poderes extraordinarios deseados por los más pequeños. De hecho, José se había convertido en una especie de héroe entre los alumnos, y no porque un día enseñase el culo por la ventana del autobús durante un viaje escolar y otro lanzase las zapatillas de una niña en el tejado del colegio, donde se quedaron para siempre, sino por una huelga de profesores, en la que la dirección escolar no dejó salir a los estudiantes de la ESO al recreo y cerró la puerta principal. Esta prohibición no afectó a los de Bachillerato y, al saberlo, los de la ESO se sintieron como delincuentes en una cárcel. José se tomó la justicia por su mano y forzó la puerta hasta abrirla. Muchos alumnos de la ESO salieron disparados al patio. Ante esta rebelión, la dirección del Santísima Trinidad contempló expulsarlo del colegio durante tres días, pero la madre medió y consiguió que el castigo consistiese en limpiar las mesas de las aulas durante una semana. José, el nene, hacía honor a la condición que le otorgó su madre Mari: era travieso.

A Juanca y Pope siempre les atrajo esa condición de José cuando empezaron a quedar los fines de semana para salir a tomar algo. Gracias a su relación estrecha a través del fútbol, la banda cofrade y los recreos del colegio, Pope se sumó a la misma cuadrilla de José y Juanca. Los tres se movían por la zona del Muro, donde hacían el botellón. Jaime también andaba por ahí, pero se iba con otros chavales. Tenían entonces entre quince y dieciséis años y eran los días de los botellones y los recreativos del paseo de la Constitución. Sobre el cerro rocoso del Muro, donde se divisa el valle del Guadalquivir y la sierra Mágina, allí donde la Baeza fundacional construyó su primera ciudad fortificada, los adolescentes quedaban para beber y escuchar música. La zona del Muro era el lugar de encuentro festivo antes de saltar a los bares. Algunos se emborrachaban más de la cuenta y ya se quedaban allí. Otros, en cambio, solían bajar hacia el centro y se metían en los garitos de los callejones de la parte de atrás de la catedral. Buscaban más lío nocturno. José, Juanca, Pope y Jaime solían ser de esos, más cuando José empezó a trabajar de camarero en El Francis. A Juanca y Pope les gustaba acabar la noche en ese bar porque se estaba tranquilo y, gracias a José, se oían canciones chulas de Los Ronaldos, Los Piratas o El Canto del Loco.

Pope se enteró de que, por aquella época, José empezó a no separarse de su guitarra y se la llevó al viaje de fin de curso de primero de bachillerato a Sanxenxo. Él no fue porque era un año menor, pero sí lo hizo Juanca, que se dedicó al timbal. Los dos trasladaron sus juergas sonoras de la banda cofrade a la aventura escolar en Galicia. Se hincharon a tocar y a beber. Sumaron para la causa a Javi Terry. Con el primo de Juanca, sacaron composiciones de Estopa, que, luego, también empezaron a tocar en los botellones en el Muro. Pope, por eso, se hizo un fijo de esas quedadas de fin de semana sobre el cerro en las que siempre acababan enchispados y cantando fuera de tono. «Adiós papá, adiós papá, consíguenos un poco de dinero más...». «Pequeñita, a dónde vas pequeñita. No me fio ni un pelo de tu carita bonita...». «Palabras que no dicen nada en estas cuatro paredes. Promesas que no valen nada, nada, nada, nada... ¡Uoooo, aaaah! ¡Lalalalalalaaaaaa!». Todos cantaban como solo se canta en un botellón con una guitarra de por medio y dos copas de más.

A Pope le gustaba cantar y oír cantar. Estar en el Muro con sus amigos. Tanto le gustaba que no se lo perdía y empalmaba la jarana sin dormir con ir a ayudar a su padre a los olivares a primera hora de la mañana de muchos sábados y domingos. Porque había una frase de su padre con la que había crecido en su casa y con la que sabía que no podía combatir: «Si eres hombre para beber, lo eres para trabajar». Él aún no era un hombre, sino un adolescente que se divertía con su pandilla y amaba la música.

Un día, después de pestugar toda la mañana en una de las fincas, su padre supo de este amor de su hijo.

—Papá, me quiero comprar una guitarra. Cuesta cuatrocientos euros —dijo Pope sentado en el asiento del copiloto del coche.

—¿Para qué quieres esa guitarra? —preguntó José María.

—Para tocarla con mis amigos —respondió el hijo, sin explicar que, en realidad, quería comprarse un bajo con su amplificador de acompañamiento.

—¿Qué tontería es esa de tocar una guitarra? ¿Tú sabes lo que cuesta ganar cuatrocientos euros? —replicó el padre.

—Es mi tontería y la quiero hacer. Vengo al campo para poder comprármela —dijo Pope, que desde niño había destacado siempre por su actitud férrea.

José María decidió callar durante el resto del viaje, pero no fue la única vez que escuchó a su hijo pedirle los cuatrocientos euros que costaba la guitarra. Insistió varios días. El padre no entendía nada, pero no podía decir que su hijo no cumpliese con sus labores en el campo y le prestó el dinero.

El nuevo bajista *amateur* empezó a practicar con el instrumento en sus ratos libres mientras no dejaba de quedar con sus amigos para jugar en los recreativos, ir a ligar cervezas, compartir discos de sus grupos favoritos y tocar canciones en parrandas en el parque.

¿Cómo iba a pensar en los olivos? ¿Quién querría hacerlo?

Ninguno de su pandilla quería. A él, como a los otros tres que ya conocía de las pachangas en el paseo de la Constitución, el equipo de fútbol, la banda cofrade y el colegio, casi les faltaba formar una banda.

El destino se lo estaba pidiendo.

11

Una noche, José caminaba por la zona monumental de regreso a casa cuando se le repitió una letra en la cabeza. Acababa de estar de fiesta con la pandilla en los callejones de la parte de atrás de la catedral. Llevaba quizá un ron de más. Hasta ese día, a sus diecisiete años, si alguna vez había soñado con ser algo había sido ser futbolista profesional, tan bueno como Redondo. Cierto que solo había sido un simple lateral derecho del Baeza C. F., pero soñar es derribar las murallas de la razón.

La letra no lo dejaba en paz. Se le repetía una y otra vez, dando vueltas en su mente como un satélite en órbita. «Cuando crees que me ves, cruzo la pared, hago chas y aparezco a tu lado...», entonaba para sí mismo.

Vislumbraba una imagen: él sobre un escenario con una guitarra entre las manos y un micrófono cantando este estribillo. Era la primera vez que pensó con entusiasmo que molaría tener una banda. No un grupillo para hacer el tonto como una copia barata de Héroes del Silencio. No. Se refería a una banda, una verdadera banda.

Estaba a punto de pasar por la catedral y pedir, como siempre, su deseo. La canción del «chas y aparezco a tu lado» seguía en su cabeza. Cantarla le causaba algo parecido a lo que sintió por primera vez dentro del coro cuando entonaba el *Miserere*. Lo elevaba del suelo.

Cuando esa noche tocó la columna de piedra ovalada, tan desgastada por el paso de los siglos y las manos depositadas en ella, cambió sus habituales deseos futbolísticos, y otros menores que a veces se le ocurrían, por uno distinto. Uno nuevo. Era la primera vez que pedía algo que le llegaba desde muy dentro, desde lo más profundo de su espíritu. Durante mucho tiempo ese deseo sería el único que pediría, el más grande e ilusionante.

Sí, José, sí, se decía, el nuevo deseo suena mucho mejor que ninguno.

12

Siempre hay un Ringo en una banda, el último en llegar, pero que es el pegamento que une todas las piezas. A Jaime le tocó serlo. Entró el último en el grupo y también en la música. En el fondo, era curioso: sus padres lo intentaron convencer para que se apuntase al conservatorio y no quiso. Prefería el fútbol y todo lo demás. Jaime podía haber seguido un camino similar al de José, pero al final cada uno sigue su propio sendero vital. En el sendero de Jaime, la música no empezó a ser importante hasta que se aficionó a ella en la cofradía La Humildad. Cogió la trompeta viejísima de su padre y se puso a tocarla de tal forma que se dio cuenta de que la música tenía algo. ¿Qué era eso que le causaba tanto placer al soplar? Algo que le llamaba la atención, sin duda. Antonio había sido trompetista de la banda municipal. Ahora tenía su propia empresa de fotografía con sus hermanos. Tocar la trompeta ya solo lo veía como una afición sin importancia, aunque siempre había deseado que su hijo apreciase la música. Por eso, le encantó ver cómo practicaba con ella y, más aún, saber que el ilustre profesor de la banda municipal Martín Morales le enseñaba a mejorar la técnica. Una vez que su hijo entró en la música, no pudo ni quiso salir.

A Jaime también le costó entrar en la banda, que era lo que quería. La idea de formar un grupo salió de José. Más bien, el deseo salió de José, que pasaba todos los días por la columna de la catedral. Lo expuso al resto una tarde que estaba viendo un partido del Real Madrid contra el Deportivo de La Coruña junto a Juanca y Pope. Los tres se encontraban en el Burladero, el bar en el que José trabajaba de camarero tras haber dejado El Francis, cuando Pope tomó la palabra. «Mi padre me tiene frito», dijo.

El partido era aburrido como un domingo sin pipas y Pope siguió comentando que su padre se había enfadado con él porque no tocaba el bajo que le había comprado. «¿Cuatrocientos euros para qué?». Esa era la pregunta que más le había oído soltar a su padre en los últimos tres meses. Pope estaba preocupado y decía que necesitaba motivarse. Entonces José, mientras el Real Madrid atacaba con todo el equipo, soltó: «¿Por qué no formamos una banda?». Una banda de verdad, como Héroes del Silencio o Los Ronaldos. Una banda para dejarse de corritos en el parque del Muro y todas esas tonterías. «Formemos una banda y ensayemos», dijo retando a sus amigos. Pope y Juanca, que habían dejado de mirar al televisor desde que José empezara a hablar entusiasmado, se quedaron mudos unos segundos hasta que ambos, como encendidos por la misma chispa, afirmaron que les parecía una gran idea. «A ver qué sale», dijo Juanca. En el fondo era buena idea. La banda estaría formada por ellos tres y también contarían con Javi Terry, que sería el cantante. José sería el guitarrista, Juanca el baterista y Pope, claro, el bajista, que para eso su padre le había comprado un bajo por cuatrocientos euros y no lo usaba.

Jaime no estaba esa tarde en el Burladero. Su presencia siempre era intermitente. Era de la pandilla sin serlo. Se movía entre dos grupos de amigos, aunque le atraía pasar más tiempo con José, Juanca y Pope y se preocupaba en coincidir con ellos en los bares y compartir los mismos planes de fin de semana. A ellos también les gustaba la música y él cada día estaba más interesado en aprender más sobre ello. Primero había seguido el camino de su padre con la trompeta en la cofradía y, ahora, le llamaba mucho la guitarra, después de que a su hermana le regalaran una que había dejado muerta de risa en su habitación. Ana no había cogido más de tres veces esa guitarra flamenca y su hermano menor se la agenció para ir sacándole notas. Incluso decidió apuntarse a unas clases para aprender unos conocimientos básicos. Se inscribió con ilusión, como cuando descubrió en los ensayos de la banda cofrade de La Humildad que había algo poderoso en tocar la trompeta, algo poderoso y divertido, y distinto a jugar al fútbol o a las consolas. Por tanto, el cuerpo le pedía a Jaime ser más amigo de José, Juanca y Pope. Como él, mostraban ese interés natural y fantástico por la música. ¿Qué era eso de que iban a montar una banda propia? Cuando se enteró por ellos en una noche de botellón en el Muro, se quiso sumar. Pidió ser aceptado en los primeros ensayos.

«Yo quiero probar con vosotros. Dejadme estar, aunque sea de oyente», señaló Jaime.

Ellos, a regañadientes, aceptaron. No ayudaba que fuera más pequeño que José, Juanca y Terry y que no fuera un virtuoso con la guitarra. ¿Qué podía aportar? No estaban muy convencidos, pero le dejaron que los acompañase.

De esta forma, Jaime, el pequeño de todos, se coló en los ensayos del grupo de sus amigos. Sin ningún papel determinado, estaba puntual en el garaje de la casa de José. Paco y Mari permitieron que su hijo y su pandilla se reuniesen para aporrear los instrumentos en la cochera debajo de la casa, el espacio donde guardaban las herramientas, los utensilios del campo, los viejos juguetes de los niños, algunas botellas de vino y aceite y un sinfín más de trastos. El garaje de José se convirtió en el primer local de ensayo de una banda sin nombre y repleta de ganas por hacer ruido. Jaime iba como observador, pero, poco a poco, se fue metiendo. Un día le dejaban que se trajese su guitarra, otro que tocase unas notas y otro más que aportase ideas con el instrumento. Él estaba encantado y, con el paso del tiempo, terminó por ser un miembro más de ese grupo nuevo que ya ensayaba en Baeza. Quedaba mucho para ser Héroes del Silencio o Los Ronaldos, cierto, pero ya habían dado el primer paso decisivo. Y Jaime se había convertido en el pegamento que hacía encajar todo, la clave que unía todas las piezas.

En ese garaje, entre bártulos de todo tipo colgados por las paredes o apilados en estanterías, esos cinco chavales experimentaron por primera vez lo que era tener algo propio. Jaime recordaba aquellos días en los que iba al estudio de fotografía de su padre, que estaba justo debajo de casa de su abuela, y escuchaba en un viejo equipillo de música los discos de su tío Miguel. *Mucho Tequila*, de Tequila, *Hasta luego*, de Los Rodríguez, o *Alta suciedad*, de Andrés Calamaro, desfilaban por sus oídos y se le iluminaba la cara cuando esos sonidos vibrantes y expansivos le convencían de que un grupo de rock podía ser una de las cosas más molonas de la vida. Nunca se había planteado formar parte de uno, ni siquiera cuando se compró un primer álbum con su propio dinero en Metrópolis. Pinchaba *Gaia* y Mago de Oz le atravesaba como en una extraña liturgia de rock y metal. Ahora, cuando se veía en ese garaje tocando las cuerdas de la que había sido la guitarra de su hermana, pensaba en todos esos discos, en Mago de Oz, Los Rodríguez o Tequila. Sentía que ahora sí, más allá de la cofradía, molaba mucho tener una banda de rock, aunque él por insistencia hubiese entrado el último como Ringo y todo fuera muy precario en ese subsuelo de cacharros. Era tan precario que hasta los platos de la batería de Juanca eran poliéster recortado. Por no hablar del bajo de Pope, el famoso bajo de Pope que le compró su padre por cuatrocientos euros y que contaba con un amplificador que disparaba rayos. Precariedad absoluta.

La música también era mejorable. Tan solo José sabía manejarse con verdadera destreza. Los demás tocaban cuatro acordes y se las apañaban como podían. Había muchas más ganas que talento, aunque tampoco les preocupaba. ¿Cuándo no había sido así al montar una banda de colegas en el garaje de unos padres? La historia de la música estaba repleta de ejemplos, tanto en España como en Reino Unido, Estados Unidos o en cualquier lugar del planeta. Ahí estaban los casos de esos grupos que escuchaban desde niños y, cómo no, el caso de The Beatles, la banda de las bandas, la luz que no dejaba de iluminar medio siglo después. José, Juanca, Jaime, Pope y Terry eran cinco críos de Baeza con ínfulas de parecer mayores e interesantes y deseosos de partir la pana y ser distintos a los demás. Y lo conseguían entre aquellas cuatro paredes subterráneas en las que el ruido del niño orquesta y su orquesta de amigos hacían vibrar el suelo del número 12 de la calle San Benito. «¡Que se calle ya el niño orquesta!», gritaba Lola desde su habitación cuando trataba de estudiar muchas tardes y no había manera porque su hermano y su banda no paraban. El ruido de instrumentos, como en un circo desacompasado, rebotaba por todos lados.

La banda ya era una realidad. Los cinco estaban en marcha y parecían imparables. Y, como tantos primeros grupos adolescentes de rock, dejaron un pequeño detalle casi para el final, justo antes de empezar a tocar en los bares de Baeza o intentar grabar alguna canción: el nombre. Sin mucho debate interno, lo encontraron una tarde en uno de esos ensayos en el garaje de los padres de José, en el que lanzaban ideas absurdas al aire como un juego estúpido. Juanca aportó una: Inflamables. Se le había ocurrido después de coger un bote de laca de su madre en el baño de casa y leer la palabra. Le pareció graciosa. A los demás, cuando lo comentó, les gustó también, así que lo eligieron. Ese sería el nombre con el que se presentarían a sus colegas y familiares en el pueblo.

Un primer nombre como otro cualquiera que, como acostumbraba a demostrar la historia del rock, nunca era el definitivo. ¿O acaso The Beatles no se llamaron antes de The Quarry Men?

13

Ahí estaba: el Cagarrut. Un bajo con su amplificador de acompañamiento. Quieto, descansando en la esquina como un soldadito de plomo, con su color marrón degradado, nada ostentoso ni llamativo. Los cinco lo miraban. El Cagarrut. El nombre lo dio Pope y se quedó como se quedan todos los motes: por repetición inconsciente. Primero lo nombró así su dueño, luego Juanca, otro día Jaime y Terry y, finalmente, José. Entonces, ya se quedó: el Cagarrut.

Ese bajo puso en marcha a la banda, como el impulso divino que necesitaban. Le tenían respeto, también cariño. Sin embargo, el verdadero impulso vino del padre de Pope con su enfado.

—¿Cuatrocientos euros para qué? —le repetía una y otra vez a su hijo.

—¿Me gasto el dinero y, luego, no lo usas? ¿De verdad? ¿Eres tonto, nene, o qué? ¿Tú sabes lo que cuesta ganar cuatrocientos euros? Menudo capricho te has pegado….

No sin razón, la cantinela de su padre le taladraba a Pope la cabeza. Cuatrocientos euros y el bajo seguía sin enchufarse. Un día sí y otro también.

El Cagarrut era el bajo más barato que había. De ahí venía parte de su nombre. Cuando Pope consiguió el dinero de su padre, se fue directo para DaVinci. José Beltrán era el dueño de la tienda de música y lo conocía mucha gente en el pueblo porque era guitarrista de la orquesta de Baeza. Pope se fiaba de él, aunque era verdad que no podía fiarse de casi nadie más y mucho menos de sí mismo. ¿Qué iba a saber él, Antonio Cabrera Gutiérrez, alias Pope, si no había tocado un bajo en su vida?

Al entrar a DaVinci, Pope se acercó al mostrador.

—Quiero el bajo más básico —dijo.

—¿A qué te refieres, colega? —preguntó José Beltrán, quien levantó las cejas.

Entonces, a Pope no le quedó más remedio que decirlo de otra manera:

—Lo que quiero decir es que quiero el bajo más barato que tengas.

—Acompáñame y te enseño uno —dijo con una sonrisa el dueño de la tienda mientras indicaba con la cabeza el pasillo.

Pope se llevó el Cagarrut, nombre que venía de la palabra «cagarruta». Porque el bajo era el más barato y, seguramente, el más malo.

Y ahí estaba: en el garaje durante un ensayo. Los cinco lo miraban como quien observa un bicho resistente a todas las inclemencias. ¿Por qué? Porque le metían una caña alucinante y pensaban que lo iban a romper. El amplificador tenía dos salidas y por una enchufaban el bajo de Pope y por la otra el micro de Terry. Así de brutos eran. Resistía a los dos a la vez y eso que era pequeño. Sufría, por tanto, lo que no estaba escrito, pero aguantaba.

Ahí estaba y pensaban: si tan poca cosa podía tirar para adelante, ellos también.

El Cagarrut se había convertido en el amuleto de la banda.

14

El Seat Alhambra gris sigue rodando camino de Baeza. El sol está a punto de asomar por la lejanía. Pope maneja el volante sumido en sus pensamientos. Tiene ganas de ver a Cristina. Esa tarde su novia y él han podido hacer planes gracias a que la banda ha decidido regresar antes y no hacer noche en Valencia. Irán juntos a la verbena del paseo a comer migas o paella, y, luego, a tomar algo al Burladero o la Barbería. Los demás ocupantes del coche están dormidos o, tal y como le gusta decir a Chicharro, «agilipollados», intentando coger algo de sueño y sin conseguirlo.

De repente, Jaime se desvela y levanta ligeramente la cabeza. Se mueve despacio. Saca el móvil y consulta los mensajes de WhatsApp. La pantalla se enciende alumbrándole con timidez la cara. Son las 7.13 de la mañana, según marca el reloj del teléfono. Le ha respondido Carlos. Jaime le había escrito una hora antes porque quería fichar a Alexander Szymanowski, Swyma. Él y su amigo están enganchados al Futmondo, una aplicación con la que convertirse virtualmente en mánager de fútbol. Los dos están con más amigos en un grupo de juego donde se compran, venden y se ceden jugadores de la Liga española para hacer el mejor equipo posible con el que competir e intentar ganar por puntos al resto. Todo puntúa y todo puede ir cambiando según cada jornada. Al poco tiempo de subirse al coche, Jaime había visto que Swyma estaba disponible en el mercado de fichajes y quería pujar por él. Escribió a Carlos para decirle que había quitado la puja por Fran Mérida y que quería echar el resto por Swyma. «Déjamelo, *please*», le envió. «Y buenos días, a todo esto jejeje», añadió. Eran las 6.19 de la mañana y el hilo de la conversación estaba pendiente desde antes del concierto de Supersubmarina en el Medusa cuando a Jaime le había sorprendido que el Rayo Vallecano le metiese cinco goles al Osasuna y se lo puso a Carlos.

El mensaje de entrada de Carlos ha llegado hace menos de diez minutos. El wasap marca las 7.05:

> *Good Morning*. Voy a hacer un plan. Hoy va a ser día de cuentas y de seguir un plan. Ahora cuando me levante te lo voy a poner

Carlos acaba de abrir los ojos y lo primero que ha hecho es coger el móvil. Le contesta a Jaime desde la cama y tiene previsto responder con más calma sobre sus pasos a dar en el mercado de fichajes y cómo seguir compitiendo con los demás. «Menudo enganche es esto del Futmondo», piensa Jaime, que, sentado atrás, pasa desapercibido para los demás. Se plantea quedarse ya despierto hasta llegar a Baeza, pero se nota cansado y todavía la noche vence al día. Coge el cojín que le regaló su madre, se recuesta sobre la ventanilla y cierra los ojos. El cuerpo le pide apurar algo más o, al menos, dejarse llevar a ese espacio de búsqueda de sueño tan propio de los viajes en coche.

Cuando los vuelva a abrir, pasados unos minutos, será motivado por los gritos de Juanca, el impulso de la sorpresa y el instante del terror. Eso es lo que dura el terror. Un instante, concentrando todos los miedos de una vida en una porción minúscula de tiempo. Un instante en el que el corazón es atravesado por un puñal bien afilado y, luego, todo desaparece.

A las 9.14 de esa misma mañana del 14 de agosto de 2016, Jaime recibirá otro mensaje de Carlos, como le había prometido:

> Hola. Swyma está en mi lista con mayúsculas en letras amarillo fosforito subrayadas y colgadas encima de la tele. Pero si tú me pides el favor, te lo

dejo. Eso sí, quiero dos cosas: 1. Quiero tener la seguridad al 100% de que si no le tiro a Swyma me voy a llevar a Williams. 2. Timor a mi equipo por poco más del valor del mercado el viernes que viene (tampoco creo que quieras poner 2 del Leganés titulares). A ver cómo lo hacemos

No habrá nada que hacer. Jaime no se planteará cómo fichar a Swyma para su equipo del Futmondo ni cómo negociar con Carlos. Para cuando llegue ese mensaje, Jaime y el resto de sus amigos que van dentro de ese Seat Alhambra gris ya habrán pasado por el instante que cambió sus vidas. Ese diminuto espacio temporal en el que las garras del terror se abalanzarán con fuerza y saña contra ellos, inconscientes de lo que el destino les depara. Alarma, pánico, soledad del cielo y gritos. Los gritos de Juanca, que iba despierto sin abrir la boca y deseando verse en casa con Elena. Juanca y sus gritos cuando una furgoneta de reparto de pan se estrelle contra el monovolumen. Gritos de pavor y desesperación inundando con ferocidad el instante.

«¡Pope! ¡Pope! ¡Pope! ¡Popeeeeeeeeeeeeeeeeeeeeeee!».

Demasiado tarde. El instante se precipita sobre sus existencias. Acaba de amanecer y ese sol de agosto será abrasador cuando José, Juanca, Pope, Jaime y Chicharro vuelvan a abrir los ojos. Y sepan horrorizados lo que ha pasado: están en un lugar muy similar al infierno.

15

00.47 horas Elena: «Cielo voy para casa. Q tengas mucha suerte y tengáis cuidadito al bajar. Te espero en casa. Tk».

2.31 horas Juanca: «Ya he terminado cielo. A ver lo que tardamos en salir. Ahora te aviso cuando salgamos».

3.57 horas Juanca: «Salimos para Baeza».

3.58 horas Juanca: «Tk».

5.06 horas Elena: «Vale cielo, cuidado».

8.57 horas Elena: «Cari, por dónde andas?».

9.00 horas Elena: «Estoy preocupada».

Intercambio de mensajes de WhatsApp entre Elena y Juanca la noche del 14 de agosto de 2016.

16

Un instante y silencio. Nada. Vacío. Desaparición. Nada. El vacío de los vacíos. La nada de las nadas. El silencio inmenso. Un silencio de la tierra y el cielo. Un silencio que lo es todo. Extrañísimo, inaudito, irreal. ¿Un segundo, dos segundos, quince segundos, un montón de segundos? Imposible saberlo. En el vacío no se mide el tiempo. Solo existe el silencio. Todo es silencio. ¿El limbo? ¿Qué limbo? El estado al borde del infierno. El lugar en el límite. El silencio es el limbo. O al revés. El limbo es el silencio. Nada. Vacío. Desaparición. Nada.

Sus cuerpos magullados por el golpe en el kilómetro 168 de la carretera N-322 y silencio. El sol inclemente de verano ya haciendo arder ese 14 de agosto y silencio. Todo es silencio.

Y, entonces, un pitido. El ruido que rompe el silencio. El sonido que vibra sin descanso. Un pitido intenso, agudo, tan extrañísimo, inaudito e irreal como el silencio. Un pitido que lo es todo. Acaba con la nada y con el vacío. Un pitido que no deja de pitar.

Piiiiiiiiiiiiiiiiiiiiiiiiiiiiiiiiiiiiiiiiiiiiiiiiiiiiiiiiiiiiiiiiiiiiiiiiiiiiiiiiiiiiiii.

El pitido después del instante de terror y el silencio.

Piiiiiiiiiiiiiiiiiiiiiiiiiiiiiiiiiiiiiiiiiiiiiiiiiiiiiiiiiiiiiiiiiiiiiiiiiiiiiiiiiiiiiii.

El pitido.

Es la forma de salir del limbo. De regresar a la realidad.

El pitido que, tras el silencio, oyen todos antes de despertar y aparecer atrapados en un territorio de dolor. El pitido que, muchos años después, aún recuerdan todos. Lo siguen recordando. Todos, menos José.

17

Bajo estrellas trémulas, la pequeña ciudad está dormida y los olivos apagados. Desde el paseo de las Murallas, la sierra Mágina se ha hundido a lo lejos en su negro silencio mientras la luna flota en el cielo como un velero en un mar en calma. Y José, todo corazón y carne, está ahí, mucho tiempo después del accidente y sin saber por qué. Está mudo, con sus ojos llenos de ocaso y aurora, mirando a la luna mientras la luna lo mira. Otra noche más los dos solos.

En su mente existe un agujero, pero, en la oscuridad, busca una señal.

18

Desde hace siglos, las leyendas recorren las callejuelas de Baeza, ciudad fortificada. Son historias que saltan los muros y transitan los caminos y los campos, los senderos y los olivares. Creer en ellas es como creer en Dios: una cuestión de fe o una cuestión de miedo.

Cuentan los más ancianos que en las profundas grutas de sierra Mágina se esconden unos seres extraños conocidos como los juancaballos. Son mitad hombre y mitad corcel y se caracterizan por ser malignos y crueles. Apenas nadie los ha visto, pero, quienes alguna vez juraron por sus muertos que existían, aseguran que en las épocas más severas bajan al valle del Guadalquivir exasperados por el hambre y la sed. Pisan con sus cascos equinos las coliflores y las lechugas de las huertas y arrasan fincas. Se alimentan de animales y hasta llegan al extremo de comer carne humana. Según la misma leyenda, estas criaturas insaciables abandonan de noche sus cuevas para saciar sus necesidades ancestrales y, como protegidos de las miradas humanas, se bañan después, fieros y salvajes, en la negrura de la oscuridad.

Durante una época, la población de Baeza y Úbeda estaba tan atemorizada por sus posibles fechorías que se hizo un relieve en los contrafuertes de la fachada de la sacra capilla de El Salvador en Úbeda. El objetivo era exorcizar y eliminar el miedo hacia estos seres salidos como del infierno.

La leyenda cuenta también que, hace mucho tiempo, unos cazadores decidieron matarlos, pero sus intentos fueron en vano. Por ello, el concejo de Baeza y Úbeda ofreció recompensa a mercenarios extranjeros. Estos tampoco lo lograron. Así, los monstruos estuvieron varios siglos aterrorizando a la población, inquieta y temerosa cuando la noche se hundía en lo profundo e invitaba a que los juancaballos saliesen de sus grutas. Un día, un reo de gran fortaleza, que estaba condenado a muerte, pidió ir a la sierra Mágina para tapar la salida de la guarida de estos seres que parecían centauros. Nadie sabía dónde se encontraba este lugar por el que salían de sus grutas. Sin embargo, el reo afirmaba que, en sus exploraciones por la montaña, lo había visto años atrás dentro de un pasaje muy arbolado y misterioso de los cerros de Huelma. El forzudo exigió ser perdonado y anular su condena a muerte a cambio de tapar la salida de la caverna. La población de Baeza y Úbeda aceptó. A ese lugar de la sierra se le conoce como la Huerta del Caballo y allí aguarda una fuerte reja que aún hoy existe.

Los más temerosos dicen que los juancaballos nunca desaparecieron ni se quedaron encerrados en sus grutas oscuras. Aprendieron a encontrar otra salida, cavando desde el estómago de la montaña, y todavía vagan por los cerros cuando la noche vence a la luna y los humanos se refugian en sus casas.

La fuerte reja sigue en la Huerta del Caballo. También los relieves de la capilla de El Salvador para exorcizar a los demonios. Y los lugareños más supersticiosos mantienen por si acaso sus rezos: ruegan al cielo que los monstruos no abandonen sus guaridas y ataquen a los suyos.

El mal, el miedo, el terror del más allá... puede que todavía se esconda en esas montañas de un silencio salvaje. Cuando la oscuridad hace desaparecer el paisaje, los juancaballos podrían todavía estar dispuestos a devorar a los simples mortales. Puede que aún puedan causar tragedias en los habitantes de la comarca de La Loma, donde resiste el pueblo de Baeza.

Bajo los techos de las capillas y las iglesias hay religiosos que, sin soltar sus cruces y rosarios, se niegan a creer en esta leyenda folclórica, que ha pasado de abuelos a nietos, de generación a generación. Y, por eso, algunos pusieron nombre a esta leyenda: el delirio de los juancaballos.

19

El destino ha querido que José sea el único que no pueda recordar nada de la tragedia que cambió su vida y la de sus amigos para siempre. Un agujero negro en la memoria del cantante, compositor y *frontman* que parece engullir a la propia historia de Supersubmarina desde aquel fatídico 14 de agosto.

Cuando me encontré por primera vez con la banda, Juanca, Pope y Jaime estaban más bloqueados por el estado de José que por afrontar sus propios traumas con el accidente. Un dolor sobre otro dolor. Una tragedia sobre otra tragedia. Como esa pregunta sin respuesta sobre otra pregunta sin respuesta. ¿Podrá regresar Supersubmarina? ¿Podrá regresar José? Un enorme muro de silencio los rodeaba a todos y era difícil derribar.

El daño todavía es visible en José, cuya recuperación ha sido asombrosa después de haber tenido más probabilidades de morir que de vivir, de quedarse en un punto mucho más lejano de la recuperación del que ahora se encuentra. Ha ido rompiendo pronósticos. Y, sin embargo, la lesión más preocupante es justo la que menos se ve. A medida que fueron pasando los días y me adentraba más en sus vidas, según me explicaron Juanca, Pope, Jaime y el mánager Ernesto, el brutal golpe dejó muchas secuelas en su amigo y una de ellas todavía puede que esté dentro de su cabeza: la anosognosia, una patología por la cual al paciente le falta conciencia de su propia enfermedad, en este caso, de su propio estado vital. Este daño neurológico es común como un síntoma inicial en la enfermedad del Alzhéimer. También puede suceder a causa de lesiones cerebrales como la que sufrió él al golpearse la cabeza en el choque.

Los médicos se lo diagnosticaron: incapacidad de darse cuenta de su incapacidad.

¿Podrá regresar Supersubmarina? ¿Podrá regresar José? Las palabras de José fueron contundentes, nada dubitativas, al contrario que las de todos. «Seguro», dijo. «Segurísimo», añadió.

Sus palabras pesan como si fueran piedras centenarias de las murallas que rodean a Baeza. ¿Es el peso que, al entender su naturaleza, hunde a todos en el agujero? ¿En el silencio? ¿En la nada? ¿En el limbo? Son palabras que duelen y que nadie puede saber hasta qué punto nacen de una enfermedad o de un deseo. O puede que de las dos cosas.

La historia actual de Supersubmarina está sujeta a esas palabras como antes lo estuvo al deseo de José.

¿Podrá regresar Supersubmarina?

«Regresaremos». «Seguro». «Segurísimo», afirma José, el líder de la banda, su voz y su compositor y al que los médicos han diagnosticado que, a veces, puede ser incapaz de darse cuenta de la realidad. Le han diagnosticado, sin poder acertar en toda su gravedad, anosognosia.

Conocida esta situación, las palabras de Juanca, en nombre de todos y a través de una llamada de teléfono, también resuenan con fuerza. Eran las palabras para intentar sacar a Supersubmarina del limbo: «Es complicado, pero queremos intentarlo».

Dentro del limbo, en lo más profundo de ese espacio silencioso y alejado de la vida real, está el último misterio: la anosognosia de José.

La historia actual de Supersubmarina está ahí. No se cierra, pero tampoco puede continuar.

Es una historia que podría formar parte ya de un delirio.

20

El paseo de las Murallas circunda Baeza por su lado sur y sigue el recorrido del antiguo muro medieval de la ciudad. Comienza en la plaza de los Leones y continúa hacia el conocido cerro del Alcázar, una zona arqueológica donde se puede disfrutar de las vistas del río Guadalquivir y las sierras. A medida que se camina, se dejan ver poblaciones cercanas como el Puente del Obispo o Jaén, por donde asoma su castillo. El paseo continúa hasta divisar la ciudad vecina de Úbeda y el Parque Natural de Cazorla. En los días soleados, la naturaleza brilla en el horizonte con ímpetu juvenil, como si fuera el paisaje dibujado para algún cuento.

Ancianos, matrimonios, jóvenes parejas, grupos de adolescentes y niños transitan por este recorrido en la parte alta del cerro, en cuyas faldas descansa una gran ribera de árboles y la vega sembrada. Es el trayecto más querido del pueblo, conocido popularmente como «la ruta del colesterol», por donde se pasa cuando se necesita correr o caminar para quemar algunas grasas, pero también para entrar en armonía con el paisaje, conectar con el entorno o evadir la mente de pensamientos negativos. Muchos han paseado por este camino tantos cientos de veces que se atreverían a afirmar que saben de cada metro, es decir, de esos árboles que acompañan el recorrido, de esos bancos que se distribuyen para contemplar las vistas, de esas baldosas que se juntan para embellecer la vía, de esos pajarillos que cantan a media mañana o de esas farolas que alumbran en el silencio nocturno. El paseo de las Murallas queda muy cerca de casa de los padres de José y, a veces, lo toma para ir al otro lado del pueblo o, simplemente, para que sus pies no pierdan la costumbre de pasar por uno de los lugares más bellos de Baeza.

En este paseo aguarda un mirador que recibe el nombre de Cruz Baqueta porque allí se erige una cruz de piedra. Desde hace siglos, este sitio siempre fue reconocido por los baezanos como el mirador de la ciudad. Ahora hay más miradores, pero durante muchísimo tiempo era el único y todavía sigue siendo el más importante, aunque solo sea porque durante tantos inviernos, otoños, primaveras y veranos ha sido el lugar de encuentro de muchos críos de la calle Griales y todas esas eras que se distribuían antes con sus corrales de gallinas por el barrio alto.

Como un soldado firme contra el tiempo, la cruz de granito, de líneas rectas y sencillas, se erige sobre una base de piedra desde más allá de donde alcanza la memoria. El pinto es cilíndrico y tiene un cincho metálico colocado sobre un pedestal cuadrado de piedras areniscas. La tradición dice que las cruces eran centinelas que vigilaban lo que sucedía en las zonas de extramuros. Se levantaban en las entradas de las ciudades o en algunos enclaves importantes con el objetivo de proteger a la población de los males exteriores. Podía ser de un ataque armado, de una epidemia o de algún otro terror.

Fija e inamovible, la Cruz Baqueta mira a la sierra Mágina, desplegada en el horizonte con su vasta arboleda y relieves, llena de misterio. Desde este mirador, la naturaleza distante del paisaje parece comunicarse con el observador. La tradición de las cruces de granito para espantar a los males poderosos atraviesa épocas y generaciones y llega hasta este lugar sagrado. Al contemplar las montañas de la sierra Mágina es como si se pudiera percibir su mitología en el propio cuerpo. Dice la leyenda que desde hace siglos los juancaballos aguardan allí y salen de sus guaridas para imponer su salvajismo. Descienden de las montañas, galopan entre caminos imposibles y atacan sin escrúpulos. Devoran todo lo que desea vivir. Por eso, la tradición y la fe dicen también que la cruz de granito se levantó para evitar que los males entraran en Baeza. Para que los demonios nunca se saliesen con la suya. Es una cruz que mira y desafía a las montañas. Una cruz de granito, grande y firme, contra los juancaballos.

A veces, José permanece allí, en ese vía crucis llamado Cruz Baqueta, con los ojos puestos en sierra Mágina y el silencio lo domina todo. Él carga su propio vía crucis. Quiere volver a ser el que era. Desea con toda su alma tocar con su banda, con sus amigos. Es todo deseo. La anosognosia podría ser ese deseo imposible. Una estatua de sal en la intemperie, en medio de una oscuridad densa, devorada por los demonios que galopan feroces.

Cruz Baqueta es la fe contra el mal.

La fe queriendo vencer al delirio.

Tercera parte

La tragedia

Los olivos están cargados de gritos.

FEDERICO GARCÍA LORCA, «Paisaje»

Y por la ley inmutable de la vida, todo lo que sube vuelve a bajar.

Canción *Puta vida*

1

Antonio Machado fue un caballero de triste figura durante sus siete años en Baeza. Se le solía ver solo, sentado bajo el olmo de la Puerta del Conde o en alguno de los bancos que, más lejos, descansan a la espalda de la plaza de toros, allí por la calle Egido. Apoyado con las dos manos en su cayado, se le divisaba como abandonado, inmóvil, con sus ojos llenos de lejanía. El mar de olivos se alargaba infinito y buscaba no perder la imagen y el recuerdo de lo que más había amado.

Su mujer Leonor y él vivían en París en 1911 cuando ella vomitó sangre y los médicos le diagnosticaron tuberculosis. Tuvieron que volver a Soria, donde se conocieron, porque le recomendaron instalarse en un lugar con el aire limpio y seco. Extremaron los cuidados, pero no fue posible salvarla. Leonor murió el 1 de agosto de 1912, un día en el que un sol de fuego refulgía en el cielo soriano. Huyó de Soria y de una existencia ya del todo imposible sin Leonor y se refugió en Baeza. Tal y como Machado dejó escrito: «Si la felicidad es algo posible y real —lo que a veces pienso—, yo la identifico mentalmente con los años de mi vida en Soria y con el amor de mi mujer». Dolido del corazón, el poeta escribió una carta desde Baeza a Juan Ramón Jiménez en la que reconocía que, a veces, pensaba en pegarse un tiro. La tragedia había llamado a su puerta y vagaba por Baeza junto a él.

Dicen que la diferencia fundamental entre un drama y una tragedia reside en un aspecto básico: en el drama, los personajes tienen posibilidad de cambiar su destino si toman determinadas decisiones en determinados momentos de la trama, mientras que en la tragedia esto no sucede. En la tragedia, el protagonista sucumbe fatalmente a un destino aciago. Machado sucumbió a este destino.

Baeza fue el lugar donde el poeta de los caminos vivió con la sombra de la tragedia acompañándole entre las huertas y los olivares. Era un alfanje roto, que andaba sin compañía por el paseo de las Murallas cuando los montes de la sierra Mágina estaban envueltos en niebla. Su triste figura se confundía con el paisaje.

Hoy, en los días raros, el paisaje baezano ruge. Su eco atraviesa los versos escritos y las palabras calladas. A veces, José, Juanca, Pope y Jaime pueden oír su llamada. Y sus figuras acompañan en silencio a la silueta solitaria de Machado. La tragedia, como un fantasma sin ojos, también vaga con ellos.

2

El timbre sacó a Lola de su ensimismamiento en la cocina. Se había levantado antes que José y Carmen y andaba por la casa a su aire. Tanto su marido como su hija estaban todavía durmiendo cuando ella decidió salir de la cama y consultar si todo había ido bien la noche anterior en la feria. El sábado había sido uno de los días grandes de las fiestas y, aunque ella había disfrutado mucho con su marido y unos amigos por las cercanías de la caseta municipal donde se había dado el concierto de tributo a Manolo Escobar, siempre debía atender a sus labores de alcaldesa de Baeza. Se había tenido que dejar ver por la Feria de Día del Grupo Rociero Ortigosa y, luego, por la corrida de toros que había llevado al rejoneador Manuel Manzanares y a los matadores Juan José Padilla y el *Fandi*. En todas las jornadas le aguardaba algún evento institucional. Ese día tenía pensado tomárselo con más calma y, por la noche, pasar por la verbena. Ser la alcaldesa no la eximía de disfrutar, pero en el cargo iba implícita cierta preocupación porque todo estuviera en orden, así que era inevitable que le asaltasen pensamientos de inquietud ante eventuales situaciones que estaban más en su cabeza que en cualquier otra parte. Quería que todo transcurriese sin ningún incidente. Si algo había aprendido en un año al frente de la alcaldía, era que siempre cabía la posibilidad de que surgiese un problema más, el que fuera y a cualquier hora. Su labor consistía en saber solventarlos de una manera rápida y eficaz. Por eso, Lola, después de recoger y doblar la ropa rociera del día anterior, se sentó en la cocina, consultó su móvil, vio que todo estaba en su sitio y se quedó tranquila con sus pensamientos en esa mañana de agosto, ligera, con sus pantalones cortos y su camiseta de tirantes, saboreando el café recién hecho en una de sus tazas favoritas en la que se leía: «A la mejor seño». Un regalo que, en su día, le hizo bastante ilusión, porque Lola antes que alcaldesa era profesora de primaria, la *seño* de muchos niños antes de presentarse y ganar las elecciones en 2015.

El timbrazo la despertó de un pequeño salto. Casi se le cayó un poco de café de la taza. No esperaba a nadie. Pensó que el ruido del timbre podría haber llegado hasta el dormitorio y la habitación de su hija y que cinco minutos después aparecería por la cocina su marido. Carmen siempre tardaba más en levantarse. Cuando abrió la puerta de la calle, se encontró en el descansillo del patio con Rodri y Asensio. Se puso en alerta y pensó que había pasado algo malo durante la feria. Si su teniente de alcaldesa y el jefe de la Policía Local estaban en su casa y apenas eran las nueve de la mañana de un domingo, era porque algo importante había sucedido y ella tenía que saberlo. Respiró antes de apoyarse en el marco de la puerta. La suave luz matinal brillaba en el patio cuando Rodri tomó la palabra.

«Buenos días, Lola. No te asustes. Tu hermano José ha tenido un golpecillo con el coche y, seguramente, tengas que ir a recogerlo a Úbeda. Vístete y nos vamos juntos», dijo.

Intranquila y sorprendida, Lola preguntó si había sido grave. Asensio respondió que no y le quitó hierro al pensamiento negativo de la alcaldesa. Lola se fue a la cocina a por el móvil y luego al dormitorio, donde se lo contó a su marido y se cambió de ropa. Aunque ese domingo se preveían altas temperaturas, decidió ponerse un pantalón vaquero y una camiseta blanca de manga corta. Nada de vestidos de verano ni faldas. No podía ser grave. Hacía un rato que se había estado escribiendo con su hermano. Le había dicho que ya estaban llegando a Baeza y, antes de que ella se pusiese a recoger la ropa del día anterior y a prepararse el desayuno, lo había visto en línea. «Qué raro», pensó. A medida que se vestía, empezó a dudar de las palabras de Rodri y Asensio. Si todo iba bien, ¿por qué no la había llamado el propio José? ¿Por qué si había sido un pequeño golpe estaba el jefe de la Policía Local en su casa? Algo no le cuadraba. Algo olía mal. Sus nervios se estaban alterando por segundos. Se despidió de su marido y se fue como una bala al coche de Rodri, que la esperaba ya sentado al volante mientras Asensio aguardaba dentro de su vehículo policial. Cerró con fuerza y soltó: «Dime la verdad, Rodri. ¿Qué es lo que ha pasado? Por un golpecillo no te presentas en mi casa con Asensio». Rodri asintió y, con tono sereno y serio, se lo explicó: «El accidente de José no ha sido un golpecillo. Está en el hospital, pero no sé en qué estado. Tampoco lo sabe Asensio. Creo que lo primero que deberías hacer es ir a casa a decírselo a tu familia».

Rodri no había acabado de hablar cuando a Lola ya se le había helado la sangre. Sin embargo, apenas duró un puñado de segundos en ese estado de asombro y miedo. La mujer resolutiva que solucionaba marrones todos los días en el ayuntamiento empezó a actuar. De camino a casa de sus padres, llamó a Ernesto. No cogió el teléfono.

Lola estaba hecha un manojo de nervios, pero se sobrepuso. Habían llegado a casa de sus padres. Sujetó el móvil con las dos manos, respiró hondo varias veces y salió del coche intentando transmitir paz: no podía mostrarse fuera de sí misma.

Rodri acompañó a Lola hasta la entrada de la casa. Una vez subieron las escaleras del porche y Mari abrió la puerta, Rodri se marchó y dejó a Lola para que hablase con su familia a solas. El teniente de alcaldesa era un compañero leal, pero sentía que podía estorbar en un momento tan delicado. Lola no esperó, en cuanto su madre la invitó a pasar, se lo dijo en el descansillo. Intentó imitar las palabras que Rodri le había dicho en la puerta de su casa, con serenidad y con la responsabilidad de no poner en lo peor a su madre.

«Mamá, el nene ha tenido un accidente en el coche. Un golpecillo. Ahora no sabemos cómo está y, por eso, tenemos que irnos al hospital».

Quizá porque una madre sabe leer más allá de lo que dice una hija o entender el significado de cualquier frase o palabra con solo mirarla a los ojos, Mari se quedó quieta durante unos segundos que a Lola se le hicieron minutos. Después se dirigió en dos grandes zancadas a la cocina y se sentó en una silla.

—A ver, Lola, como que un golpecillo. ¿Ha sido grave? —preguntó seria.

Su hija, asustada, se inventó lo primero que se le ocurrió con el fin de calmarla.

—Le ha pasado algo en la pierna. No sé el qué, mamá. Por eso tenemos que irnos para allá y recogerlo —dijo.

Mari parecía haber oído mucho más que las palabras que aún revoleteaban en su cocina y, de repente, se llevó las manos a la boca con tanta fuerza que casi se tira las gafas. Sentada y en silencio, miró otra vez a su hija, la alcaldesa de Baeza y la mujer más responsable que conocía. Mari estaba a punto de soltar un grito, pero se contuvo. Más aún cuando su marido entró a la cocina desde el jardín y preguntó qué estaba pasando. Las caras descompuestas de su mujer y su hija le anticiparon las malas noticias. «El nene está en el hospital», repitió Lola ante su padre. Oírse a sí misma decir esa frase otra vez le revolvió las tripas. El nene, su hermanito José, el pequeño de la casa... Lola sentía ganas de llorar, pero no se lo permitía. Su padre formuló la misma pregunta que su madre y que ella. La pregunta básica que se hace ante una situación como esta. Lola solo quería que se pusiesen en marcha.

«¡Venga, ale, vamos a movernos! ¡Id a cambiaros mientras llamo a Ana y a Helena!», gritó.

Sus padres obedecieron y ella llamó a sus hermanas sin poder ocultar sus nervios. Las dos dijeron que iban inmediatamente. No tardarían mucho tiempo, porque en Baeza no se tarda mucho desde ningún sitio.

Mientras Mari y Paco estaban en el piso de arriba cambiándose de ropa e intentando mantener la calma, Lola aprovechó para salir al jardín y llamar al hospital. La mujer resolutiva del ayuntamiento y la *seño* de tantos alumnos durante tantos años seguía habitando ese cuerpo tembloroso que no sabía si estar de pie o sentarse. Se movía por el jardín como un pez asfixiándose fuera de una pecera. ¡Cuánto calor estaba sintiendo y la mañana no había hecho más que comenzar! Ya le daba igual la feria, el domingo grande en Baeza y todos los problemas que pudiesen aparecer en el tramo final de las fiestas del pueblo. Le daba igual todo menos su hermano. El nene. «Ay, Dios, el nene», se decía a sí misma mientras buscaba el número de teléfono del hospital de Úbeda en Google y después lo marcaba con aplomo y respirando hondo. Lola quería llorar, pero no podía ni debía ni estaba dispuesta a permitir que sus padres y sus hermanas se lanzasen a una tragedia que solo podía estar en sus cabezas, afectadas por el miedo que les comía a todos ante esta situación. Nadie, además, les había dado ninguna información que pudiese llevarlos a temerse algo verdaderamente malo. Estaban empezando a preocuparse de más y ella la primera. «No habrá sido un golpecillo, pero, quizá, haya sido uno de esos tantos golpes que son un susto y se quedan en nada», se dijo para serenarse. El teléfono daba señal. Un pitido, dos, tres...

—Hospital de Úbeda, dígame.

Lola tenía el corazón que se le iba a salir del pecho cuando habló:

—Buenos días. Mi hermano ha tenido un accidente en la carretera de Úbeda esta mañana. Viajaba con su grupo de música. Se llama José Marín y su grupo es Supersubmarina. Quizá los conozca. El accidente ha sido sobre las 8.00 de la mañana y me han dicho que los han llevado al hospital de Úbeda. Yo sé que no pueden decirme mucho, pero, por favor, voy con mis padres para allá y necesito saber cómo de grave está mi hermano. Entiéndame, mis padres son mayores y necesito saberlo.

El silencio fue muy breve, casi un suspiro, aunque se hundió como una roca en lo más profundo de Lola. La enfermera quitó la voz de oficinista y, con un tono apremiante, respondió como si ella también fuera parte de una familia muy preocupada.

—No le puedo dar ningún tipo de información, pero corra usted todo lo que pueda.

3

El sol rabioso estaba en lo alto del cielo cuando la mañana del 14 de agosto despertaron todos, menos José. El terrorífico instante que cambió las vidas de los miembros de Supersubmarina acababa de suceder, pero ellos todavía no entendían qué había pasado. Venían del más allá, de un tiempo que se detuvo y, al reanudarse, daba la sensación de haberlos lanzado a otro lugar, a otro espacio, a una dimensión en la que todo era dolor. Muchísimo dolor.

Silencio, nada, vacío, desaparición y, de repente, el pitido infernal. El pitido para volver a la realidad. A ese kilómetro 168 de la carretera N-322, donde el Seat Alhambra gris ha impactado contra un Mercedes Sprinter blanco en una colisión frontolateral, una de las más peligrosas que puede haber en una carretera, porque ambos coches van en movimiento y chocan de frente. Las colisiones son diferentes a los choques por ese motivo fundamental: intervienen dos objetos en movimiento que ejercen fuerza mutuamente. Mientras tanto, en un choque, un vehículo en movimiento impacta contra otro estático. Las colisiones suelen ser más agresivas que los choques y esta colisión, con ambos coches a más de 90 kilómetros por hora, ha sido violenta y espeluznante porque, además, los dos han hecho la maniobra de evasión hacia el mismo lado. Malísima suerte. Un golpe salvaje donde el peor parado ha sido el Seat Alhambra por ser un vehículo menos grande y pesado que el Mercedes Sprinter, una furgoneta alta y poderosa, que ha acabado convertida en un acorazado que embiste a un carro.

El Seat Alhambra está boca arriba, a un lado de la cuneta de la curva y estrellado como por una fuerza del demonio. Ha sucedido como ocurren todos los golpes en carretera: en un abrir y cerrar de ojos. Es una frase hecha, pero que será pronunciada muchos años después por todas las víctimas de este accidente, menos por José, que no recordará nada. Y, aunque es una frase hecha, no hay otra forma de decirlo. Acontece el instante terrorífico y, después de un tiempo indefinido en una oscuridad densa y recóndita que bien podría ser el preámbulo a la muerte, los ojos se abren por sí mismos, o hacen el intento, en medio de una escena de espanto, con el pitido infernal clavándose y perforando el cerebro.

Suena el pitido y Pope abre los ojos. Su mente conecta rápidamente como dos piezas de puzle ese despertar sumido en el dolor con su último recuerdo: el momento efímero y fatídico en el que, en una ráfaga de milésimas de segundo, se preguntaba de dónde le venía la furgoneta con la que se fueron a estrellar. Su mente le responde: «Os habéis estrellado, acabáis de tener un accidente». Siente tanto miedo que es incapaz hasta de gritar. Su cabeza reacciona. Quiere moverse, pero no puede. Tiene el volante metido en el pecho, como si su cuerpo se lo hubiese tragado. Nota la presión, demasiada presión, y piensa que sus pulmones podrían partirse. Le cuesta muchísimo respirar. Quiere salir. Como sea. Quiere salir ya, pero sigue sin poder moverse. Tampoco puede girarse. Tiene atrás a José y a Juanca y, algo más lejos, a Jaime, pero es como si no los tuviese. Solo puede ver a Chicharro, inconsciente, a su lado. Se desespera. No sabe qué hacer. La adrenalina se lo come. Pega un golpe al cristal. Nada. Lo vuelve a hacer con el puño más tenso, fuerte como una piedra. Saca fuerzas de donde no las tiene. Rompe el cristal y consigue abrir la puerta, pero le da un calambrazo durísimo. Se ha roto la muñeca y algunos dedos al partir la ventanilla. Cae al suelo y el dolor le trepa hasta la cabeza. Trepa desde abajo con ira. No sabe de dónde viene tanto dolor hasta que ve su fémur: está roto y el hueso le asoma como una estaca partida. Se asusta más aún, pero sigue sin poder moverse, tan solo es capaz de arrastrarse un poco, apenas nada, mientras, ahora ya sí, grita. Él no lo sabe aún, pero los médicos le dirán en el hospital que había tenido suerte, si se hubiese roto la femoral, como les pasaba a muchos toreros cuando sufrían cornadas, hubiese podido morir ahí mismo, en ese asfalto. Tirado en la carretera como un animal herido, empieza a oír más gritos, mucho más fuertes que los suyos, más desesperados. Quizá tronaban desde antes en ese día soleado, pero sus oídos no los han captado y siente que las orejas se le han despertado justo en este momento, más tarde que sus ojos y su mente. Son chillidos exasperados e incontrolables. Pope aumenta su terror cada vez que uno de esos gritos surge de algún lugar de la carretera o el coche que no puede ver.

Suena el pitido y Juanca abre los ojos. También oye esos alaridos que parecen salidos de las profundidades de la tierra. ¡Qué gritos! ¡Qué miedo! Su mente intentaba reaccionar, pero estaba como ausente, huyendo de un cuerpo que era todo daño. «¿Nos hemos dado un golpe?». «¿Qué ha pasado?». No hay posibilidad de pensar. Hay tanto dolor que no ve nada. Todo es oscuro aun siendo de día. Solo huele a chamuscado, como a fuego prendiendo el asfalto. Y siente dolor, un intensísimo dolor. Es una agonía que le aplasta. Quiere que ese sufrimiento infrahumano pare y no lo hace. Es peor cada segundo. Cree que va a desmayarse. Vuelve a oír chillidos atroces que le llegan de todas partes antes de cerrar los ojos de nuevo, antes de desmayarse y hundirse en una negrura opresora y ardorosa.

Suena el pitido y Jaime abre los ojos. Como una manivela rota, un pensamiento todavía le cuelga en su cabeza: «¿Qué hacen esos faros ahí?». Son los faros de la furgoneta con la que se acababan de estrellar. Son como dos ojos de la muerte, aunque parece estar vivo. Tiene que estarlo, porque siente un dolor que jamás ha experimentado. Explosivo. Siente que le va a estallar la cabeza de todo lo que le carcome, es como si un soplete le estuviese quemando por dentro. Grita. Los gritos exasperados y crueles que han aterrorizado a Pope y Juanca son suyos. Siente que se va a morir. Intenta salir del monovolumen, pero no puede. «¿Qué pasa?». Sus ojos llorosos, que se le salen de la cara como buscando auxilio, solo alcanzan a ver su pierna destrozada asomando por los pantalones cortos. La tibia y el peroné están partidos. Eso ya no es una pierna, sino un revoltijo de huesos y nervios rotos. Se marea al ver lo que queda de ella y toda la sangre que tiene encima. Porque no hay más que sangre, que le cae desde la cabeza y le chorrea por el cuerpo. No para de gritar. Quiere salir. Quiere dejar de gritar y sufrir.

Los dos vehículos se empotran y quedan machacados en el kilómetro 168 de la carretera N-322 al sol inclemente del 14 de agosto. Ni Jaime ni ninguno saben aún la suerte que han tenido tras el tremendo golpazo. ¿Se puede hablar de suerte ante una tragedia así? Incluso en el infierno hay que confiar en la suerte. La colisión sucede a pocos kilómetros de Úbeda, donde hay un hospital. Un factor clave para ser atendidos rápido. De hecho, cuando ellos están aún desparramados sobre el asfalto, un coche se detiene y una enfermera corre hacia el lugar del accidente. Se dirige a trabajar porque es domingo y le toca guardia en el hospital de Úbeda. Pasados apenas un puñado de minutos desde el golpe, la enfermera llama a los servicios de urgencias sanitarias. Al cabo de otros cinco minutos, ya se han detenido otros coches con más médicos y enfermeros que también se dirigen a Úbeda. Por último, los Servicios de Emergencia llegan con una prontitud vital. Definitiva. Salvadora.

Cuando aparecen las ambulancias, Jaime todavía grita arañando la atmósfera de pánico y urgencia. Es el último en abandonar el Seat Alhambra al tener la pierna inservible. Un sanitario lo saca por la ventanilla. Él intenta ponerse de pie, pero no puede. Lo ponen en una camilla y desde ahí ve en otra a Juanca, sumido en la agonía. Le oye mascullar algo antes de que se lo lleven: «Me duele, me duele, me duele, me duele...». Ya dentro de la ambulancia, Juanca balbuceará a ciegas otra cosa, que solo él recordará mucho tiempo después: «Por favor, sedadme».

Viene y va en su desconsuelo, como Pope en su profundo aturdimiento, con el fémur partido y sin apenas poder respirar en condiciones. A su lado está Chicharro que, tras recobrar el conocimiento, permanece sentado en estado de shock. Ha salido por su propio pie del monovolumen, pero no para de preguntarle a Pope: «¿Qué ha pasado?». Una y otra vez: «¿Qué ha pasado?». Pope no responde. Cuando recobra un poco la razón, en mitad de esa escena de horror, Chicharro intenta llamar a Ernesto para que, como mánager de la banda, sea el encargado de avisar a todos los familiares. Le sale como un impulso. Pero el móvil no funcionaba. Se desespera en intentos. No se está dando cuenta de que la pantalla está partida por la mitad y el aparato roto. Cuando por fin desiste, les pide a los sanitarios que los llamen ellos. Dentro de su conmoción, es lo único en lo que puede pensar.

Los gritos de Jaime no cesan. Son menos estridentes, pero van rebotando entre todos hasta que, tumbado en una camilla alta, le inmovilizan la pierna y lo meten en la ambulancia. Y entonces ve a José. A José no lo ha despertado ningún pitido. No abre los ojos en ningún momento. Está inconsciente, tanto que parece que estuviera muerto. Jaime piensa que quizá lo esté y cambia sus gritos desesperados por una frase aún más desesperada: «¡Tranquilo, José, tranquilo!». Su amigo no reacciona ni lo escucha. Su amigo sigue sin abrir los ojos y tiene la cabeza hinchada como un globo. Jaime está asustado, por él y por José. El coche se pone en marcha y la sirena rompe la tranquilidad de esa mañana del 14 de agosto, día de fiestas patronales en Baeza. La frase de Jaime sigue repitiéndose dentro de la ambulancia, cada vez con menos énfasis, aunque igual de desesperada: «¡Tranquilo, José, tranquilo!».

No hay ninguna respuesta.

A decir verdad, José debe de estar muerto.

4

Como cada mañana, Leni salió a pasear. Su rutina consistía en recorrer los cinco kilómetros del paseo de las Murallas con el fin de ejercitar un poco el cuerpo antes de irse a trabajar. Como decía ella: «Llego a la oficina ya en faena». Sin embargo, ese paseo era también su momento. No lo perdonaba ni los fines de semana ni los días de fiesta. Por eso, ese domingo se calzó sus deportivas y salió disparada de casa. A solas con sus pensamientos, solía entrar en contacto con una parte de sí misma que le encantaba mientras caminaba y se fijaba en ese horizonte verdoso de olivares, con la sierra presidiendo el paisaje con su porte templado y grandioso. No había día que durante el paseo no reparase en la estatua de Antonio Machado y pensase que vivir en Baeza era una opción maravillosa. Por el trabajo de Juan habían tenido que instalarse años atrás en Madrid o Motril y ninguna de las dos ciudades era comparable a lo que le gustaba estar en su tierra, en ese pueblo que despertaba tranquilo y acogedor. La mañana se había levantado demasiado cálida, pero lo compensaba la sensación de placer mundano, tan propia del verano, de su paseo.

Después de subir por la Barbería y recorrer el cordón que rodeaba a Baeza, regresó a casa y, antes de meterse en la ducha, consultó Twitter. Tenía la costumbre de entrar en la red social cuando su hijo daba un concierto. La noche anterior había tocado en un festival en Cullera y quería saber si había comentarios sobre ello. La invadía una vanidad tonta cada vez que leía algún mensaje positivo sobre la banda. «Qué conciertazo de Supersubmarina». «Lloré de emoción. Son los mejores». «Amo a Supersubmarina». Comentarios así, que no era la primera vez que se escribían ni sería la última, pero que a una madre le encantaba leer cuando iban dirigidos a su hijo y a sus amigos. O, al menos, le encantaban a ella, tan orgullosa que estaba de su Juanca. Buscó la cuenta de Supersubmarina y esperó unos segundos a que saliesen los resultados. Apenas había leído un par de mensajes cuando uno le extrañó: «¿Os habéis enterado del accidente de Supersubmarina?». Quieta, con el móvil en la mano, Leni volvió a leerlo y justo después, pensó: «La gente qué mala es... ¿Por qué hacen estos comentarios tan desagradables?». Sin embargo, un tímido hormigueo de nervios le subió por la espalda. «¿Accidente?». Se irguió antes de llamar a su hijo. Marcó, pero Juanca no lo cogía y saltó el buzón de voz. Miró el reloj y vio que eran las 9.45. Quizá estuviera durmiendo, aunque Juanca solía dejar el teléfono con volumen. Debería haberlo cogido. Se intranquilizó un poco más. Volvió a coger el teléfono para llamar a su hijo pequeño, que seguro que sabría algo de su hermano, ya que formaba parte del equipo de la gira. Antonio contestó rápido al otro lado:

—Dime, madre —dijo con voz cansada.

—Antonio, hijo, ¿está por ahí tu hermano?

—No. Se fue con la banda por la noche. Nosotros nos hemos quedado aquí y todavía no hemos salido para Baeza. Vamos a ver si desayunamos y tiramos —explicó.

En ese momento, el corazón le dio un pequeño vuelco a Leni. No le dijo nada a Antonio de lo que había leído en Twitter, porque pensó que le preocuparía sin razón, así que colgó comentándole que más tarde intentaría hablar con Juanca.

—Ten cuidado por la carretera, Antonio. Luego hablo con tu hermano —dijo en su despedida, esforzándose por no parecer nerviosa.

Sentada en la cama, intentó calmarse. No debía fiarse de Twitter. Todo el mundo sabía lo que pasaba con las redes sociales. Corrían muchísimos rumores. Un día mataban a uno y luego resultaba que estaba vivo en su casa tan pancho. Las noticias falsas eran una constante en Twitter, Facebook y todo internet.

Una vez se había recordado todo eso a sí misma, se duchó y se puso a prepararse. Era domingo de feria. Sin embargo, no se quitaba de la cabeza el dichoso mensaje, así que, intranquila, Leni llamó a su marido.

—Juan, ¿tú sabes algo de Juanca? —preguntó como si su cabeza no estuviese luchando por no dejar entrar al miedo.

—Nada. ¿Por? —contestó Juan.

Leni le contó el mensaje que había leído en Twitter, que Juanca tenía el teléfono apagado y que Antonio no sabía nada de su hermano desde anoche. La banda había decidido regresar a Baeza tras acabar el concierto y debían estar de camino. Juan se preocupó, aunque no quería precipitarse con los temores. Ambos acordaron dejar pasar un rato y, si Juanca no daba señales, llamar a Elena o a los padres de otro de los chicos. Leni no se esperó para marcar el teléfono de Elena, quien reconoció que también estaba preocupada, porque Juanca no le había contestado a un mensaje por la noche. Leni le contó lo que había leído en Twitter y Elena pensó en llamar a su padre, que, como concejal, tenía el teléfono directo del jefe de la Policía Local.

El tiempo no había dejado de transcurrir y Leni seguía sin saber nada de su hijo. No paraba quieta en el salón cuando entró una llamada del padre de Jaime.

—Hola, Antonio. ¿Qué tal?

—Jaime, Juanca y los chicos han tenido un accidente. Nos lo acaba de decir un conocido que estaba en el hospital de Úbeda y ha visto cómo entraban. Se han dado un golpe en la carretera de Úbeda. Vamos a ir para el hospital —explicó Antonio con cierto apremio.

Ambos colgaron con una despedida acelerada y se pusieron en marcha. Leni llamó a Juan, que se fue tan rápido como pudo a casa a recogerla. Antes de que llegase su marido, Elena la llamó también para contarle que el jefe de la Policía Local le había confirmado a su padre que la banda había tenido un accidente.

El cruce de llamadas era ya el propio de un estado de sobreexcitación y preocupación. Todos querían saber y todos querían informar. Pero, sobre todo, todos querían ir al hospital.

Leni y Juan se subieron al coche y volaron hasta Úbeda. Cuando llegaron al hospital, poco antes de las 10.00 e indicados por una enfermera, se fueron directamente a la zona de quirófanos. Era domingo y apenas había nadie. Era un centro pequeño y esa mañana parecía casi cerrado. Y, sin embargo, ellos estaban allí, angustiados, sin saber realmente cómo se encontraban su hijo y sus amigos, sin conocer la gravedad de aquel golpe en la carretera. Al fondo se hallaba la puerta de la sala de la Unidad de Cuidados Intensivos (UCI), a la que no se podía entrar. Por allí les dijo la enfermera que iban a aparecer médicos o celadores. Todavía no habían llegado los familiares de nadie más. Aquellos minutos de espera eran un suplicio. Leni rezaba por dentro a Dios, a la Virgen y a sor Mónica, la beata de Baeza que la acompañaba en sus oraciones desde niña. Rezaba en silencio, sin dejar de mirar hacia la UCI.

La puerta se abrió y salieron dos celadores. No hizo falta más. Leni había enterrado en menos de un año a su padre y a su hermano y conocía las caras de los médicos y los enfermeros cuando traían malas noticias. «¡Mi hijo no!», soltó. Lo repitió: «¡Mi hijo no!». Tenía los ojos llorosos y las manos como sujetándose la cabeza. Parecía que se fuera a quedar rayada en ese pensamiento. Los dos celadores llegaron hasta ella en cinco pasos. «¡Mi hijo no!», sollozaba Leni más fuerte. Era la negación que siempre precedía a la tragedia. Uno de los celadores estaba a punto de confirmarle que, por desgracia, su hijo sí. Su hijo había tenido un accidente muy grave y se encontraba en la UCI debatiéndose entre la vida y la muerte.

5

A veces, el destino es macabro.

Juanca sufrió lo que se conoce como *efecto submarino.* Pasa cuando el cinturón de seguridad del coche está holgado y no sujeta bien el cuerpo. Si se produce un golpe, el cuerpo presiona la tapicería del asiento hacia abajo y se desliza por debajo de la banda abdominal del cinturón. La fuerza del frenazo hace que el cinturón pueda convertirse en una especie de filo cortante. Un peligro. A Juanca el cinturón le seccionó el abdomen. Una lesión que obligaría a los médicos a tener que reconstruirle el intestino en una complicadísima operación. No fue lo único que le pasó: se rompió las manos, se hizo una brecha tremenda cerca de la ceja, se desgarró varios músculos y se seccionó la vena iliaca de la pierna izquierda, cuyos coágulos de sangre podían dañar las venas de todo el cuerpo. Pero la peor lesión, la que más problemas le traería, fue el *efecto submarino.* Por su gravedad y sus complicaciones posteriores, bastantes más de las comunes, sufrió lo que bien podría calificarse de *efecto súper submarino.*

6

«Corra usted todo lo que pueda». A Lola se le repetía esa frase de la enfermera cada minuto mientras escuchaba las voces entrecruzadas de sus padres y sus hermanas. Toda la familia de José estaba en el coche de Lola, que conducía con la cabeza más en el hospital que en la carretera. Ella y sus padres habían salido al encuentro de Ana y Helena, a las que habían recogido en la calle. Al subir al coche, las dos se encontraron a su madre llorando. Lola deseaba mostrar tranquilidad, pero, al mismo tiempo, no quería perder ni un minuto. «Algo de la pierna, mamá. No lo sé», le repitió la hija mayor a su madre y a todos mientras se esforzaba por concentrarse en la conducción y no parecer más nerviosa que su familia. Porque Lola era la única que, rumbo al hospital de Úbeda, sabía que el accidente de José podía ser peor que un simple golpe. «Corra usted todo lo que pueda». La frase le martilleaba en silencio, como un recordatorio incesante de que su miedo era real, nada infundado. Solo se relajó cuando a su padre le entró una llamada del primo Joselín, que les indicó que estuviesen tranquilos, que, según le habían dicho, José solo tenía dos costillas rotas y estaba bien. Aun así, Lola corría todo lo que podía.

Al llegar al hospital el miedo había bajado. Duró poco. Los cinco confirmaron que Joselín había recibido una información errónea. Esa mañana se habían producido dos accidentes y el enfermero que habló con el primo se refería a otro ingreso. La desesperación regresó. Esta vez, con una fuerza definitiva, porque José estaba muy grave. Paco se puso a dar golpes a la pared y Mari cayó de rodillas frente a su hija Helena. La pequeña de la familia intentó levantar a su madre, pero, de primeras, fue incapaz. Cuando lo hizo, se puso a comentarle en voz baja a Ana que José era alérgico a muchos medicamentos. Se quedó atrapada en esa preocupación, pasto de unos nervios rotos. «Ana, que José tiene alergia a medicamentos. Tienen que saberlo que es peligroso», decía Helena como quien habla sola en una habitación a oscuras. La enfermera les dijo que podían ir hacia la zona de quirófanos, donde estaba la UCI, a esperar más noticias. Iban Lola, Ana y Paco por ese pasillo ancho como por una entrada al purgatorio. Helena, asustada y obsesionada con los medicamentos, permaneció con su madre.

Los padres de Juanca, Pope y Jaime se encontraban ya en la zona de quirófanos. Abrazos, besos, temblores, palabras dolidas, tartamudeos y, sobre todo, lágrimas. Muchísimas lágrimas. La inquietud era tan poderosa que nadie era capaz de acabar una frase en condiciones durante el tiempo que coincidieron allí. Una señal marcaba la situación: José y Juanca estaban apartados y había menos información sobre ellos. Pope, Jaime y Chicharro estaban en sus habitaciones, pero a José y Juanca no se les podía ver. «¡Están desahuciados!», pensó Lola. Tenía que ser eso. Pasados unos minutos, que quizá fueron muchos o quizá pocos, un médico salió de la UCI, se acercó al padre y sus hijas y, con todos revueltos entre sus miedos, les dijo que se llevaban a José al Hospital Universitario Neurotraumatológico de Jaén. Era inmediato. Tenían que intervenirlo allí para tratar de urgencia sus traumatismos craneoencefálico y abdominal. En Úbeda no tenían el personal ni los medios necesarios. Su vida estaba en juego.

Nadie de la familia de José podrá recordar nunca cómo llegaron a Jaén. Cómo recorrieron la autovía que une ambas localidades y que se abre como un látigo de asfalto entre el inmenso mar de olivos. El sol, por encima de las sierras, ya empezaba a ser despiadado. Qué conversaciones tuvieron, qué palabras se dijeron o qué pensaron en silencio mientras Lola pisaba el acelerador. Nada se podrá nunca recordar de aquel viaje. Sucedió dentro de una nebulosa espesa e irreal para los cinco. Tan solo saben que llegaron al Hospital Neurotraumatológico de Jaén, como un grito de auxilio busca los oídos de alguien. Llegaron fuera de sí mismos incluso antes de que lo hiciese la ambulancia que transportaba a José.

Los cinco habían tirado el coche en el aparcamiento y estaban esperando en la puerta de Urgencias. Al poco, pasadas las 13.30, apareció la ambulancia. Se abrió la puerta y ahí estaba José, el nene. Lola pensó con pena que su hermano estaba muy guapo. Tenía la cara girada y solo se le veía una gota de sangre en el oído. Al acercarse a él, se percató de que su cabeza estaba inflada y bastante deformada de la contusión, pero ella solo veía lo que le enseñaba el corazón. Lo cogió del brazo. Él no se inmutó. Estaba sedado. Tenía el músculo firme. José siempre estaba fuerte porque hacía mucho deporte. A Lola le encantaba presumir de él, pero ahora estaba ahí, indefenso, con su cara de ángel, tan bonito, con los ojos cerrados, como ausente, en otro lugar muy lejos de Jaén, muy lejos de ella, de sus hermanas y sus padres. «¡Sacadlo ya!», exclamó, como si de esa forma pudiese ayudarlo en algo. «¡Sacadlo ya!», repitió.

Su hermano, el nene, iba camino del quirófano en una camilla empujada por un enfermero. Necesitaban hacerle dos intervenciones cruciales, pero más que con prisa, lo llevaban con cuidado. Todo estaba en el filo. Lola no sabía qué hacer. La alcaldesa de Baeza, siempre resolutiva, era una mujer derrumbada, con una familia también derrumbada. Angustiada, siguió a la camilla y, lanzada por un brote de rabia, gritó: «¡No veis que está muerto! ¡No veis que está muerto!». Aquella frase atronó por la entrada del hospital sin que nadie pudiese rebatirla. El dolor, que había conquistado todas las esquinas, se había transformado ya en terror, ese dolor infectado de miedo, más arrasador y aplastante. Entre lágrimas y llantos, Paco se mareó y, derrumbado y sujeto por Ana, no paraba de suplicar: «¡Por Dios, salva a mi hijo!». Esa retahíla no cesó mientras José marchaba hacia el quirófano. Sin embargo, nada fue tan terrorífico a lo que repetía Mari: «¡Tengo que acunar al nene!». La madre hizo esa exigencia con la mirada vacía y las manos también vacías. «¡Tengo que acunar al nene!». Helena, agarrada a su madre, le dijo: «¡Mamá, José no puede oírte!». Y Mari respondió: «Señora, mi hijo está llorando. Quiere que lo acune». La madre no reconocía a su hija, como tampoco a Lola ni a Ana ni a Paco. La madre no reconocía nada, solo a su hijo, a su nene, dormido como un ángel. Mari estaba a punto de desmayarse y, antes de que sucediese, solo pudo decir atravesada por el terror: «¡Mi hijo está llorando! ¡Quiere que lo acune!».

7

Miguel Ángel Lanzas, el panadero que conducía la otra furgoneta contra la que se estrelló el monovolumen de la banda, salió por su propio pie del coche, pero con contusiones por todo el cuerpo, las vértebras machacadas y un pie roto.

Chicharro también salió por su propio pie del coche, con contusiones por el cuerpo y en estado de shock. Fue ingresado en el hospital de Úbeda.

Pope salió por sí mismo del coche, aunque sin poder andar. Tuvo contusiones por el cuerpo y se rompió dos costillas, la mano izquierda y el fémur de la pierna izquierda. Fue ingresado en el hospital de Úbeda.

Jaime, consciente, tuvo que ser sacado por los sanitarios. Tenía contusiones por el cuerpo y un golpe craneal con una herida bastante grande. Además se rompió la tibia y el peroné de la pierna derecha y el cúbito del brazo izquierdo y tuvo una rotura de bazo. Fue ingresado en el hospital de Úbeda, luego lo trasladaron al Complejo Hospitalario de Jaén, y después, al Hospital Neurotraumatológico de Jaén.

Juanca, semiinconsciente, fue sacado por los sanitarios con contusiones por el cuerpo, las manos destrozadas y la vena iliaca y el abdomen seccionados. Estuvo cuarenta y siete días en coma inducido. Fue ingresado en el hospital de Úbeda y trasladado al Complejo Hospitalario de Jaén.

A José, inconsciente, lo sacaron los sanitarios y presentaba contusiones por todo el cuerpo, los pies destrozados, una contusión abdominal grave y un traumatismo craneoencefálico. Fue ingresado en el hospital de Úbeda y trasladado al Hospital Neuro-traumatológico de Jaén.

Este último golpazo en la cabeza es siempre una incógnita.

Cada lesión en el cerebro de cada paciente es distinta y tiene consecuencias distintas. En José, la lesión fue tan dura que los médicos creyeron que no saldría adelante. Su recuperación era un misterio, indescifrable. Estuvo treinta y un días en coma. Treinta y un días en un agujero sin fondo, sin presente ni pasado ni futuro. Dentro de la cabeza de José todo era un vacío. Ni una imagen ni un sonido. Ni un estímulo ni una vibración. Se puede afirmar que, sin contar la muerte, José estuvo treinta y un días en el lugar más remoto que existe, uno situado a años luz de donde habita la música.

8

La música empezó a sonar de verdad en la vida de José y de sus amigos cuando dieron sus primeros conciertos. Inflamables era una nueva banda en Baeza. Corría 2005 y, después de algunos ensayos, José, Juanca, Pope, Jaime y Terry ya estaban listos para empezar a rodar sobre un escenario. Habían hecho los deberes y se habían gastado unas perras en adquirir mejores instrumentos. Juanca le había comprado con unos ahorrillos una batería vieja al padre de Manolito Tratos y José se había hecho con otra guitarra después de pedirle un préstamo de doscientos euros a su padre. Pope seguía con el Cagarrut, el alma de ese grupo dispuesto a hacerse un nombre más allá de los límites del pueblo. Jaime, por su parte, había podido apropiarse también de una guitarra mejor después de asegurar su permanencia en la banda. Aunque le habían dejado ensayar con ellos, no las tenía todas consigo, así que, por si acaso, se sacó un as de la manga: ofreció como nuevo local de ensayo la nave del estudio fotográfico de su padre y su tío. El garaje de la casa de los padres de José no podía mantenerse más como local. El ruido retumbaba por todo el inmueble y Lola, entregada a sus exámenes de Magisterio, no paraba de quejarse desde el piso de arriba, enfadada con el niño orquesta y sus amigotes. Por eso los cinco cogieron sus instrumentos y se mudaron al polígono industrial.

Como cualquier grupo primerizo, tocaron al principio para los colegas. Las actuaciones, caóticas y estridentes, iban acompañadas de amigos, alcohol y muchas risas. El nuevo local tenía un elemento que, a la postre, se convertiría en esencial: un sofá desvencijado y resistente. Como si fuera el mayor de los lujos, el sofá hacía de palco vip para ver los ensayos y los breves conciertos. Lo llamaron *el sofá de la muerte*, un trasto pordiosero sobre el que se sentó todo el mundo y se tumbaron los miembros de la banda para liarse con chicas o pasar resacas de campeonato.

Uno de sus conciertos más antológicos fue en un macrobotellón. Invitaron a colegas y estos a su vez hicieron lo mismo con otros. Se podía apuntar quien quisiese, así que al final se juntaron unos trescientos chavales adolescentes en la nave industrial. El escenario se levantó sobre una tarima de madera en la que colocaron unos andamios de obra para sujetar y elevar la batería de Juanca, que sujetó el pedal del bombo con una pinza. De hecho, Juanca fue la estrella de ese concierto que él mismo más tarde calificaría de «apoteósico». Protagonizó el momento más celebrado de la noche cuando se bebió de un solo trago una maceta de cubalibre. La ovación tardó en apagarse. Las canciones sonaban estrepitosas, como cuchillos de metal en una batalla de varios frentes, pero todos se sentían alegres y desinhibidos gracias a que esa nueva banda del pueblo estaba allí, dándolo todo con pasión. El concierto *apoteósico* se ganó su calificativo por otros hechos extraordinarios que también acontecieron en él, como la sorpresiva aparición del padre y el tío de Jaime, trajeados y con sus cámaras fotográficas al hombro, después de una dura jornada de trabajo en un evento. No sabían nada de actuaciones ni de fiestas en el local. Se pensaban que los chicos tan solo estaban ensayando, así que, tras bajar las claquetas con determinación y sin miedo al alboroto, ambos escenificaron un enfado también apoteósico hasta que, en cuestión de unos minutos, quedara reducido a anécdota por la llegada de la Guardia Civil, que había sido alertada por unos viandantes que pasaron por la zona y se preocuparon por el jaleo. Para los agentes también la imagen debió ser apoteósica: dos adultos, trajeados de punta en blanco y con cara de malas pulgas rodeados de trescientos adolescentes borrachos. Insólito.

Inflamables ya era una realidad. No eran The Rolling Stones, pero ya empezaban a hacer el cafre como si lo tuviesen ensayado.

En un concierto cerca de una piscina en La Carolina estrellaron la furgoneta alquilada contra los contenedores de basura y reventaron el cristal. Otro día en El Congreso, el bar del polígono industrial que destacaba por sus grifos de cerveza visibles y modernos, dejaron los grifos sin una gota ya en la prueba de sonido y acabaron desnudos, regándose de agua con una manguera en la puerta del local de ensayo. Las actuaciones pronto se extendieron más allá de Baeza y los chicos visitaron otros pueblos tomando prestada la furgoneta del padre de José, que la adaptó para que pudiesen entrar los instrumentos. Pocos grupos rodaron más que ellos por los pueblos de Jaén. La aventura de ir de sitio en sitio les fascinaba. Se lo pasaban muy bien, mejor aún que como se imaginaron que sería salir de Baeza con todo el equipo. Llegaban a un sitio, probaban sonido, tenían un catering con apenas unas cervezas, unos frutos secos y algún sándwich y, sin haberse subido al escenario a dar el concierto, ya se sentían los reyes del mambo. Luego venía lo mejor: tocar. Un subidón de adrenalina que solo conocían bien aquellos que lo habían experimentado.

Sin embargo, toda banda que ya es una realidad y se foguea sobre escenarios pasa por dos puntos de inflexión. Dos peajes obligatorios para medir al grupo. Uno de ellos es el momento en el que se valora si todos sus integrantes están comprometidos con el proyecto y el otro consiste en determinar de forma definitiva si todos cuentan con las habilidades necesarias para avanzar. La primera suele resolverse más o menos bien y rápido, con alguna pelea o choque de intereses que demuestra quién debe bajarse del tren antes de que coja velocidad. La segunda es más compleja, un tema delicado que cuesta abordar con la víctima, es decir, con el miembro o los miembros que no están a la altura de lo que exige el crecimiento de la causa musical. Ambos dilemas suelen asaltar en un espacio de tiempo muy corto y a Inflamables, como a tantas bandas, les llegaron a la vez y reconocieron algo que no les gustó reconocer: Terry debía salir de la banda por el bien del grupo. Terry fue como Stuart Sutcliffe, que abandonó The Beatles antes de su éxito y se convirtió en *el beatle perdido*, el que se quedó por el camino.

Además de hacer esta evaluación interna del grupo, el empuje definitivo llegó desde fuera. Primero fue con un concierto que la banda dio en el Pub Brasil de Beas del Segura, un pueblo de la provincia de Jaén. El dueño del lugar los contrató una vez y les ofreció repetir. La segunda vez que tocaron Terry no pudo asistir y se tuvo que poner José al micrófono. El dueño les confesó que había sido mucho mejor concierto que el anterior y que José, hasta entonces solo guitarrista, era más cantante que Terry. Aquella apreciación era conocida por todos, incluso por el propio Terry. Era tres años mayor que José y Juanca y un chico guapo y con carácter, pero estaba en el grupo para ligar y divertirse más que para intentar hacer carrera. La actuación del Pub Brasil empezó a poner en la mente de los otros cuatro la posibilidad de prescindir de su cantante hasta entonces, un hecho que se consumó después de grabar su primera maqueta con el dinero que consiguieron de dos patrocinadores: la empresa del padre de Juanca y el Burladero, una tasca cercana al paseo de la Constitución a la que solían ir a beber con los amigos.

Pachi García Alis, el productor de la maqueta grabada, les aseguró que era preferible sacar a Terry fuera de la banda si querían mejorar. Por tanto, los cinco pasaron a ser cuatro para la grabación de la segunda maqueta y José se erigió definitivamente como nuevo cantante. Terry se tomó la decisión con deportividad y bastante mejor de lo que los demás preveían. «Chino es mejor vocalista», afirmó Pachi, otra vez a los mandos de la producción.

Esta segunda maqueta, que se financió con un crédito de seis mil euros que el padre de José pidió a La Caixa en nombre del grupo, era la buena, la que fueron vendiendo a tres euros en las actuaciones, los botellones y las fiestas en casas y locales de Baeza. «Venga, tío, déjate tres eurillos de nada para ayudarnos. Es más barato que una copa en un bar», soltaba José con sorna a sus amigos y otros conocidos en las congregaciones nocturnas y fiesteras cerca del Muro. En esa maqueta ya se podía leer el nuevo nombre del grupo: Supersubmarina. José, Juanca, Pope y Jaime tomaron la decisión de cambiarlo para romper con el pasado de la otra formación, para dar un aire nuevo al rumbo que habían tomado sin Terry y con José como cantante y compositor. Supersubmarina era el título de una canción que había escrito José y que habían grabado en esa segunda maqueta. Llegó medio en broma una tarde de ensayo y les sonó tan bien que lo usaron ya definitivamente en el concierto que dieron en el Burladero, su cuartel general. Fue la primera actuación sin Terry.

De esta forma, José, sin abandonar su labor de guitarrista, se quedó también con el micrófono. «No he tenido nunca formación de cantante, pero todos estaban convencidos de que debía ser yo. Cuando cantaba en la ducha, pensaba que no era tan bueno», decía con una sonrisa y encogía los hombros. Era un gran cantante. Sorprendió a Juanca, Pope y Jaime y a todo aquel que lo escuchaba por primera vez. Tenía una voz muy versátil que encajaba a la perfección con el pop-rock que ya se dejaba distinguir en las canciones que él mismo componía. Se centró tanto en el grupo que desatendió sus obligaciones musicales regladas y suspendió la prueba de partitura para entrar en el Conservatorio de Córdoba, porque, como él mismo decía, se la sudaba ya la música clásica. No dejó de estudiar porque su padre lo convenció para que no se descentrase tanto y se preparase al menos para ingresar en la carrera de Magisterio, como su hermana Lola. Pero José quería rock. Quería guitarras eléctricas y letras que llegasen al corazón de la gente. Deseaba con todas sus fuerzas liderar una banda que, por un instante, pudiese recordar a Héroes del Silencio. Por qué no. Supersubmarina podía ser esa banda.

La música ya estaba sonando a toda tralla.

9

El 15 de agosto de 2016, el doctor Fran Brea, el internista al que le tocó encargarse de José en la UCI del Hospital Neurotraumatológico de Jaén, tuvo que comunicar una mala noticia: el traumatismo craneoencefálico estaba comprometiendo la vida de José y había que intervenirlo de urgencia.

No habían pasado ni veinticuatro horas de su ingreso cuando los médicos comprobaron que el edema cerebral no se podía controlar y que había que volver a operarlo antes de que fuera demasiado tarde. La inflamación no paraba de aumentar y presionaba al cerebro hasta el punto de que podía morir.

José ingresó en la UCI de Jaén procedente del hospital de Úbeda el 14 de agosto sobre las 13.30 y allí se le hizo una primera cirugía para tratar de solventar la grave contusión abdominal. Esta lesión también le comprometía la vida por el desgarro de la arteria, pero se consiguió atajar y estabilizarlo. No sucedió igual con el golpe en la cabeza. Ese mismo 14 de agosto que parecía no tener fin tuvieron que intervenirlo de urgencia por segunda vez.

El doctor Fran Brea lo comunicó y explicó que la nueva cirugía no garantizaba que José sobreviviera. «Ahora está más muerto que vivo. Por eso vamos a intentar abrir una ventanita», dijo con tono preocupado y profesional. Aquello en la familia sonó a sentencia de muerte. La primera reacción de Paco fue dar golpes a la pared. «¡Mi hijo no!», gritaba y cada golpe que daba desgarraba un poco más el corazón del resto de la familia. La operación iba a hacérsela el doctor Osamah El-Rubaidi, que fue aún más realista: «Está muerto y tenemos que hacer un último intento por abrir la ventanita».

La ventanita consistía en quitarle un trozo del hueso parietal, un órgano rígido del cráneo que es plano y con forma cuadrilátera. Parietal significa *de la pared* y a José había que quitarle parte de esa pared de la cabeza para que su cerebro pudiese respirar y oxigenarse. La operación, por tanto, serviría para descomprimir el cerebro. Era una forma de ganar tiempo para ver cómo evolucionaba el edema.

El doctor Fran Brea dejó que la familia se acercase a la camilla, a la salida del ascensor, un minuto antes de que José entrase a la segunda operación. Aquel asalto precipitado se antojó como una despedida. Todos se arrimaron movidos por el sufrimiento y le empezaron a dar besos por las manos, los brazos o las piernas. «No me dejes sola, José». Esa fue la frase que se repitió indistintamente en boca de Ana, Lola y Mari, que se tropezaban unas con otras. Tumbado en la camilla y repleto de vendas, el nene de la casa de la familia Marín seguía con los ojos cerrados y tenía la cara reventada y descolocada, sin boca ni ojos ni nariz. Era una masa a la altura de los hombros. En palabras de su padre: «Daba miedo».

El miedo tardaría muchos días en irse. Porque, en ese momento tan delicado y marcado por la urgencia de entrar a quirófano, el doctor Fran Brea, que no sabía si la operación saldría con éxito, prefirió no explicar que, aun si todo salía bien y se conseguía controlar el edema, había un segundo problema: las consecuencias que podía dejar todo aquello en el paciente, cuyo pronóstico era muy grave e impredecible.

10

Aquel 15 de agosto, día grande para los baezanos, la pequeña ciudad dedicó todos sus rezos a los chicos de Supersubmarina. El pueblo entero volcó su fe en pedir a la Virgen del Alcázar, patrona de Baeza, por la recuperación de unos chavales que habían nacido y crecido bajo su amparo. Ese lunes que siguió al trágico domingo, muchos devotos no se preguntaban tanto por las calamidades del destino con respecto a esos músicos famosos, sino que, más bien, rezaban y suplicaban para que Dios y la gran patrona cuidaran con su gracia y amor infinitos las almas de estos hijos baezanos. Incluso la decena de monjas clarisas del monasterio San Antonio de Baeza hicieron sus misas por ellos.

Las fiestas cobraron una religiosidad extraordinaria. Pasada la medianoche, la iglesia de San Andrés se llenó de fieles que, más que saludar y piropear a la Virgen del Alcázar, como era costumbre, se dedicaron a pedir por el bien de José, Juanca, Jaime y Pope, así como de los otros accidentados: Chicharro y el conductor del otro coche, Miguel Ángel. Los coros, solistas y rondallas de la pequeña ciudad cantaron y rondaron dentro del templo a la gloria de Baeza, pero también y por primera vez a la gloria de esas vidas violentadas por la carretera. Entre aromas de tristeza y el repicar de la beltrana, la que muchos llamaban Reina de Baeza salió del templo con paso señorial a encontrarse en espíritu y gracia con sus hijos, sobre los que había caído la desgracia. Pocas veces las cornetas y los tambores lloraron con tanta fuerza como aquel 15 de agosto. Con su porte gótico y enjoyada con oro de ofir, la Virgen sujetaba al niño en brazos mientras se abría paso el gran cortejo de la banda Nuestra Señora de las Penas de Úbeda y, tras ella, los niños de comunión y centenares de fieles y devotos. Las lágrimas, que no paraban de brotar en el hospital de Jaén ante una incertidumbre que se cebaba con la salud de José y Juanca, se escenificaron durante el paso firme de los cofrades por las calles. Incluso los Caballeros Horquilleros levantaron a la Virgen del Alcázar por José, Juanca, Pope y Jaime. Sucedió igual al mediodía con la solemne misa mayor concelebrada en honor a la patrona.

El 15 de agosto de 2016, Baeza estaba en vilo y se agarró a la fe más profunda y ceremoniosa, justamente, cuando la vida de José, en coma y necesitado de una segunda operación de urgencia, pendía de nuevo de un hilo en la UCI y sus padres y hermanas pensaban que quizá no volverían a hablar nunca con él.

11

Dios siempre provee, pero quizá el papa Francisco tuviera el poder de ayudar a esos pobres chicos. Eso pensó Rosa Silvestre Piñeiro, una mujer de cincuenta y cuatro años que tenía previsto un viaje con su madre, María Luisa, al Vaticano para asistir a la misa de canonización de la Madre Teresa de Calcuta. Conocía a los chavales desde que eran niños y también a sus padres, porque en Baeza, como solía decir ella, todo el mundo se conoce por unas cosas o por otras. Ante tanto dolor concluyó que aprovecharía ese viaje el 4 de septiembre para intentar conseguir que el mismísimo papa bendijese una foto de Supersubmarina. Una en la que se viese bien a los cuatro jóvenes baezanos, tan queridos por su pueblo y tan desgraciados en su destino.

12

No hay destino de una banda que no esté marcado por una maqueta: un objeto precario, pero que contiene el futuro. Una maqueta se graba en los primeros pasos, cuando apenas hay medios económicos y está todo por hacer. Es decir, cuando el único propósito es demostrar, nada más que demostrar, aunque las condiciones para hacerlo sean paupérrimas. Demostrar que la banda tiene calidad y un estilo, los dos ingredientes más determinantes para valorar una obra musical y también para seducir a una discográfica o a un cazatalentos. Una maqueta puede llegar a los buzones de varios sellos discográficos, festivales, concursos y medios especializados y puede no servir de nada. Puede pasar por mil manos y, con todo, no quiere decir nada. Porque, en la mayoría de los casos, una maqueta puede ser mil veces ignorada o rechazada.

El rechazo más famoso de la historia de la música popular sucedió en 1962, cuando a un directivo de la discográfica Decca no le gustó la maqueta de unos chicos de Liverpool que se hacían llamar The Beatles. «Los grupos de guitarra están acabados», dijo el visionario tras escuchar un casete que contenía diez canciones. Por suerte, la maqueta de The Beatles prosperó en EMI y lo demás es historia.

La maqueta de Supersubmarina tuvo un recorrido de cuento y a un protagonista crucial: Alfonso Valverde, a quien, a diferencia del directivo que rechazó a The Beatles, le gustaban los grupos de guitarra y no le dio por pensar que estuviesen acabados. Tampoco es que importase mucho, porque no era directivo en ninguna discográfica ni tenía poder de decisión a la hora de fichar formaciones para lanzar sus carreras. Alfonso trabajaba de técnico de luces en Tuá pro, una empresa de sonido e iluminación de conciertos con sede en Baeza en la que le encantaba trabajar. Le llegó la maqueta a través de José.

Alfonso nunca había visto una persona tan insistente como Chino, como le gustaba llamarlo. Se conocían desde hacía muchos años, porque uno de sus mejores amigos había sido novio de Helena, la hermana de José. Alfonso, amante del pop y el rock, fue de los primeros en saber de la existencia de la banda cuando todavía se llamaba Inflamables, estuvo en el apoteósico concierto del grupo en la nave industrial del padre de Jaime y había visto, por tanto, muchas veces a ese grupo que le parecía que tenía más ganas que técnica. Creía que Chino era el único que mostraba cualidades a primera vista, pero al resto les faltaba rodaje. ¿Se podía decir si esa nueva banda baezana tenía talento? Seguramente sí. Algo había, pero tampoco se podían tirar cohetes todavía. Si había aprendido alguna cosa en sus años en la carretera como técnico de luces para otros músicos, era que el talento importa tanto como la entrega, la dedicación y el rodaje. Había que trabajar mucho en un local de ensayo para empezar a sonar con un nivel aceptable. Inflamables querían llegar lejos, como todos, pero tendrían que tomárselo muy en serio. Al menos, el grupo ya tenía un punto a favor: Chino. «Qué tío. No se cansa nunca», pensó. Todos los días quedaba con él sobre las cuatro de la tarde a tomar un café en el Burladero. «Venga, tronco, te doy una de nuestras maquetas y la mueves en tus giras», le insistía José una tarde tras otra. Alfonso no se quería comprometer y le daba largas, pero era como intentar evitar que saliese el sol. Al final accedió y se llevó uno de los cedés que le llevó Chino con una sonrisa de oreja a oreja.

La maqueta le entusiasmó. Tuvo que reconocerlo. Era mejor de lo que pensaba y, sobre todo, de lo que había visto en sus actuaciones, como esa última en el Burladero con el bar repleto de amigos y cacharrería del grupo por todas partes. Empezó a ponérsela siempre que podía en casa y acabó llevándosela a sus giras con Pereza. Tuá pro había sido contratada para encargarse del sonido y la iluminación de la gira de Pereza de 2007 y Alfonso se iba casi todos los fines de semana fuera. Estaba encantado: buenos bolos, buen ambiente y buena música. La música también era buena antes de los conciertos. Él se encargaba de pinchar la maqueta de Supersubmarina todos los días. Daba al modo *repeat* y listo. El cedé sonaba sin detenerse. Llegaba al final y volvía a empezar todas las tardes mientras los operarios de luces y sonido ultimaban los detalles, se abrían las puertas, entraba el público y empezaba su actuación Pereza, con Leiva y Rubén Pozo saltando al escenario con su énfasis habitual. Muy pocos se preguntaban qué era esa música que sonaba por los altavoces. Todos estaban a sus conversaciones o a sus móviles. A Alfonso no le importaba: era feliz pinchando las canciones de sus paisanos, aunque sus compañeros de Tuá pro estaban empezando a odiarlo por taladrarles con la misma música todos los días. Porque ese año haría lo mismo en la gira de Los Planetas y durante algunos festivales en los que trabajó, como el Sonorama, el FIB o el Contempopranea. La música de Supersubmarina a todas horas.

Sin embargo, el momento decisivo de la maqueta no fue una de esas tardes con el equipo a cuestas y todos los operarios de un lado para otro, tirando cables y poniendo a punto el escenario. La clave estuvo en una decisión que tomó Alfonso: probar a darle la maqueta a Ernesto Muñoz, al que había conocido de *tour manager* de Fito y Fitipaldis en 2003 y con el que le unía una buena relación. Estaba convencido de que a Ernesto le podía gustar. Tardó unos días en darle una respuesta. La tarde que recibió su llamada, Alfonso descolgó y escuchó lo siguiente en boca de Ernesto: «Alfonso, te llamo por la maqueta de los chavales de Baeza. ¡Me ha volado la cabeza!».

13

Iba a ser un día grande para Ernesto. *Grande.* Así le gustaba nombrar a los días como ese domingo de agosto en el que se juntaría a comer con sus seis hermanos, acompañados de sus respectivas parejas e hijos. En total, veintidós personas. Una vez al año, la familia al completo se reunía en verano y se contaba la vida. Reían juntos y mantenían una tradición que a Ernesto le encantaba. Esa vez iba a ser especial porque habían alquilado una casa en la Malvarrosa y era la primera reunión familiar sin su madre, que había fallecido unos meses atrás. Nunca se habían juntado los seis hermanos sin ninguno de sus padres.

Cuando salió de la habitación del hotel para ir a desayunar, Ernesto recibió dos llamadas que lo cambiaron todo. La primera lo pilló mientras desayunaba en el comedor del hotel. Le extrañó ver que era la pareja de Juanca, Elena. Le preguntó si sabía algo de la banda porque el último mensaje que ella tenía de su novio era de las cuatro de la mañana y el móvil le daba apagado. Según sus cálculos, Juanca debía haber llegado a Baeza hacía una hora y por casa no había aparecido. Ernesto no sabía nada. No tenía ningún mensaje ni ninguna llamada de nadie del grupo. Le explicó a Elena que él se había quedado a dormir en el hotel de Valencia que tenían reservado y que ellos habían decidido regresar a Baeza en la furgoneta con Chicharro.

«Estuvimos hablándolo en Cullera, en los camerinos del Medusa, pero lo tenían claro y se fueron de noche», comentó Ernesto.

Elena ya sabía que no se habían quedado a dormir y la llamada solo sirvió para que el mánager también se inquietase. «¿Dónde estarían?». «¿Habría pasado algo?». Ernesto salió de dudas a los pocos minutos. Lo llamó Lola y le dijo que el grupo había tenido un accidente, según le había contado a ella el jefe de policía de Baeza. Desconocían la gravedad del asunto.

El día grande de Ernesto se volatilizó. Tras colgarle a Lola, cambió sus planes. No dudó ni un segundo. Adiós a la comida familiar. Decidió que se iba a Baeza a estar cerca de los chicos. Cogió el coche y se marchó solo. Tenía los nervios a flor de piel. La voz de Lola sonaba preocupada, algo alterada, y la falta de información no hacía más que ponerle pensamientos negativos en la cabeza. No quería esperar a que le diesen más detalles. Si a Lola la había informado el jefe de la policía acudiendo a su propia casa, él tenía que llegar allí lo antes posible.

Aquel viaje al volante no hizo más que elevar su estrés. Apenas había abandonado Valencia, su teléfono empezó a echar humo. Las llamadas y los mensajes se sucedían uno detrás de otro. Era una locura la cantidad de amigos y profesionales de la industria musical que querían saber qué había pasado. La noticia ya empezaba a conocerse. Intentar concentrarse en la carretera le era difícil, porque no paraba de hablar. Menos mal que tenía el dispositivo de manos libres, pensó, porque si no le hubiera sido imposible conducir. Atendió las llamadas que consideraba imprescindibles, incluidas un par a la prensa. A mitad de camino necesitó desmentir una información que ya corría por las redes sociales de que podía haber muerto algún miembro de la banda. Las familias de los chicos le habían confirmado que estaban todos vivos y él, como mánager y portavoz del grupo, no podía dejar que se dijese ninguna falsedad. La confusión siempre la cargaba el diablo y, en ese caso, ya estaba marcándose su primer disparo.

Cada kilómetro que se acercaba a su destino, Ernesto se tensaba más. Toda España ya conocería la noticia del accidente de Supersubmarina para cuando él llegase a Jaén, donde le dijeron que estaban ingresados José y Juanca. Su cabeza era una olla a punto de estallar. Quería apagar el teléfono y centrarse un poco en sí mismo, en relajar su mente, pero no podía desatender el móvil. Nunca en su carrera le había tocado enfrentarse a un hecho de esas características. Pink House Management, la agencia de representación que fundó entusiasmado con Supersubmarina, tendría que hacer un comunicado en cuanto llegase a Jaén. Aparte de enviárselo a los medios de comunicación, lo colgaría en las redes sociales. Así haría. Pero las preguntas no paraban de asaltarlo: «¿Qué se hace ante una situación así?». «¿Cómo se detiene una crisis como esta?». «¿Cómo se lidia con la tromba mediática?». «¿Qué se dice cuando no se puede decir aún nada?». «¿Qué se comunica cuando el corazón está en un puño?».

Iba conduciendo y, cuando dejaba de hablar por teléfono, se le aparecían imágenes de José, Juanca, Pope y Jaime. Estampas inconexas de la noche anterior, la gira o el pasado más remoto. Retazos de conversaciones aleatorias. Todo en su mente era un carrusel de momentos con ellos desde que se conocieron en 2008.

Bajo un sol vehemente, la carretera se estiraba como un reguero de pólvora. Ernesto se encaminaba como una mecha hacia el día en que su vida también cambiaría para siempre.

14

Desde Pink House Management queremos informar de que los componentes de Supersubmarina se encuentran estables tras el accidente de tráfico sufrido esta mañana.

Muchas gracias a todos por el interés, apoyo y muestras de cariño. Informaremos cuando tengamos nuevas noticias.

Saludos.

Primer comunicado de Pink House Management, la agencia de representación de Supersubmarina, del 14 de agosto de 2016.

15

Ernesto tomó la decisión más importante de su carrera profesional: dejarlo todo para convertirse en el representante de aquellos cuatro chicos que se hacían llamar Supersubmarina. El año 2008 pasaría a la historia en su vida porque en él se atrevió a ser valiente y seguir su instinto marcado por la música juvenil de esos chavales que vivían en un pueblo de Andalucía.

¿Se habría vuelto loco? Esa pregunta lo asaltó varias veces desde que Alfonso Valverde le había dado la maqueta de la banda. Quizá sí se había vuelto majara perdido por un grupo que podía ser uno más de toda la poblada escena del indie español, pero todavía sentía en sus huesos esa parálisis vibrante que le causó escuchar sus canciones. «¡Me ha volado la cabeza!», le soltó a Alfonso después de escucharlos por primera vez. Hubo una segunda escucha, más ceremoniosa, a solas, en su despacho de Sony, en la que puso a prueba su entusiasmo inicial y no dijo nada a nadie al acabar. El resultado fue el mismo: se quedó en shock. Estuvo cuarenta y ocho horas sin dejar de escuchar la maqueta, en bucle, como un enfermo. Si la locura sonaba como aquellas canciones de Supersubmarina, entonces, podía afirmarlo: bendita locura.

Podía haberse vuelto loco, pero Ernesto era un perro viejo en la industria musical. Llevaba ya varios años trabajando de jefe de producto en Sony y ayudando en conciertos de la promotora Last Tour. Conocía a mucha gente en un sector donde el olfato era un bien escaso y muy deseado. Todo el mundo quería descubrir a la nueva estrella del rock nacional o a la nueva banda que marcaría a una generación. Todos, absolutamente todos, en discográficas, promotoras y agencias de representación, deseaban dar con el diamante escondido. Cada año había multitud de intentos, pero los elegidos eran pocos, muy pocos, tan pocos que había temporadas en las que no salía ninguno. Pero, de repente, el instinto de Ernesto se lo estaba gritando: Supersubmarina era una de esas pocas bandas elegidas. Y, con todo, debía hacer otro movimiento antes de tomar la decisión de su carrera: confirmar su olfato con otras opiniones válidas. Así que destapó su agenda de contactos.

Ernesto hizo tres copias de la maqueta para tres colegas a los que tenía en muy alta estima por su criterio musical. Tres personas que ejercían papeles distintos dentro del marco de la música y que podían servirle de último filtro para medir ese frenesí que él no había vivido con ningún otro artista ni banda. Mandó una copia a Dani Martín, al que conocía de los tiempos de El Canto del Loco. Era una estrella de primer nivel del pop español que amaba la música y al que le gustaba conocer nuevos artistas, tanto que tenía con su primo David Otero el sello discográfico El Manicomio. Le serviría mucho su opinión. La segunda copia fue para Javier Liñán, al frente de El Volcán Música, un sello discográfico independiente que destacaba por descubrir talentos de la escena alternativa. Liñán era un clásico de la industria española, un tipo que veteranos y jóvenes reconocían como un buen cazatalentos. Fue el hombre que llevó a las multinacionales a Bebe, Estrella y Enrique Morente, Los Delinqüentes y Astrud, pero todos le recordaban por ser el visionario que metió a unos desconocidos Los Planetas en Sony. Esa medalla todavía le brillaba en la solapa de su propia historia, ya que sobre ese hecho se levantó buena parte del indie nacional. Liñán era lo que Ernesto quería ser con Supersubmarina: un gran descubridor. Puro olfato. Alguien que pudiese hacer crecer la escena española. No se trataba de dinero, sino de algo más importante: trascendencia. Descubrir a un grupo y hacerlo llegar alto, ser recordado junto al nombre de una gran banda. La tercera copia fue a parar a Paul Hurtado Mendoza, amigo de Ernesto y un auténtico melómano, un cerebro musical que sabía de todos los géneros y las épocas. Los tres fueron sus elegidos para testar su locura.

A las tres horas de recibir la maqueta, Liñán, siempre con el olfato a punto, lo llamó y le dijo que le había gustado mucho y quería ver si podía contactar con la banda.

—Oye, tío, ¿me puedes pasar el teléfono de alguno del grupo? —dijo el mánager de El Volcán Música.

—Ahora, no puedo. Estoy liado. Luego te llamo —contestó Ernesto.

No se esperaba que Liñán fuese a estar tan ágil. Se dejaba ver algo importante. La llamada de Dani Martín entró ese mismo día, poco después. Era un músico que sabía cómo sonaba la buena música y también los quería fichar para el sello que tenía montado con su primo.

—Me molan. Quiero hablar con mi primo y ver si podemos llevarlos al sello —soltó sin pensar que Ernesto ya estaba con las defensas preparadas.

—Ok. Ya hablaremos entonces —dijo Ernesto con una forzada voz de indiferencia.

No se lo podía creer. Bueno, qué narices, sí se lo podía creer, porque el pálpito que tenía dentro de sí mismo era tan fuerte como para que estas dos llamadas le diesen la razón. Cuando colgó con Dani Martín, empezó a caminar dando vueltas sobre sí mismo en pequeños círculos. Transmitía una especie de euforia nerviosa. Volvió a sacar el móvil, llamó a Alfonso Valverde y le dijo otra frase que se enmarcaría en letras de oro en la historia de sus vidas: «Vamos a representar juntos a estos chicos».

Al otro lado de la línea, Alfonso no verbalizó el primer pensamiento que le surgió cuando oyó a su colega tan optimista, pero creía que tal vez Ernesto quería ir demasiado lejos. Incluso le había hablado de que estaba pensando en dejar su trabajo en Sony.

Ernesto había encontrado el diamante escondido. Y, si hay una frase que lo ilustra mejor que ninguna otra, es la que escupió al final del día tras el cruce de llamadas. Marcó el número de Liñán y le dijo: «Liñán, voy a representar a los chicos de Baeza. Quiero que lo sepas y lo tengas cristalino. Te lo voy a decir muy claro: si te pones en contacto con alguno de ellos, te corto las piernas». Y, un segundo después, Ernesto soltó una risotada.

16

Desde que se había conocido la noticia del accidente, los medios de comunicación se agolparon en la puerta de los hospitales de Jaén. Periodistas de prensa, radio y televisión acamparon en las inmediaciones de ambos centros sanitarios para intentar conseguir una declaración de los familiares y amigos de José, Juanca y Jaime, los más afectados. Pope permaneció en el hospital de Úbeda, donde apenas se dejó ver algún periodista.

Cuando Ernesto, procedente de Valencia, llegó a Jaén la tarde del 14 de agosto, se encontró ya con varios reporteros a las puertas del Hospital Neurotraumatológico, donde estaba ingresado José. Su papel como mánager era encargarse de la prensa. Tenía habilidades para desempeñarlo y había tratado a multitud de periodistas de todos los pelajes en sus ocho años al frente de esa labor en la carrera de Supersubmarina, pero también de otros grupos que representaba Pink House Management, como Fuel Fandango, Zahara, Rayden o Maika Makovski. Sin embargo, Ernesto se dio de bruces con una realidad inesperada en la que los informadores que poblaban el hospital eran, la mayoría, desconocidos para él y aguardaban con un hambre fiera para llevarse un pedazo de declaración a la boca. Aquella situación era nueva y le estresó mucho más de lo que ya lo hacía el no saber qué se iba a encontrar en el hospital.

Una vez dentro se quedó muerto. Era la única forma en la que se podía definir el impacto que le supuso ver a José, a su José, al músico que más admiraba del mundo y al hombre que quería como si fuera un hermano pequeño, tumbado en esa camilla como un ser inerte, desfigurado, horroroso. La imagen le perseguirá ya toda la vida. Y, sin embargo, no era peor que lo que, en plena orgía de dolor, le preguntó Mari. La madre de José estaba en la sala de espera de la UCI junto al resto de su familia excepto Helena, que no paraba de fumar en la calle, como si los cigarrillos fueran calmantes. Ernesto los abrazó a todos uno por uno y, cuando llegó a Mari, escuchó de su voz desgajada una pregunta que le destrozaría aún más de lo que suponía ver a José al borde de la muerte. «¿Cómo has dejado que se vinieran?», le preguntó Mari con los ojos desencajados desde un lugar incivilizado y arrasado por la rabia y la pena.

Ernesto no sabía aún que esa pregunta lo atosigaría también para siempre. Como una condena que nunca se acaba.

«¿Cómo has dejado que se vinieran?».

17

Hay preguntas que se repiten con violencia, cada vez más precipitadamente y con más estruendo. Son como un ruido sordo, ahogado y frecuente dentro de la cabeza que aumenta la desesperación, como el redoble del tambor sobreexcita a un soldado antes de jugarse la vida en la batalla.

«¿Por qué no le seguí escribiendo a José?». A Lola le llegaba esa pregunta una y otra vez con redoblada fuerza desde que supo que su hermano había tenido un accidente. Se habían estado escribiendo por WhatsApp hasta las 7.55 de la mañana del 14 de agosto. José le había comunicado que ya estaban llegando a Baeza desde Cullera, ella le contestó y ahí se quedó todo. Ni le preguntó por nada más ni le dijo qué tal el concierto de la noche anterior ni nada que le hubiese podido tener entretenido hasta llegar a casa. Simplemente le respondió que muy bien y que se verían por la tarde. Si le hubiese seguido escribiendo, entonces, pensaba Lola, su hermano no se hubiese quedado dormido en los siguientes minutos en los que aconteció el golpe y no le hubiese pillado sin capacidad de reacción. En los accidentes suele ser importante que la víctima pueda anticipar, aunque sea por unas milésimas de segundo, el choque que se va a producir para que su cuerpo haga fuerza y pueda evitar mayores lesiones. José estaba dormido y no vio venir nada.

«¿Por qué no seguí escribiendo a José?». Lola se atormentaba con la pregunta. Cogía su móvil y miraba la última conexión con su hermano. El golpe había sucedido solo unos minutos después de la conversación. Podía haberse salvado de estar como estaba, en la UCI, más grave que ninguno, en coma y con muchas posibilidades de sufrir secuelas terribles. El nene, su hermanito, se hallaba en una situación indecible y no podía dejar de lamentarse en silencio, sin hablarlo con sus hermanas ni con sus padres. La angustia estaba acabando con ella.

La tarde del 18 de agosto Lola no pudo más. Al salir del despacho consistorial se subió a su Ford Focus gris y, movida por un impulso, se puso a conducir en dirección al lugar del accidente. Atravesó medio pueblo y se dirigió hacia el sitio donde su hermano casi se había ido para siempre. Conducía como un autómata, atraída por una fuerza más poderosa que su mente. En la radio, los locutores de los informativos de la Cadena SER estaban dando cuenta de las noticias de un mundo siempre estropeado, pero ella no tenía oídos para nada que no fuera esa pregunta que sonaba cada vez más ruidosa en su cabeza: «¿Por qué no seguí escribiendo a José?». El sol tocaba con timidez en el asfalto de la carretera, pero tampoco tenía ojos para otra cosa que no fuese la línea blanca que, como un hilo que tiraba de ella, la conducía hasta la curva donde su hermano y sus amigos se estrellaron.

Debido a las obras de rehabilitación, las condiciones de la N-322 eran bastante malas. El tránsito por la carretera era incómodo y peligroso. Lola sujetaba el volante con las dos manos y, en fracciones de pocos segundos, desviaba la mirada del asfalto para echar un vistazo a las montañas de la sierra Mágina que quedaban a mano derecha. Como si allí, entre esos macizos, se hallase algún tipo de misterio que explicase ese sentimiento de desesperación que la empujaba a conducir sola para verse con un fantasma. «¿Qué hago? ¿Acaso mi hermano es la niña de la curva?», se preguntaba en un retazo de lucidez. Daba igual. El impulso era tan salvaje que Lola necesitaba ver al espectro de su hermano en esa curva.

Cuando llegó, las huellas de neumático y las manchas de grasa permanecían intactas sobre el asfalto, aunque, desde dentro del coche, Lola no alcanzaba a ver los restos de sangre seca que aún había en la roca y los hierbajos de la cuneta. Redujo la marcha y observó el paisaje apático donde reinaba una especie de silencio maldito. Su mirada quedó perdida en su propio dolor.

«José, por favor, vuelve», dijo en voz alta. «Despiértate». Bajó el volumen de la radio y lo repitió un poco más alto: «José, por favor, despiértate. Móntate en el coche y vámonos a casa».

Y, con el coche a una marcha tan lenta que casi podría haberse quedado en esa curva detenido para siempre, se dio la vuelta sin parar de decir:

«Despiértate, despiértate, despiértate, despiértate…».

18

De las muchas formas de despertar de la tragedia, la de Pope quedó marcada con una gran cruz en la conciencia, una señal de culpa tan profunda y adherida a la mente que era imposible derribarla con palabras y gestos. Dentro de una de las habitaciones de Urgencias del hospital de Úbeda se retorcía de dolor y nervios. Tenía el fémur roto, pero esa herida no le hacía tanto daño como pensar cada instante que él conducía el coche en el momento del accidente.

A su madre no hizo falta que se lo dijese. Josefa llegó al hospital y, desde que vio la cara de su hijo, supo que era él quien estaba al volante. Ya en el camino a Úbeda, un pálpito le indicaba con fuerza que sería así. Debe de ser el sexto sentido de las madres. Conocía muy bien a su hijo y sabía que era echado para adelante, que siempre se estaba ofreciendo a ayudar a todos y que tenía mucho sentido de la responsabilidad. Si había que conducir a esas horas en un viaje tan largo, ella sabía que Pope, su hijo, en algún momento se habría ofrecido para descargar al resto.

«¿Llevabas tú el coche en el momento del accidente?», preguntó la madre en un tono apesadumbrado al entrar a la habitación. Pope respondió que sí con un hilo de voz y un ligero movimiento de cabeza. Cristina lo besó e intentó consolarlo, pero ni su novia podía abstraerlo de su bucle mental. En la habitación todos veían a un ser inquieto y desubicado, que trepaba sin tregua por la telaraña de sus propios pensamientos, sin ninguna dirección, sin ninguna salida, encerrado en su ansiedad. Repleto de sudores fríos, Pope decía a todo aquel que le iba a visitar: «Ha sido por mi culpa».

A su lado, tan desubicado como Pope, se hallaba Chicharro. Su mirada no conseguía posarse en ningún punto y solo decía una frase: «No ha pasado nada». Ambos entrecruzaban sus palabras sin casi atender a la presencia del otro. La estampa confundía a todo el que entraba en la habitación. Hablaban como en sueños; o más bien en pesadillas. Sin embargo, ninguna pesadilla era tan tenebrosa como la que escondía la cabeza de Pope, donde una única idea se repetía en silencio como una noria imparable, girando una y otra vez: «Ha sido por mi culpa. Ha sido por mi culpa. Ha sido por mi culpa».

19

Transcurridas cuarenta y ocho horas desde el accidente, los cuatro componentes de la banda y su *road manager* siguen estables y recuperándose de las diferentes lesiones. Tanto José Marín como Juan Carlos Gómez, los dos más afectados, se encuentran fuera de peligro y evolucionan favorablemente.

Entendemos y agradecemos mucho la demanda de información, pero es imposible atender a todo el mundo de manera personalizada, son momentos en los que la misma fluye con cuentagotas, y también estamos centrados en atender y acompañar a los familiares. Iremos informando de novedades en la medida en que se produzcan.

De nuevo, en nombre de la banda y todos nosotros, muchísimas gracias y abrazos a todos por el interés y apoyo mostrados, y perdón por no poder atender a todo el mundo en tiempo real.

Segundo comunicado de Pink House Management, la agencia de representación de Supersubmarina, del 16 de agosto de 2016.

20

Después de encontrar el diamante escondido, Ernesto empezaría a vivir su sueño de ser representante de una banda en la que creía por encima de todas las cosas. Esa banda se llamaba Supersubmarina. En la primavera de 2008 creó, junto a Alfonso Valverde, la oficina de representación Pink House Management, con sede en un piso de Baeza. Un nombre que vino derivado de otro que no pudo registrar. Ernesto quiso ponerle el nombre de Big Pink a su oficina en honor a la legendaria casa de Woodstock donde grabaron sus canciones Bob Dylan y The Band en los sesenta y setenta. No pudo ser y se le ocurrió añadirle la palabra *house*. La nueva *casa rosa* de la música española nació para encargarse de llevar a un grupo de chavales que nadie conocía. En el fondo, tal y como le habían dicho algunos allegados, era una locura lanzarse con tanta pasión a por una banda que tan solo tenía una maqueta grabada por ellos mismos y algo de carretera por los pueblos de Jaén. Pero a Ernesto ya no le importaba nada de eso. Su instinto le decía lo contrario: había encontrado un diamante escondido e iba a sacarle brillo.

Pink House Management se creó justo después de una audición en Baeza. Ernesto acordó con Alfonso que se iría hasta la pequeña ciudad con el fin de ver a los chicos tocar en directo y, luego, sentarse con ellos para proponerles, oficialmente y en persona, convertirse en su oficina de representación. Ernesto salió de Madrid en su BMW escuchando a todo trapo la maqueta que ya tenía quemada. Su cabeza era una centrifugadora de ideas y pensaba en todas las discográficas grandes: Sony, Warner, Universal… Con cada kilómetro que se acercaba a Baeza, más se venía arriba con la posibilidad de ser el mánager de esos chavales que escondían algo especial. ¿Qué era? Ni idea. El carisma, el talento, la magia o lo que sea que guarden los artistas especiales no se puede definir ni explicar. Se tiene o no se tiene. Y esos chavales de Baeza lo tenían, pero debía comprobarlo en persona. Hasta que no los viese tocar delante de sus ojos no firmaría nada con ellos.

Eran tan especiales que Ernesto no dio crédito a lo que sucedió a su llegada a Baeza. Alfonso y él esperaban al lado de la Puerta de Jaén cuando José, Juanca, Pope y Jaime aparecieron montados en un trenecito turístico. Se habían retrasado al salir del local de ensayo y por el camino se encontraron con Santi, que conducía el vehículo, y lo convencieron para que los acercara hasta la plaza del Pópulo. La oficina turística quedaba justo al lado. «No me lo puedo creer...», dijo Alfonso entre risas. Los cuatro llegaban despreocupados con la situación e ilusionados con conocer al que podría convertirse en su representante, ese tipo de Madrid al que no habían visto nunca y del que tan bien les había hablado Alfonso.

La aparición en el trenecito hubiese sido firmada por los mismos The Beatles. Mostraban una irreverencia juvenil e inocente que se contagiaba. Durante la comida, Ernesto pensó en ese descaro alegre y los analizó uno por uno. Quería discernir quién era el líder, el empanado, el pesado, el tocahuevos, el gracioso... Quería, en definitiva, estudiar a esos chicos para saber cómo tratar con ellos y poder ajustar a cada uno en su propio carácter. Si iba a ser mánager del grupo, tenía que saber cuáles eran las virtudes y los defectos de cada miembro. Tenía que ponerse las pilas con ellos desde el primer día. No lo iba a tener fácil: en la comida apenas ninguno de los cuatro abrió la boca. Eran jóvenes y tímidos. Con todo, Ernesto los analizó y la primera conclusión que sacó es que José, Chino, como le llamaban, tenía madera de líder. Era el compositor de la banda y también el más bromista. Poseía desparpajo y carisma.

La audición se llevó a cabo en el local de ensayo. Ernesto y Alfonso se sentaron en el sofá de la muerte, ese por donde habían pasado tantos ligues. El sitio desprendía una caótica anarquía adolescente. Se encendieron unos porros y se pusieron a escuchar bajo una impresión de precariedad absoluta. El sonido era deficiente y estrepitoso, tanto que Ernesto pensó que le reventarían los tímpanos y se le quedó la cabeza como un bombo. Los cuatro tenían mucho que mejorar, pero lo tenían. Supersubmarina, una formación que hasta hace no tanto se llamaba de otra forma y a la que nadie conocía aún fuera de los límites de Baeza, era una banda especial. Ernesto tenía delante de sus narices a su diamante en bruto aporreando instrumentos como si no hubiese mañana.

Pink House Management fue una realidad desde ese mismo día. Alfonso decidió compaginar su nueva función de contratación de conciertos para Supersubmarina con su trabajo de técnico de iluminación en giras en Tuá pro. Por su parte, Ernesto dejó su puesto de jefe de producto en Sony, aunque le salió una oferta de ejercer de *tour manager* de Chambao para una gira y la cogió para meter dinero en los bolsillos mientras conseguía un contrato discográfico para el grupo que ya representaba. Los dos se hicieron socios y establecieron un método de trabajo: Alfonso se encargaría del *booking* y Ernesto llevaría todo lo demás en su labor de mánager, como los acuerdos discográficos, las relaciones públicas y el contacto con la prensa. Pink House Management nacía como un equipo de dos.

Antes de crear la nueva oficina de representación, Ernesto tuvo que salir del estómago del gigante discográfico Sony. José María Barbat fue el primero en saber que Ernesto se iba. Era su jefe directo en el departamento de Marketing como director general cuando una mañana entró en su despacho de la oficina de la discográfica en la avenida de los Madroños y se lo explicó. El jefe no se lo esperaba y lo único que pudo hacer es quedarse con el nombre de esa banda por la que uno de sus mejores trabajadores lo dejaba todo. Un día después Ernesto habló con Carlos

López durante un concierto de Sidonie en Joy Eslava. El presidente de la discográfica tampoco se lo esperaba y le pidió que repitiera lo que había dicho. No se lo creía. «¡Qué cojones vas a dejar Sony! ¿Por una banda salida de un pueblo?», le preguntó entre carcajadas. Carlos era un sabueso viejo de la industria discográfica, un tipo poderoso y sin pelos en la lengua. No concebía que el hombre que se había encargado de la última gira de Fito y Fitipaldis para su compañía quisiese abandonar el barco por una banda de chavales. Sony era un transatlántico de la industria musical que en España representaba a grandes como Joaquín Sabina, Ana Belén, Manolo García, Estopa, Víctor Manuel, El Canto del Loco, Luis Eduardo Aute, Los Planetas o Pereza, entre otros muchos. «Ríete lo que te salga de los cojones, Carlos. Me piro», aseguró en pleno concierto Ernesto.

El todavía jefe de producto de Sony se presentó al día siguiente en la oficina de Madrid y se lo volvió a decir a Carlos en su despacho.

—Lo dejo, Carlos, me voy porque quiero dedicarme en cuerpo y alma a la banda que me voló la cabeza —le explicó con más calma.

Sentado en su gran silla de cuero, Carlos López habló sin callarse nada:

—No me jodas, Ernesto. Estoy aquí viendo cómo deshacerme de varios trabajadores y ofreciéndoles una pasta gansa porque hay que reducir personal de la compañía y vas tú, joder, y eres el único que se pira por sus huevos. Justo ahora que te acabamos de ascender. Todos están esperando a ver si cobran el pastizal y tú eres el único gilipollas que te largas sin un duro y por un sueño o no sé qué cojones me cuentas.

—Lo dejo. Lo tengo clarísimo —aseguró Ernesto mientras daba una calada al cigarro.

El humo flotaba sobre la mesa del despacho cuando Carlos López le hizo una petición:

—Déjame escuchar a esos chicos que te tienen enamorado como una colegiala. A ver si has perdido la cabeza o tiene sentido lo que estás haciendo...

Ernesto había anticipado la situación y le había llevado una copia en CD que contenía una sola canción de la maqueta: *Supersubmarina*. De hecho, su plan era que Carlos los escuchase y, si le gustaban tanto como él pensaba, se animase a escuchar más y a firmarles un contrato discográfico en Sony para grabar un primer álbum en condiciones. Ernesto sabía que su peso en la compañía era un incentivo para que se materializase un acuerdo con Sony. Sin embargo, no era la única opción que barajaba. Más que en su propia influencia, creía en las canciones de la banda. Estos chavales tenían algo especial y gustarían por sí mismos. En Sony o en cualquier otra discográfica.

Carlos se quedó con la maqueta y estuvo sin dar señales de vida una semana. Ernesto conocía al que había sido su jefe y sabía que estaba a mil frentes como presidente de Sony. Esos asuntos siempre se tomaban su tiempo, aunque, a decir verdad, a veces, se disipaban en el transcurrir de los días hasta que acababan desapareciendo de las mesas de los despachos discográficos. Nadie retomaba una maqueta abandonada cuando entraba cada día otro buen puñado de nuevas. El pesimismo lo invadió.

Pero una tarde de julio sonó el teléfono. Ernesto descolgó. Era Carlos López.

«Me cago en todo, Ernesto. Me voy mañana de vacaciones a Mallorca y no encuentro la maqueta. La escuché en el coche y me encantó, pero necesito volver a escucharlos. Me dijiste que tenían más canciones. ¿Me puedes dar otra maqueta para tenerla en las vacaciones? Ahora sí que necesito saber lo que se cuece con ellos».

Al día siguiente Ernesto se subió a su BMW y condujo por la A-3 dirección Valencia hasta la altura de Valdemingómez. Pocas veces había tenido tan claro que era necesario un esfuerzo como ese. Había quedado con Carlos en una gasolinera antes de que este se fuera a coger un ferry para pasar sus vacaciones en las islas Baleares. Ernesto pisó el acelerador más de lo normal. Sabía que ese momento podía ser clave. Carlos López había mostrado un interés desmedido, más aún cuando él le había comentado que también pensaba darle la maqueta a Charlie Sánchez, presidente de Warner Music. Charlie y Carlos eran los dos hombres más importantes de la industria musical en ese momento, dos tipos que se admiraban como adversarios y que, a su manera, eran las dos grandes personalidades que habían ensanchado el horizonte de la música española en los noventa y los primeros dos mil con propuestas de calidad. Si a Carlos le gustaba presumir de El Canto del Loco y Pereza, a Charlie, que antes de llegar a Warner había fundado la independiente y fundamental DRO (Discos Radiactivos Organizados), hacía lo mismo con Extremoduro y Platero y Tú.

Cuando Ernesto llegó a la estación de servicio en la que habían quedado, el presidente de la compañía discográfica más grande de España lo esperaba de pie, apoyado en el capó de su Range Rover. Dentro del coche estaban su mujer y sus tres hijos, que deseaban llegar a Valencia para coger el ferry y disfrutar de las vacaciones en Mallorca. El rumor de los coches y los camiones al pasar por la carretera a toda velocidad se dejaba oír como un zumbido incansable. Ernesto se acercó a grandes pasos hasta el cochazo de Carlos, una especie de tanque que Sony le ponía en virtud de ser el máximo responsable de la compañía. Le estrechó la mano y le pasó el CD con una sensación extraña, como si estuviese trapicheando con un alijo de droga. Con su brillo fiero, el sol parecía un centinela de ese momento. Entonces Carlos López, como perro que se lanza al cuello, le soltó: «Como vayas con la maqueta a Charlie te mato».

21

Carlos López, el hombre que estaba al frente de la compañía discográfica más importante de España, quedó trastornado. Mientras conducía camino de Valencia, buscaba el adjetivo exacto para definir su estado y acabó por adjudicarse ese por la sensación que le producía escuchar las canciones del grupo del que tanto le había hablado Ernesto. *Trastornado.* Así era. El sonido de esa banda relucía distinto a todo lo que había llegado a sus oídos desde hacía muchos años. Cuando subió el volumen sintió que esos chicos sonaban con la claridad de U2.

Las comparaciones siempre eran odiosas, y más en el mundo de la música, donde eran propicias. Carlos lo sabía, pero también entendía que eran la forma más certera de situar rápidamente a un grupo desconocido, o incluso a uno consolidado. Las comparaciones formaban parte del lenguaje cotidiano de las discográficas, los promotores y los periodistas para hablar de un artista o una banda. «Fulanito suena como...» o «Menganito se parece a...» eran introducciones recurrentes para presentar una propuesta musical. Carlos intentaba no caer en paralelismos estúpidos, porque a él tampoco le gustaba que le viniesen con esos disparates solo para llamar su atención. Sin embargo, no era descabellado decirlo: el sonido de Supersubmarina de verdad le recordaba a la claridad de la música de U2.

Llegó a Mallorca convencido de que Ernesto había encontrado un tesoro. El cabrón lo había conseguido. «¡Qué tío!», pensó. Todos los jefes de producto de todas las discográficas andaban buscando lo que Ernesto ya tenía entre manos: una banda distinta y de verdad. Sus hijos Bruno y Luca reafirmaron su sensación cuando le dijeron que les había gustado mucho lo que había puesto en el coche. No esperó ni veinticuatro horas para llamar a Ernesto y asegurarle que quería fichar al grupo porque tenía un sonido cristalino y unas letras crípticas, muy pop. Y había más cosas alucinantes en esa maqueta, como el atrevimiento de hacer una versión del *¡Chas! Y aparezco a tu lado* y haber conseguido algo tan efectivo y real. Le recordaron a algunos buenísimos músicos de Warner Music, su principal competencia. Una de esas bandas que fichaba Charlie y que se consolidaba con su pop del presente, capaz de ser comercial sin perder la personalidad y la calidad, como M-Clan o Los Piratas. Y, con todo, pensaba Carlos, no eran un grupo de *singles*, destinado a la radiofórmula. Se percibía que era especial. Un grupo de los que Carlos quería para su compañía.

El 2 de septiembre, tras terminar sus vacaciones familiares en Mallorca, Carlos se fue a Baeza. La visita al pueblo de esos veinteañeros era la cita más importante que había puesto en su agenda en ese comienzo del nuevo curso. Nunca antes en Sony se había visto tal situación: el presidente de la compañía yendo a un pueblo que no conocía a escuchar en directo a una banda que tampoco conocía. Era algo inaudito, pero así fue. Carlos se fue solo hasta Baeza y se saltó toda la política de contrataciones de la compañía. Su cuerpo había vibrado con la maqueta de Supersubmarina como cuando escuchó por primera vez a Pereza y no iba a dejar que nada ni nadie frenase o entorpeciese ese pálpito. Había algo importante que hacer en Baeza y quería hacerlo a su manera. Para eso era el presidente de Sony.

Hasta llegar a la estación de Linares, a Carlos le dio tiempo a pensar mucho en la decisión que había tomado. Los trenes siempre eran perfectos para reflexionar y aquel viaje en Talgo era largo y con bonitos paisajes que se colaban por la ventanilla. Llevaba un tiempo bastante desencantado con la perspectiva de la industria musical, incluso en su propia discográfica. No era capaz de entusiasmarse con toda la música que vendía en Sony. Como él mismo le decía a veces a su gente de confianza: «Puedes ser diabético y vender pasteles». A veces se sentía así: vendiendo pasteles que no quería o no podía comer. No le gustaba el esfuerzo que se hacía en promocionar tanto las radiofórmulas. Si se dejaba todo en manos de la espuma de la radio corrían el riesgo de no conseguir formar bandas de largo recorrido. Le molestaba tener que pasar por ese peaje.

El tren lo dejó en la estación de Linares y sintió como si hubiese retrocedido a la España de los años cincuenta, pero pronto vio a Ernesto, que lo esperaba en el coche y lo devolvió al presente. Los dos atravesaron una carretera llena de olivos y se fueron directos al local de ensayo que los chavales tenían al lado de la Academia de la Guardia Civil. Carlos no conocía Baeza y se revolvió un poco cuando lo más representativo que vio al llegar a la pequeña ciudad fue esa academia de cabos. En el local se sentaron en el sofá de la muerte, el mismo en el que se había sentado meses atrás Ernesto y por el que habían desfilado mucho antes algunas chicas. José, Juanca, Pope y Jaime se disculparon por no poderle ofrecer nada mejor al jefazo de Sony. «Me la suda», dijo Carlos mientras se liaba un porro. «Yo no he venido a estar en un balneario. Quiero oíros tocar en directo».

El olor a hachís ya recorría aquel cuartucho cuando los cuatro empezaron a aporrear sus instrumentos con la misma soltura con la que tocaban para sus colegas. Según le confesó entre vinos José después a Carlos, el olor dulzón del cannabis los ayudó a meterse en situación, porque, aunque ninguno de ellos era fumador, les recordaba a los conciertos improvisados que montaban con la pandilla.

Sentado en el sofá de la muerte con su canuto, como si hubiera vuelto a sus veinte años, una ola eléctrica se llevó por delante a Carlos. Quedó entusiasmado con la virtud que tenía José al defender sus canciones. Junto a Juanca a la batería, que hacía bombear a buen ritmo a toda la banda, José, con su pelo revuelto y su cara guapa, cantaba y fascinaba. Era un *frontman* repleto de carisma y talento. Tenía eso que había que tener, pero que ni Carlos López, presidente de Sony, sabía explicar qué era. José tenía ese *je ne sais quoi* que lo convertía en artista. Ni más ni menos.

Los chicos seguían tocando y las canciones llegaban una detrás de otra. Cuando a Carlos le entusiasmaba algo, iba a por ello con todas las consecuencias. Le había pasado antes con Los Planetas, El Canto del Loco y Pereza. Los tres casos se habían convertido en tres puntas de lanza de Sony y, sentado en ese local de ensayo de un pueblo perdido en el culo del mundo, quería que esa banda también lo fuera. Sin esperar a consultarlo con el resto de su equipo en las oficinas de Madrid ni a reflexionarlo en el viaje de vuelta en el tren, Carlos, con su porro entre los dedos, esperó a que José, Juanca, Pope y Jaime terminasen de tocar y les dijo: «Supersubmarina, ¡bienvenidos a Sony!».

22

La planta baja de la sala Costello estaba a reventar de invitados y, de entre todos ellos, en primera fila, casi a pie de escenario, con una cerveza en la mano, se hallaba entusiasmado Jordi Tello. No era el único que estaba encantado con esos cuatro chicos de Baeza que nadie conocía, pero lo había invadido ese orgullo tonto de pensar, bajo la tormenta eléctrica de las canciones, que eran algo un poco suyo. Los había fichado para la editorial y, ahí, en ese sótano, se encontraba junto a la plana mayor de Sony. Iban a sacar sus canciones al mercado ese mismo año. Por tanto, 2008 podía ser un gran año.

Jordi era director creativo en Universal Publishing, la editorial de la compañía Universal Music. Poca gente fuera del mundillo musical sabía que una editorial era tan importante como una discográfica. Las editoriales musicales fichan a los autores de las canciones y les adelantan dinero para que puedan componer y grabar a cambio de un porcentaje de la autoría de sus composiciones. Así, cada vez que alguna de las canciones suena en un concierto, en la radio, en internet, en un anuncio de publicidad o donde sea, tanto el autor como la editorial reciben sus porcentajes. Los sellos discográficos, por su parte, se encargan de los masters de las grabaciones. Firman con los intérpretes, es decir, con todo el que participa en una grabación que, después, suele distribuir el propio sello discográfico en forma de álbum (LP) o EP. Muchos autores tienen la misma editorial y discográfica y todo queda en la misma casa, pero otros muchos tienen acuerdos con empresas musicales distintas para editar las canciones y para distribuirlas. A los chicos de Supersubmarina les pasó lo segundo: Jordi los fichó para Universal Publishing, pero la discográfica, Universal Music, estaba muy centrada en otro tipo de músicos, sobre todo en cantantes melódicos de pop de radiofórmula y en todo lo que salía del programa televisivo *Operación Triunfo*. Nada de indie ni experimentos raros. Sin embargo, él confió en la banda y en el entusiasmo de Ernesto para tenerlos en su editorial.

Jordi ejercía labores directivas y administrativas, pero era un músico. Su corazón bombeaba ritmo como una gramola a todo volumen. Cuando era más joven, en los noventa, había abandonado la carrera de Administración y Dirección de Empresas para irse a vivir con los colegas de su banda a Londres. Fueron tres años fabulosos donde, como bajista, exprimió la ciudad. Era el tiempo del *britpop*. Yoghourt Daze, así se llamaba su banda, componía unas canciones cercanas a Jane's Addiction y, por eso, a sus amigos madrileños les extrañó que se fueran a Londres y no a Los Ángeles o San Francisco. Quizá les hubiera ido mejor. Cuando regresaron a Madrid, el grupo siguió grabando y tocando, pero Jordi tuvo que compaginarlo con otros empleos. Pasó por la distribuidora de discos Surco y por Warner Music y abrió un estudio de grabación en Mejorada del Campo, donde llegó a grabar las primeras maquetas de Vetusta Morla. Jordi no entendía su existencia sin dedicarse al mundo musical. Si no podía vivir de la carrera de Yoghourt Daze, quería, por lo menos, estar en el negocio. Formaba parte de esa pequeña legión de secundarios, que, en los pasillos de las oficinas de las compañías, intentaban que la verdadera llama del noble arte no se apagase por culpa de las calculadoras.

Supersubmarina tenía canciones. Vaya si las tenía. Jordi había conocido a José en Baeza al acudir a un concierto de Folli. Su amigo Pachi García Alis lo había invitado a ver en directo a este músico, al que había producido en su estudio, pero el director creativo de Universal se encontró además con un teclista talentoso que, en cuanto acabó la actuación, se acercó a él para hablarle de su grupo. Se hacía llamar Chino y estaba apoyando a su colega al órgano, pero tenía otra banda. Jordi se quedó con el nombre: Supersubmarina. Imposible olvidar algo tan extraño y original. No pasaría mucho tiempo hasta que, en Madrid, apareciera mencionando ese mismo nombre Ernesto Muñoz, al que ya conocía por ser jefe de producto de Pereza. Jordi llevaba años trabajando con Pereza. Los había conocido cuando tocaba con su grupo en la escena rockera de finales de los noventa y se encontró en Alameda de Osuna con ellos, Buenas Noches Rose o Le Punk.

Esa noche en la Costello Jordi sintió que Supersubmarina desprendía aquello que había visto en Pereza, una especie de onda fantástica que atravesaba la canción desde los primeros compases. De pie, rodeado de compañeros de la industria, Jordi volvió a comprobar en la sala madrileña que no se había equivocado con ellos. Su editorial los tenía y Ernesto se había encargado de convencer a Sony para ir a por los discos. Allí había mucha gente congregada por el poder de persuasión de ese nuevo mánager de la escena española, que había alquilado aquella sala pequeña pero icónica en el mundillo para darlos a conocer en Madrid. Con sus paredes de ladrillo rojizo y su techo abovedado, aquella sala en pleno centro de Madrid recordaba a The Cavern, el mítico club de Liverpool en el que se dieron a conocer The Beatles. A Jordi ese pensamiento se le cruzó más de una vez entre canción y canción.

Supersubmarina apuntaba lejos. Los chavales guardaban algo muy grande dentro. No cantaban letras ñoñas ni facilonas. Su lírica venía de un lugar poco habitual en el pop español del momento y dibujaba sentimientos identificables. Jordi percibía que tenían algo de grupo generacional. El propio nombre de la banda ya era genuino: una palabra tan especial e inventada por ellos. Funcionaba. Y ahí estaban, tocando otras canciones tituladas *Cientocero* o *Elástica Galáctica*. Palabras extrañas y repletas de sonoridad. ¿Cómo lo hacían? A saber, pero era evidente que poseían un universo, un territorio emocional dibujado por las frustraciones y desvaríos propios de los jóvenes. Jordi ya no era tan joven, pero sabía cuándo la música era capaz de hablarles a los que tenían el mundo por delante.

Con su cerveza en la mano, orgulloso de ver a los cuatro chavales de Baeza defendiendo sus canciones en directo ante los jefes de la compañía discográfica más importante de España, Jordi se acercó hasta Ernesto y le dijo: «Si ya la están liando así con su primer concierto en Madrid, no me quiero imaginar cómo será cuando aprendan a tocar de cojones».

Nos vemos obligados a suspender los conciertos programados con Supersubmarina.

Tras el accidente de coche sufrido por la banda el pasado domingo, los cuatro componentes se encuentran hospitalizados con lesiones de diferentes tipos, todos fuera de peligro y pendientes de diferentes operaciones, pero evolucionando y respondiendo positivamente a los diferentes tratamientos e intervenciones.

Pasarán varios meses hasta que puedan volver a los escenarios, y seguro que lo harán con más fuerza que nunca.

Os agradecemos a todos, en nombre de Supersubmarina, familiares y nuestro, el abrumador apoyo, comprensión y cariño, muy importante en este proceso de recuperación.

Tercer comunicado de Pink House Management, la agencia de representación de Supersubmarina, del 17 de agosto de 2016.

24

A finales de 2008, el proyecto de El Canto del Loco estaba llegando a su fin. Una de las últimas grandes hazañas del pop español, que tan buenos resultados comerciales le daba a la compañía, se resquebrajaba y sus miembros ya estaban pensando en emprender carreras en solitario u otros proyectos. En Sony ya lo sabían, así que buscaban un nuevo grupo que fuera capaz de conseguir otro exitazo como *Zapatillas*. Y los chicos de Supersubmarina, esa banda contratada por el presidente y por la que Ernesto lo había dejado todo, sonaban con fuerza para ser esos herederos.

A Ernesto le transmitieron esta idea en una de sus visitas a las oficinas de la discográfica, aunque su buen conocimiento de la compañía en la que había trabajado tanto tiempo ya le había permitido prever esta situación. Como le dijo a Alfonso Valverde por teléfono: «No he parado de darle al melón todos estos días para anticipar posibles escenarios con la banda». Sabía del potencial del grupo, ese combo explosivo de brío juvenil y talento pop, y también conocía cómo operaba la compañía. Por eso sabía que antes de que la banda entrase a grabar un disco ya habría pesos pesados de Sony intentando convencerlos para que se subiesen a la ola creada por El Canto del Loco. Para los directivos, el *desarrollo*, esa palabra tan utilizada en el argot discográfico, tendría que ser rápido y eficaz.

Ernesto se reunió con Carlos López para descartar esta idea antes de que empezase a calar fuerte. La banda en la que tanto creía no podía sucumbir a los intereses urgentes de una gran compañía. En el despacho de Sony, Ernesto se lio un buen truja, uno de esos porros que se hacía en momentos solemnes. Carlos lo acompañó con otro canuto. El Canto del Loco era uno de los grupos favoritos de Carlos, porque había crecido bajo su amparo. Su otro grupo fetiche, incluso más, era Pereza, que estaba en plena eclosión. Ernesto necesitaba saber si el entusiasmo mostrado por el jefe de los jefes de Sony por sus chicos era tan grande como por apostar por ellos con ganas, pero sin hacerlos caer en una política de mirada corta y necesidades rápidas. Lo último que quería para Supersubmarina era meterlos en un plan de marketing y estrategia.

«Carlos, tío, Supersubmarina no es un grupo que nos tengamos que plantear llevar a una fiesta de Los 40 Principales», dijo Ernesto. A Carlos ya lo rodeaba el humo. Ernesto sabía que nunca le había gustado el rollo de tener que pasar por las radiofórmulas para desarrollar a una banda. Debido a su éxito descomunal en los ochenta y los noventa, Los 40 Principales habían concentrado el mercado de forma sin igual y habían establecido sus propias reglas de funcionamiento dentro del pop español. Las discográficas accedían porque necesitaban colocar sus productos en el gran escaparate del pop nacional, un espacio que establecía las jerarquías de éxito masivo en España.

—Lo sé, Ernesto. A mí no me gusta nada que Los 40 quieran que mis bandas toquen gratis por playas de España para sus fiestas y sus mierdas. ¿Tú sabes lo que me dijeron una vez? Que el rock torero no suena en Los 40 Principales.

Movido por la pasión, el mánager de Supersubmarina volvió a hablar:

—La carrera de estos chavales tiene que ir despacio. Tiene que estar fuera de las radiofórmulas. Hay que crear un camino alternativo, paso a paso. Un jodido desarrollo independiente... Y, una cosa importante: ¡no se les puede empezar a llamar *los nuevos El Canto del Loco*! ¡No jodamos con el carrito del helado! Porque no lo son. No tienen nada que ver. Tienen su propia identidad y hay que cuidarla con mimo, sin pensar en otras bandas, como si fuera la novia que te gusta de toda la puta vida.

¿Cuántos artistas habían sido sepultados por una mierda de etiqueta de este tipo? *Los nuevos Beatles, el nuevo Dylan, el nuevo*

Bruce Springsteen, los nuevos Mecano... En los noventa, Los Ángeles había sido un cementerio de bandas que eran *los nuevos Nirvana.* Londres todavía estaba recogiendo cadáveres de chavales que iban a ser *los nuevos Oasis.* Él mismo había visto perecer a unos cuantos músicos en Madrid por ser *los nuevos Sabina.* Algunos eran profesores particulares de guitarra o se dedicaban a beberse hasta los chupitos que se dejaban otros en los bares de Malasaña.

«Tranquilo. Tienes razón. En esta casa tenemos a Melokos con ese rollo del Canto del Loco y no lo veo», dijo Carlos, que hizo una pausa y se dejó para el final una parte que Ernesto no esperaba. «Le he estado dando vueltas al coco y creo que sé cómo vamos a hacerlo. Nos vamos a saltar a los departamentos artístico y de marketing para que todo vaya como queremos que vaya. Sin gilipolleces. Nos vamos a inventar un sello dentro de Sony para Supersubmarina».

25

El sello se llamó Octubre y nació con un objetivo: preservar a Supersubmarina dentro del mastodonte discográfico. Unos indies en Sony. El concepto era tan extraño que hasta sonaba revolucionario. Al menos era la sensación que se percibía por los pasillos de las oficinas de la avenida de los Madroños. Nunca antes habían trabajado con un grupo como lo iban a hacer con Supersubmarina. Su presidente había fichado a gente joven que se incorporaría al nuevo sello y que solo responderían ante él. Así todos los que en la discográfica pudiesen opinar o influir en la carrera de la banda no podrían hacerlo con facilidad. Unos chavales de Baeza iban a ser tratados al margen de las exigencias y los rigores de las grandes discográficas. ¿Sería posible?

Diego Pablos también se hacía esta pregunta. Había llegado a Octubre como jefe de producto con veintiséis años y sabía que se hallaba dentro de un conglomerado discográfico que trabajaba de una forma muy distinta a los pequeños sellos, que solían ser dirigidos por melómanos insaciables y románticos empedernidos más que por ejecutivos y comerciales. También había melómanos en discográficas grandes como Sony, Warner y Universal, pero las directrices empresariales eran distintas. En las pequeñas compañías el desarrollo tendía a ser personalizado, con un trato más cercano y una estrategia que jamás atendía a la urgencia de los primeros números y sí a las carreras de largo recorrido.

Diego y Ernesto buscaban esa pericia para Supersubmarina en Sony bajo la protección de Carlos López, y para ello también incorporaron en el equipo a Gema Molero, que se encargaría de las labores de comunicación para crear un perfil muy cuidado. Todos perseguían construir un sendero que fuera más cercano a la causa alternativa que a la comercial.

En la música española ya había modelos del *underground* que habían demostrado su validez. Sin duda, también se podía construir una identidad relevante y hacer un camino destacado sin atender al mercado *mainstream*. Los ejemplos eran varios y dispares. De Siesta Records había salido La Buena Vida. De Acuarela Discos lo habían hecho Sr. Chinarro o Nacho Vegas. Con Elefant Records se dieron a conocer Family, Astrud o La Casa Azul. Dentro de Mushroom Pillow se podía destacar a Deluxe, Sunday Drivers, La Habitación Roja o Triángulo de Amor Bizarro. Y desde Subterfuge Records se habían abierto paso Dover, Los Fresones Rebeldes o Fangoria, entre otros. Octubre, por tanto, tenía que seguir la estela de estas discográficas.

«Hay que saber preparar el guiso», dijo Ernesto en la primera reunión de Octubre, en una sala de grandes cristaleras situada en la última planta de las oficinas de Sony. Todos hicieron buen uso de las ventanas con cada cigarro o porro que se encendían. Como cualquier guiso, este necesitaba tiempo, dedicación y cariño en su gestación para que el resultado fuera satisfactorio. José, Juanca, Pope y Jaime entendieron bien ese planteamiento y estuvieron de acuerdo en ir despacio y ponerse a disposición del sello, conscientes de que todavía tenían mucho que foguearse. A Diego Pablos le sorprendió que la banda a la que debía impulsar estaba formada por chavales más jóvenes que él. Aquello era un reto importante. La juventud marcaría los pasos de este sello alternativo recién creado dentro de la panza de un gigante. Ellos, Supersubmarina y Octubre, tendrían que ir de la mano y marcar su propia filosofía de trabajo.

Solo tenían una premisa: «Picar piedra». Supersubmarina iba a ser una banda sin prisas. Una de las primeras decisiones que se tomaron fue que no se publicaría ningún disco de forma inmediata. A lo largo del primer año se sacarían dos EP en un formato físico y especial. Dos cartas de presentación complementarias que permitirían que fueran calando en la escena alternativa y que se mandarían a los medios de comunicación prescriptores de la música indie nacional, como Radio 3 y *MondoSonoro*, pero también a otro tipo de publicaciones digitales, que cada día tenían más presencia a través de las redes sociales como la revista *Jenesaispop* o incluso a blogueros. La idea era darse a conocer en un circuito en el que importaba más quién eras que lo que conseguías. Es decir, importaba mucho más tener alma que vender.

Otra decisión que dio forma de manera significativa a su alma artística tuvo que ver con los conciertos. Debían mejorar su ejecución individual y en conjunto. «Primero, tendremos que aprender a tocar», decía entre risas José al resto del grupo, que le daba la razón. Desde 2006 habían rodado mucho por pueblos andaluces en actuaciones de todo tipo, pero tenían que seguir pateando ciudades. En Madrid, capital de la industria discográfica y centro de operaciones de los principales medios especializados junto a Barcelona, el camino estaba marcado: tocar en salas simbólicas, hacer callo. Por eso, el sello les programó una escalada de conciertos a lo largo de año y medio, a caballo entre 2009 y 2010: Moby Dick, Siroco, Caracol, Penélope y Joy Eslava. Actuaciones para intentar ganar adeptos y ver qué funcionaba y qué no en el grupo. Prueba y error. Porque a veces había errores de cálculo, como cuando se intentó probar a dar el salto a cantar en inglés con la versión de *Ciento Cero*. No todo cuajaba. José no tenía destreza con el idioma y esto los llevó a decidir definitivamente que cantarían en castellano y alimentarían la escena del indie nacional creciente.

Y, cuando tuviesen que mostrar el alma a los medios de comunicación, ¿cómo sería? Ernesto no dejaba de pensar en ello y le preocupaba el tema de las entrevistas, que iban a ser necesarias para darse a conocer. La experiencia le decía que todos los músicos comienzan sus carreras sin tener muchas habilidades para desenvolverse ante una grabadora o una cámara. Había cientos de chavales y chavalas que tocaban muy bien, pero no tenían ni idea de cómo hablar de su música ni qué decir de sus propias creaciones. Ernesto y Gema vieron en José y Juanca a los más preparados para ser portavoces ante los periodistas, quizá porque tenían actitud más de líderes y eran los mayores. Sin embargo, los cuatro debían estar presentes en las primeras entrevistas. Debían ser una banda sólida y aprender a tener un discurso sobre sí mismos y sus canciones.

Ernesto recordaba perfectamente el día que los conoció en Baeza, mientras llegaban, despreocupados y buenazos, en el trenecito. «¡Joder —pensó—, esos niños no han salido casi de su pueblo!». Porque Baeza era un pueblo comparado con Madrid o Barcelona. Quizá su inocencia fuera su punto fuerte, su distintivo extraordinario. Quizá había que centrarse en eso y empezar a trabajar desde ese foco. Su alma artística nacía de ahí y tenía que desarrollarse desde ahí. Canciones, conciertos, entrevistas... todo debía centrarse en lo que transmitía Supersubmarina, en lo que transmitían esos cuatro chicos de un pueblo que lo tenían todo por aprender. Como pasó con The Beatles cuando salieron de Liverpool, o con Oasis desde el gris Manchester. Pero ni Liverpool ni Manchester eran Baeza. Ni siquiera Granada, de donde habían salido grandes referentes, como 091, Los Planetas, Lori Meyers o Niños Mutantes. Ni Úbeda ni Linares, cunas de los grandes Joaquín Sabina y Raphael. Baeza era un auténtico pueblo, perdido entre millones de olivos, en la profunda Andalucía. Un pueblo nada musical, en el que había vivido Antonio Machado, pero del que no había salido nadie en el mundo de la música española. Y no querían poetas en Octubre. Querían músicos.

El experimento sonaba radical y revolucionario. Y lo tenía todo en contra, como bien señaló Diego, sentado sobre la mesa del despacho de Octubre, al lanzar una pregunta retórica, más bien motivadora, en una reunión con el resto del equipo: «¿Quién coño iba a querer desarrollar una banda como si fuera indie dentro de un sitio como Sony a partir de la música que hacen cuatro veinteañeros que apenas han salido de un pueblo que no conoce nadie?».

Si salía bien, pensaron todos, sería casi un milagro.

26

Hoy se cumplen diez días del desgraciado accidente de tráfico sufrido por Supersubmarina. El estado de los miembros de la banda, y de su *road manager*, sigue estable y evolucionando de forma positiva, aunque será un proceso lento.

Francisco, *road manager*, ya tiene el alta médica y está en casa.

Pope, bajista, ha sido intervenido de sus fracturas de pie y brazo y se espera que si no hay ningún contratiempo pueda recibir el alta en los próximos días.

Jaime, guitarrista, también ha sido intervenido con éxito de diferentes fracturas, y tendrán que pasar unas semanas para que pueda abandonar el hospital.

Juanca, batería, y José, Chino, cantante, permanecen en la UCI recuperándose de las diferentes operaciones a las que han sido sometidos. Todos los partes indican que están respondiendo y evolucionando como esperan los diferentes equipos médicos que los están tratando, con toda la cautela que requieren estas situaciones.

También nos consta que Miguel Ángel, la persona que viajaba en el otro vehículo, evoluciona favorablemente de sus lesiones en un hospital de Sevilla.

Aprovechamos de nuevo para agradecer la inmensa, e interminable, avalancha de mensajes de apoyo, realmente emociona y sin duda les está dando la fuerza que necesitan para recuperarse, ¡muchas gracias!

Y queremos llamar la atención de ciertos medios de comunicación, una inmensa minoría afortunadamente, que parecen empeñados en dibujar un panorama «oscuro»: piensen por favor en sus familiares, amigos..., y los momentos tan duros que estamos pasando todos, antes de escribir ciertas afirmaciones que ponen en entredicho los comunicados que vamos haciendo, ¡se llama respeto!

Seguiremos informando en la medida en que vayamos teniendo novedades.

De nuevo, ¡gracias y más gracias!

Cuarto comunicado de Pink House Management, la agencia de representación de Supersubmarina, del 29 de agosto de 2016.

27

Cuando sucede una tragedia, el circo mediático se enchufa como una máquina tragaperras. La prensa amarillista y las tertulias de las televisiones ponen toda su maquinaria a trabajar con el fin de conseguir un póquer de diamantes, es decir, las imágenes más difíciles, inquietantes, bárbaras…, las que encienden el morbo. La máquina sensacionalista es tan potente que, a veces, arrastra a la prensa convencional, que tiende a ser más rigurosa y menos enfermiza, porque ser espectador de calamidades que les suceden a otros es una experiencia intrínseca de la sociedad del espectáculo.

Un accidente de coche de una famosa banda del pop-rock nacional con víctimas debatiéndose entre la vida y la muerte era un bocado perfecto. Las familias de José, Juanca, Pope y Jaime no sabían la presión que les iba a tocar soportar los primeros días tras el golpe. Desde ese 14 de agosto, los medios de comunicación los atosigaron.

Un camión de una cadena de televisión estuvo muchos días parado en la puerta del hospital de Jaén. Su presencia era un recordatorio constante de que la peor de las noticias podía alcanzarlos en cualquier momento, sobre todo, a la familia de José. Trascendió desde el primer día que él tenía el pronóstico más grave. Por eso, una cámara descansaba veinticuatro horas con el piloto de grabar encendido entre la UCI y el módulo del comedor, como un francotirador a la espera de dar el tiro de gracia.

Paco llegaba todas las mañanas con Mari al hospital y se preguntaba en silencio si era necesario acercarse a esos periodistas para decirles alguna cosa. No sabía qué hacer ante una situación así. Su antiguo cargo de teniente de alcalde le había moldeado un carácter aún más servicial del que ya tenía por naturaleza. Mari y sus hijas le insistían en que no había nada que comentar. Si los médicos no sabían qué decirles a ellos, entonces, qué iban ellos a decirles a los periodistas. Todos estaban en vilo y los medios de comunicación tenían que entenderlo.

Al quinto día se produjo un alboroto. Había corrido el rumor de que José había empeorado y un fotógrafo intentó colarse en la UCI con su cámara al hombro. Lo evitó uno de sus primos. Juan, al que todos llamaban cariñosamente *Lloraimón*, le agarró del pescuezo y lo sacó a uno de los pasillos. «¿Dónde vas?», gritaba Juan con su plante corpulento. «¡Qué te crees que te vas a encontrar ahí dentro!». A Juan le había puesto el mote su hermano José, porque siempre llegaba llorando al hospital. En la familia de José siempre ha sido muy difícil ver llorar a los hombres, por lo que, para destensar los ánimos, el hermano le lanzó el piropo un día: «Ya está llorando, Lloraimón», dijo parafraseando el nombre del protagonista de una popular serie de dibujos animados japonesa. Entre lágrimas, Juan, que tenía verdadera pasión por su primo, no se calló: «¿Tú qué dices, Doraemon?». La discusión, tonta y sin mayor importancia, solo introdujo algo de humor en la sala de espera de la UCI. Las primas desde entonces les dejaron los motes de *Lloraimón* y *Doraemon*, dos primos que, según Ana, eran como el dúo sacapuntas y que, hasta en mitad de la tristeza, conseguían despertar alguna tímida sonrisa.

El incidente del fotógrafo obligó a la familia de José a poner un biombo de tela en la UCI para taparlo. ¿Qué tipo de imagen esperaba sacar ese cuestionable profesional en un lugar donde había más gente en estado muy crítico? ¿Qué esperaba hacer si hubiera conseguido entrar en la misma habitación donde otro joven acabó muriendo en esos días por sus lesiones? Tumbado en la cama y con los ojos cerrados por el coma, José mostraba un perfil de fragilidad total. Se pasaba las horas y los días desnudo, rodeado de bolsas de hielo para atajar las terribles fiebres. El doctor Fran Brea les había dicho a todos que el calor no traía más que virus y que, por eso, su paciente necesitaba estar sin ropa y cubierto de hielo.

Una tarde, Ana, cansada de encontrarse al camión y la cámara de televisión cada día, lanzó una pregunta al aire desde una de las mesas del comedor: «¿No se cansan?».

La respuesta era no. Todavía no. El circo mediático no iba a parar hasta tener otro bocado que echarse al estómago y, entonces, sí, se cansarían. O, mejor dicho, se irían a otro lugar a seguir alimentando con otro suceso trágico a los espectadores de la sociedad del espectáculo.

28

Cuando ingresó en el hospital de Úbeda a Jaime se le intervino de las roturas de tibia y peroné de la pierna derecha, la de cúbito del brazo izquierdo y de la contusión craneal. Sin embargo, en las primeras exploraciones no se detectó el mal estado de su bazo debido al golpe. El bazo, situado justo en el lado izquierdo debajo de la caja torácica, ayuda al cuerpo a combatir infecciones y a filtrar las células sanguíneas viejas del torrente sanguíneo. Sin tratamiento de emergencia, el sangrado interno causado por una rotura puede ser mortal. Por ese imprevisto y por las roturas de la pierna, Jaime fue trasladado de urgencia el 16 de agosto al Complejo Hospitalario de Jaén, donde se le extirpó el bazo.

Pese a la gravedad y el riesgo, esa lesión de bazo imprevista no fue lo peor que le sucedería a Jaime. La rotura de la tibia le causó un síndrome compartimental agudo, un sangrado interno que se puede producir al romperse algún hueso y que provoca una afección grave que puede llegar a dañar nervios y músculos, además de causar problemas de flujo sanguíneo. Si no se ataja pronto, desemboca en muerte de tejido y necrosis. En el caso de Jaime, ese síndrome compartimental fue acompañado de una infección interna enorme. Todo derivó en un caso complicadísimo que le destrozó la pierna de rodilla para abajo. La sangre no le llegaba al pie y había un riesgo real de que la infección afectase a otros órganos y lo pudiese matar. Ante un asunto tan peliagudo y peligroso, los cirujanos vasculares pensaron en una decisión drástica como era cortarle la pierna.

Cuando este planteamiento llegó a oídos del doctor Domingo Obrero, detuvo el proceso de inmediato. Domingo había conocido a Jaime dos días antes en la UCI y había conectado con él de una forma muy especial por culpa de un detalle: de su cuello colgaba un anillo que se dejaba ver por el pijama verde del quirófano. Jaime estaba adormilado, tumbado en la cama y rodeado de aparatos, cuando entreabrió los ojos y dijo: «Ese es el Anillo Único de *El Señor de los Anillos*». Al doctor se le escapó una risita. Los dos eran apasionados de los libros de J. R. R. Tolkien. En cuestión de unos minutos y con Jaime medio atontado, ya habían establecido una complicidad que iba más allá de la que existe entre un médico y su paciente. Un anillo único para gobernarlos a todos, como rezaba la leyenda en *El Señor de los Anillos*, pero también para unir a dos personas en una tragedia.

El doctor Domingo Obrero quería evitar a toda costa que a ese chaval se le amputase una pierna. Para ello, a partir del 18 de agosto, se ayudó del doctor Rodrigo Canadilla y ambos pusieron en marcha otro proceso repleto de riesgos y muy complejo que los obligó a extirparle gran parte de los músculos y a meterlo en el quirófano varias veces en semana durante tres meses. Un día, lo intervenían limpiándole la herida interna que no paraba de supurar; otro día descansaban. Los médicos retiraban el tejido muerto cada dos o tres días. En total entraron más de treinta veces al quirófano. En el proceso, Jaime perdió veinte kilos, pero conservó la pierna.

Cuando Jaime salió de la primera cirugía y observó con pena su extremidad dañada, pensó: «Mi pierna es un Picasso». Quizá veía en ella un *Guernica*, todo el horror de un bombardeo concentrado en un óleo sobre lienzo físico y real de restos óseos y tejido muscular. El gran problema era que Jaime no sabía que ese bombardeo sobre su pierna lo llevaría a librar una guerra interminable y desesperante. Y, en esa guerra, el portador del Anillo Único iba a ser su única esperanza.

29

Lola no podía más. Después de dos semanas, su hermano aún seguía en la UCI, en coma, con un pronóstico imprevisible. Se turnaba con sus hermanas para dormir una noche cada una en la sala de espera del hospital de Jaén. Las hijas decidieron que los padres no durmieran allí. Paco y Mari se pasaban todo el día en el hospital, cabizbajos, ausentes, carcomidos por la alimaña de la pena. Eran dos seres lamentables. Lola los observaba y se le partía el alma en más pedazos de lo que ya la tenía. Sucedía igual cuando se fijaba en sus hermanas, dos mujeres que, como ella, habían perdido cualquier gracia. Caminaban apagadas, consumidas, esforzándose por parecer seres normales.

A Lola la llamaban todos los días distintos compañeros políticos de todos los colores y de todo estatus interesándose por el estado de su hermano pequeño. Lola estaba harta de fingir, aburrida de repetir palabras sin sentido, exasperada por chocarse cada día con la total falta de certezas. La incertidumbre era un gusano comiéndose las tripas de su familia. Un gusano lento, incansable, tenaz. Y, mientras tanto, parecía que su hermano se hubiese ido muy lejos. ¿Dónde estaba José si no se encontraba ni siquiera en el hospital con ellos? ¿Si no respondía, si no se inmutaba, si no era más que un cuerpo inerte enganchado a unos cables? Eso no era vida. La vida era volver a encontrarse con su hermanito, con el nene. Sus padres y sus hermanas eran restos, sobras dañadas que ese gusano maléfico se comía sin pausa, cada día un poco más, tragándose con cada bocado su esperanza endeble. Todos vivían temiendo que sonase el teléfono porque podía darles la peor de las noticias. ¿Cómo se podía vivir con miedo a una simple llamada? ¿Cómo se podía vivir esperando a cada minuto la muerte?

Tras una noche de guardia en la sala de la UCI, Lola salió del hospital y, camino del coche y aplastada por la tristeza de ver a sus padres y sus hermanas peor que ella, pidió un deseo. No se sabe si a Dios, pero el latigazo le salió de lo más hondo: «Que explote una bomba en este hospital y nos muramos todos de una vez».

30

Los componentes de Supersubmarina afrontan una nueva semana, en sus respectivas fases de recuperación, tras el accidente sufrido el pasado domingo 14.

Al alta médica de Fran (*road manager*) se sumaba el jueves la hospitalaria de Pope, bajista del grupo, para continuar en casa con la recuperación y rehabilitación de pierna y brazo, proceso que le llevará aún unos meses.

Jaime (guitarra) fue operado de brazo y pierna el jueves y viernes, respectivamente, y el resultado de ambas intervenciones es satisfactorio, aunque tendrá que esperar unas semanas aún para poder abandonar el hospital.

José, Chino (cantante), y Juanca (batería) continúan en la UCI y ya han empezado a reducir la sedación a ambos, respondiendo los dos de forma positiva a diferentes estímulos.

En general, el cuadro médico de los tres es alentador, así como sus fases de recuperación, insistiendo en mantener toda la cautela que todavía requiere la situación. Esta es una semana importante para controlar y afianzar dichos cuadros. Seguiremos informando de las novedades que se produzcan.

Y, una vez más, queremos agradecer en nombre de Supersubmarina y nuestro todos los mensajes y llamadas de apoyo, así como la alta sensibilidad y respeto por parte de los grupos, seguidores y promotores de los diferentes eventos en los que iba a participar la banda.

Quinto comunicado de Pink House Management, la agencia de representación de Supersubmarina, del 29 de agosto de 2016.

31

Los sudores fríos son aquellos que más fiebre despiertan en la duermevela. La piel se endurece, se hiela como escarcha y encierra al cuerpo en una agitación interna, en una ebullición emocional, por culpa de un pensamiento que se repite incansable. El afectado queda atrapado en un estado de paranoia, incapaz de templarse y encontrar un equilibrio en esa tensión de extremos, y acaba convertido en una víctima de los terrores en el desvelo.

«Ha sido mi culpa». «Ha sido mi culpa». «Ha sido mi culpa».

Desde que abandonara el hospital de Úbeda, los sudores fríos machacaban a Pope cada noche. Fue el primero de los cuatro miembros de Supersubmarina en recibir el alta médica y, aunque las lesiones de las costillas todavía le tenían marcado y las recuperaciones de la mano izquierda y el fémur izquierdo tardarían en sanar varias semanas, pudo regresar a Baeza el 25 de agosto. Se instaló en casa de sus padres, en el piso de la calle Sacramento, en plena zona monumental, donde había crecido. Josefa y José María consiguieron que el hospital les prestase una de sus camas sanitarias que pudieron colocar en el pequeño salón de la primera planta. Quitaron la mesa y las sillas de la parte del comedor y allí ubicaron la cama en la que Pope dio tantísimas vueltas durante infinitas noches. No podía conciliar el sueño afectado por los pensamientos invasivos que le asaltaban a cualquier hora de la madrugada.

Su madre se quedaba a dormir con él en el sofá y observaba en silencio cómo su hijo no podía pegar ojo, atravesado por los sudores fríos que lo removían como si le hubiese caído una maldición. Intranquila y preocupada, Josefa recordaba aquellos días, muchos años atrás, en los que su madre y su suegra le ponían manos de plata en el carrito de Pope para evitar el mal de ojo.

Las abuelas Manuela e Isabel decían que el niño era muy guapo, con esos dos dientecillos que le sobresalían, y ambas creían que era bueno mantener la tradición de usar estos amuletos para proteger a los recién nacidos ante posibles desgracias. Josefa miraba a su hijo, ya adulto, con porte forzudo y barba poblada. Guardaba todos los recortes de los periódicos en los que Supersubmarina había sido noticia, y, sin embargo, en cada foto no dejaba de ver a su pequeño Pope, indefenso ante la tragedia del accidente. Su hijo conducía el coche en el momento del golpe y aquella responsabilidad lo atormentaba, como un pecado por el que iba a pagar una larga penitencia. Había corrido mucha mejor suerte que José, Juanca y Jaime, pero esa dicha no significaba que su existencia fuera a salvarse de la desgracia. La de su mente se había convertido en su peor herida. No dejaba de recordar el instante en el que todo se precipitó hacia la oscuridad, una honda y densa negrura de la que despertó con un pitido infernal en el instante que cambió para siempre su vida y la de sus amigos.

Las pesadillas acorralaban a Pope, transformado en un animal magullado, poco comunicativo, aturdido siempre por la tristeza. Alérgico a los analgésicos y relajantes, para él dormir era un suplicio. Pasaban las noches y sus pensamientos se hacían más fuertes y aumentaba su estado de agitación. En la oscuridad, observaba la profundidad de la noche y se le aparecían una y otra vez los momentos dentro del Seat Alhambra gris que conducía el 14 de agosto. Momentos del antes y después del porrazo, cuando su mirada iba pegada a la línea continua de la carretera en obras o cuando sus ojos apenas podían distinguir a sus amigos en el escenario de cristales rotos, manchas de sangre, aceite y marcas de neumático quemado. Aquellos momentos dispersos e inmediatos al despertar tras el accidente lo alteraban más que cualquier dolor de su convalecencia. No era tanto por las escenas que su memoria podía reconstruir como por el peso de los mismos, que le oprimía el esqueleto como una gran roca, hundiéndolo en un estremecimiento silencioso y asfixiante. A veces, la televisión lo calmaba un poco, así que gastaba muchas horas de la duermevela mirando la caja tonta para no tener que mirarse a sí mismo. Llenaba su mente de imágenes sin interés para no dejar que le invadiesen los recuerdos de aquellos momentos. Su madre lo acompañaba y le comentaba cosas de los programas o las películas que veían, pero ella, fuera del peligro de la culpa, acababa cayendo rendida por el cansancio. Rodeado de fotografías familiares en el pequeño salón, Pope se quedaba despierto y solo: ojos abiertos, corazón inquieto y sin respuestas sobre la situación real de sus amigos. Sus padres habían decidido no darle muchos detalles de los estados de José, Juanca y Jaime. Aquellas informaciones, pensaron José María y Josefa, hubieran empeorado los nervios de su hijo, que estaba sumido ya en un profundo sufrimiento.

«Ha sido mi culpa». «Ha sido mi culpa». «Ha sido mi culpa».

Pope había abandonado el hospital, pero seguía padeciendo la espiral de sudores fríos.

32

Ernesto se puso a teclear. Escribía y borraba. Volvía a escribir, suspiraba, se liaba un cigarro y borraba. Dejaba su mesa y se iba a fumar un rato a la entrada del restaurante, frente a las jardineras y el aparcamiento de coches. Era incapaz de hilar dos palabras. Algunos paisanos lo saludaban con complicidad mientras daba unas caladas al piti. Conocía La Loma desde años atrás por culpa del padre de Pope, que, como buen jornalero, solía ir todos los días a ese lugar de encuentro de los olivareros de Baeza, donde terciaban después de las duras jornadas en el campo.

Ese restaurante era un típico sitio andaluz con suelos adoquinados y barra de madera en el que, con la televisión sin volumen siempre encendida y dos máquinas tragaperras presidiendo uno de los laterales, se despachaban cafés, cervezas, vinos y licores a buen ritmo a la vez que se ofrecía comida casera propia de la tierra. A Ernesto le encantaba el cerdo a la brasa, pero no le importaba cambiarlo por otros platos sabrosos como las habitas con jamón, los flamenquines o las patatas a la baezana, que llevaban champiñones y un sofrito. Desde que había llegado a Baeza por el accidente, poco le importaba lo que se llevaba a la boca. Comía sin hambre. Tenía todos los días el estómago cerrado.

Sin pretenderlo, La Loma se convirtió en su refugio. Desayunaba allí, pasaba las mañanas trabajando con el ordenador y el móvil en una de sus mesas del comedor o la terraza, comía algo de la carta antes de las 15.00 y se ponía en marcha para su ronda diaria de visitas a los cuatro miembros de la banda y sus familias en los hospitales de Jaén y Úbeda. Él y Alfonso Valverde tenían alquilado un piso de tres habitaciones que convirtieron en oficina de Pink House Management a unos metros de la estación de autobuses, cerca de La Loma. Desde el 14 de agosto dormía cada noche en una de sus habitaciones, pero apenas paraba allí más que para caer rendido sobre la cama. Gastaba las tardes en los hospitales y las mañanas en La Loma, donde se sentía arropado entre los camareros y los olivareros que le daban conversación y que, después de muchos años como mánager de Supersubmarina, ya lo trataban como un baezano de toda la vida.

Volvió a teclear. Escribía y borraba. No encontraba las ideas. Sentado frente al ordenador, pensaba en el cansancio acumulado de tantas jornadas en las que no había dejado de atender a los medios y de recibir llamadas de todas partes. Porque el teléfono no paraba de sonar y no podía apagarlo. Periodistas, promotores de festivales, mánagers discográficos, agencias de publicidad, conocidos de la industria... Uno detrás de otro para hacer las mismas preguntas a las que no podía responder con más de lo que ya había dicho. Siempre lo mismo, las mismas palabras, las mismas muletillas. La vorágine había perdido intensidad con respecto a los primeros días, pero seguía acompañándolo. Su vida había entrado dentro de una espiral que lo arrastraba de un sitio a otro con inercia y pesadumbre. No dominaba sus pasos ni sus movimientos. Repetía una y otra vez el mismo ritual, como Sísifo, presa de una tarea incesante.

¿Qué debía hacer un mánager en estas circunstancias? Ernesto se lo preguntaba y siempre sacaba la misma conclusión: estar ahí, centrarse en apoyarlos a todos e intentar levantar el ánimo, aunque no supiese cómo hacerlo. Sentía que no tenía certezas, que estaba en mitad de una tempestad abrumadora, pero se esforzaba por no mostrarse débil, por no ser una carga para las familias y los amigos de la banda. Y, entretanto, buscaba algo de información con la que medir las palabras que tenía que teclear en los comunicados de Pink House Management. Todo el mundo quería saber más. Muchos le exigían más detalles de los partes médicos, incluso alguno lo había llamado para reprocharle: «Ernesto, tío, no estás diciendo cómo están exactamente los chicos».

Ernesto paró de teclear. La confusión lo envolvía. Su cabeza estaba repleta de palabras, gestos, conjeturas, esperanzas, miedos, lágrimas... Le desbordaban emociones que no podía explicar en ningún comunicado. ¿Qué se suponía que debía decir? ¿Qué debía poner en este nuevo texto? ¿Estaba usando la información adecuada? ¿Y si no estaba informando como se debía informar? ¿Y si no debía seguir sacando comunicados y solo debía centrarse en acompañar a las familias y a la banda? ¿Y si explicaba que, a veces, los médicos tampoco sabían qué debían decir a los familiares? ¿Y si decía que todo estaba bien y que el mundo, joder, se tranquilizase, que parase de una puta vez?

Ernesto agarró otro cigarro que se acababa de liar para fumárselo y se levantó de la mesa, gruñó algo incomprensible entre dientes y tecleó algo que nunca terminó de publicar en ningún comunicado, pero que necesitaba ver escrito en la pantalla del ordenador. Fue una pulsión. Se podría decir que era un comunicado que redactaba para sí mismo. Y le salió de lo más profundo de su sufrimiento: «No tengo ni puta idea de qué decir».

33

Elena miraba la invitación de la boda y se entristecía aún más. Había dejado la tarjeta sobre la mesa del salón y siempre que llegaba a casa no podía evitar fijarse en ella. Cuando le dieron en el hospital de Jaén la ropa y la mochila de Juanca, se la encontró en la bolsa. Se le había quedado sin entregar. Juanca se iba a encargar de dársela a Nitro, uno de los técnicos de sonido de la gira, pero, por lo que fuera, no lo hizo. Durante el verano, tanto él como ella habían ido repartiendo las tarjetas y esa era una de las últimas que quedaban por llegar a su destino. Poco importaba ya. Aunque Elena, inconsciente de lo que le esperaba, hubiese creído el día que le dieron la mochila de Juanca que su prometido podría haberse recuperado para la celebración, en ese momento ya tenía claro que era imposible.

Se imaginaba a Juanca vestido de novio, tan guapo y elegante con su traje y su corbata, y se ponía a llorar. Siempre le había parecido el chico más atractivo de Baeza y cada día que se acercaba al hospital se reafirmaba en su pensamiento. La boda hubiera sido el 24 de septiembre en el patio del Instituto Santísima Trinidad. El padre de Chicharro era director del centro y les había hecho el favor de cederles ese patio porticado y empedrado por donde solía pasar muchos años atrás todas las mañanas Antonio Machado a impartir sus clases de lengua francesa a sus alumnos. Inspirado en un palacio renacentista, el edificio tenía una fachada de estilo manierista presidida por una puerta de arco de medio punto. Era un lugar bonito y luminoso, perfecto para una boda civil con familiares y amigos. Una boda que a Elena ya no le importaba celebrar y que más bien temía que se convirtiese en un entierro.

Desde el primer día de septiembre, Juanca, que se encontraba en coma inducido, había empeorado mucho por culpa de una infección que le afectaba a los pulmones. Los médicos salieron de la UCI y les dijeron a ella, a Juan y a Leni que se pusieran en lo peor. El distrés respiratorio estaba encogiendo sus pulmones y podían dejar de funcionar. En cuestión de un par de semanas, Juanca, había pasado de estar estable a poder morir.

Los nervios que le trepaban por el estómago a Elena cuando esos días veía a Juanca entubado eran muy distintos a aquellas mariposas que se le despertaban cuando, bastante más joven, lo veía llegar caminando con su pandilla por el paseo de la Constitución. Se podía decir que Elena conocía a Juanca de toda la vida. Él siempre había estado ahí, en el pueblo, desde que empezó a salir con sus amigas en la adolescencia y quedaban en la fuente de la plaza para comer pipas y comprarse helados. Juanca, cuatro años mayor que ella, pasaba con sus amigos y todos se ponían a hablar. A Elena le gustaba tanto que, con quince años, convencía a sus amigas para que todos los fines de semana fuesen al bar Puerto Gavilán, donde Juanca trabajaba de camarero. Allí, en la barra del bar, se ponían a charlar juntos y se olvidaban del mundo a su lado. No tardaron en confesarse que se gustaban.

La música llegó a la vida de Elena por Juanca. Hasta que no se hicieron novios, las canciones no formaban parte de su lenguaje. Después le fue imposible vivir sin la música. Al principio se tomó como un juego que su novio fuera baterista de una banda de rock y le gustaba acompañarlo a los conciertos, pero, a medida que el grupo crecía y a él se le veía más ilusionado y entregado, ella se implicaba más. Supersubmarina se convirtió en una razón de ser para ella, sobre todo cuando comprobó que eran un grupo de amigos sin pretensiones, muy sano, en el que todos se cuidaban entre sí y la cuidaban también a ella. Se divertía muchísimo, viajaba a muchos pueblos con ellos en la furgoneta, los apoyaba antes y después de cada bolo y hacía de sus canciones himnos existenciales que pusieron banda sonora a esos años de su vida en los que entraba al mundo adulto al mismo tiempo que afianzaba su relación sentimental con Juanca. Los dos se complementaban muy bien. Elena no se entendía sin Juanca y Juanca no se entendía sin Elena.

A veces, en las horas de espera del hospital, dejaba que su mente la llevase a algunos de esos recuerdos con Supersubmarina que la hacían tan feliz. Su estado emocional estaba destrozado, porque los médicos solo mostraban caras de preocupación. «Se me muere mi cielo», pensaba. Entonces, buscando consuelo, su cabeza la empujaba a alguno de esos recuerdos, rodeada de risas e improvisación, con Juanca en su mejor momento, tocando con los ojos cerrados la batería o guiñándole un ojo desde el escenario. También la invadían otros instantes, como aquellos viajes a Ámsterdam, Bruselas, Gante o Berlín. Pero un recuerdo se repetía más que ningún otro: la actuación del Granada Sound. Todos los conciertos en Granada habían sido grandes experiencias, pero ese en 2015 brilló más que los demás y acabó con fuegos artificiales en el cielo.

Intentaba que esos fuegos artificiales no se apagasen en su cabeza. Recordarlos era como sentir cerca a Juanca, no soltarle la mano para procurar que no se perdiese para siempre. Mientras tanto, se decía a sí misma: «Yo, Elena, te recibo a ti, Juanca, como esposo y me entrego a ti, y prometo serte fiel en la prosperidad y en la adversidad, en la salud y en la enfermedad, y así amarte todos los días de mi vida».

Su futuro esposo no respondía.

34

«José, por favor, despiértate».

Lola intentaba atender a los papeleos del comité técnico del área de Servicios Sociales y era imposible. Su cabeza no paraba de implorar. Su hermano seguía en coma y no había día ni noche que no rezase a Dios para que saliese de ese estado, como también hacía Ana, y Helena, que era la única que dirigía sus rezos a la Virgen de la Amargura, la patrona de la cofradía El Calvario y a la que su padre llamaba «nuestra hermana pequeña» porque él la había mandado hacer en la escuela taller de Baeza.

Paco era ateo, pero respetaba las creencias de sus hijas y, sobre todo, las de su mujer. Nadie rezaba más que Mari. La madre había sido incapaz de entrar a la UCI y decidió atrincherarse en la sala de espera todos los días acompañada de su medalla de la Virgen del Alcázar. Se pasaba las horas rezando y sus hijas decían que había envejecido noventa años. A la medalla de la patrona de Baeza se le fueron sumando estampas de santos y vírgenes que le regalaban sus amigas y gente diversa. Con ellas y las que llevaba la propia Mari, se acabó levantando alrededor de la cama de José todo un altar de santos y vírgenes para protegerlo. «Si el nene despierta y ve todas estas vírgenes y santos, se va a enfadar», comentó Lola una tarde preocupada. No le parecían un buen paisaje para cuando abriera los ojos, así que ella y sus hermanas las cambiaron por fotografías de la familia, imágenes con José en cumpleaños, con sus padres, con sus hermanas, con sus sobrinos... Las estampas ya no estaban, pero Lola no dejaba de rezar y pedir cada día.

«José, por favor, despiértate». El pensamiento la perseguía incansable ese 2 de septiembre y Lola, en un arrebato feroz, volvió a sentir la necesidad de regresar al lugar del accidente. El impulso era tan fuerte que dejó todo lo que estaba haciendo a mitad de la mañana y cogió el coche. Quedaban algo más de cuarenta minutos para el mediodía cuando metió la primera marcha y se dirigió, como había hecho ya días atrás, a la curva del kilómetro 168 de la N-322. La hermana mayor de José estaba absorta en su desasosiego. Ni comités ni informes ni concejales ni nada que no fuera que el nene regresase con ellos. Era en lo único en lo que pensaba. «José, por favor, despiértate».

El silencio del cielo era ensordecedor dentro del Ford Focus. ¿Qué más se podía rezar? ¿Qué más se podía pedir? ¿Qué más se podía hacer? Toda la fe de una familia creyente, toda la fe de un pueblo creyente, toda la fe de tantos fans creyentes y toda la esperanza de tantos otros ateos por toda España no eran suficientes para que su hermano despertase. A lo mejor era un milagro que no se podía conceder.

Lola llegó al sitio del accidente y, justo cuando conducía despacio y enajenada una vez más en busca del fantasma de su hermano, sonó el teléfono. Descolgó y le habló su hermana Ana: «Lola, vente al hospital. ¡José se ha movido un poco y ha abierto un ojo!».

35

A sus seis años, Curro ya era un niño distinto a los demás. Su madre solía pensar en ello en muchas ocasiones. Helena sabía que su hijo menor le había salido un poco raro, un chiquillo noble y majete, pero con un espíritu de *viejoven*, de persona mayor. No aparentaba más edad que su hermano Andrés, que tenía tres años más, sino que presumía de unos gustos adultos y alejados de los intereses de un niño, y eso llamaba mucho la atención, le daba un aura especial. Era gracioso y extraño.

A Curro le gustaban mucho las corridas de toros, una afición que en Baeza y, por lo general, en Andalucía suele ser común. Hay una fuerte tradición. De hecho, Paco también había aficionado a los toros a José cuando era pequeño. Helena recordaba cómo su hermano jugaba con los Playmobil en el salón de casa de sus padres haciéndolos pasar por toreros en una plaza. Sin embargo, su hijo Curro iba más allá: los muñequitos de plástico eran toreros, pero también cofrades de Semana Santa. Era tarea de gran imaginación, ya que, aunque los Playmobil eran juguetes capaces de recrear multitud de situaciones y oficios, todavía no se había inventado ningún muñeco que simulase a un cofrade, con su túnica, capa y capirote. Por eso, Curro ponía su ingenio al servicio de sus pasiones. Y la Semana Santa, tan emblemática en Baeza, era una de ellas. Al chaval le encantaba todo lo que tuviese que ver con las cofradías y con aquellos días de conmemoración cristiana. Tanto era así que también le gustaba escuchar los pasos de las procesiones. En casa de Helena era normal que se dejasen oír marchas procesionales todas las semanas, porque el pequeño de la familia las ponía en el móvil de su madre. El ruido de tambores, cornetas y carracas inundaba el piso cuando Curro se hacía con los mandos de la música. A su madre le salieron marchas de Semana Santa y pasodobles como el segundo género musical más escuchado del año en Spotify gracias al uso que Curro hacía de su cuenta. «¿De dónde le venían esas aficiones tan poco juveniles?», se preguntaba Helena. A esto había que sumar que le gustaba ver películas como *Currito de la cruz* o *El niño de las monjas*, con temática de toreros y religión. Era tan inaudito que Helena no sabía si tenía en casa un niño de sesenta y cinco años o un anciano de seis.

Curro parecía habitar su propio mundo. Un espacio repleto de misticismo y religiosidad. Se identificaba con todos esos símbolos tan poderosos de la fe en los que se representaban la vida y la muerte, la salvación y el pecado, que rompía cualquier molde conocido. ¿Cómo explicar todas esas pasiones que le hacían tan distinto a los niños de su edad? Helena, como su madre y sus hermanas, era también creyente, muy entregada a los rezos, una mujer que siempre que iba a Baeza desde su casa de Úbeda pasaba a visitar a la Virgen de la Amargura, por tanto, el niño había crecido en un entorno católico en el que la religión atravesaba a la familia, pero con todo, su fervor era extraordinario.

Pero Helena nunca lo había visto como lo vio la mañana del 2 de septiembre de 2016. Estaba recogiendo la cocina cuando oyó una canción de Supersubmarina que llegaba desde el salón. Pensó que podía ser Andrés, su hijo mayor, que adoraba a su tío José, tanto que solía imitarlo y quería ser músico. De hecho, también acudía al Conservatorio de Baeza y estaba aprendiendo a tocar la guitarra para formar un grupo. Al escucharlo, Helena pensó en él, pero luego entendió que Andrés no se saltaría la norma que ella había establecido desde el día del accidente: nada de canciones de la banda del tío en casa. A la hermana de José se le helaba el corazón con oír una sola nota. La canción que sonaba era *Cientocero*, la preferida de Curro. El pequeño estaba en el salón con el móvil de su madre y Helena salió de la cocina hecha un miura.

—Curro, ¿qué haces? ¿No habíamos quedado en que nada de canciones del tito en casa? ¡Apaga ese móvil ahora mismo! —gritó la madre desde el umbral de la puerta del salón.

El hijo habló, pero ella no alcanzó a entenderlo.

—¿Qué dices, hijo? Si no apagas ahora mismo la música me voy a enfadar mucho —dijo ella acercándose hasta el sofá donde estaba sentado el niño.

—Mamá, hoy se va a despertar el tito —dijo muy sereno Curro.

—¡No digas eso! No va a pasar —replicó la madre molesta.

—Que sí, mamá, hoy se va a despertar —afirmó Curro con los ojos dulces.

Helena se quedó observando a su hijo. Siempre había presumido de que Curro tenía unos ojos brillantes y a veces le centelleaban más de lo normal. Cuando su brillo era más fuerte y atractivo, Curro parecía habitar su propio mundo. Y ese día los ojos de Curro refulgían.

—Curro, cierra esa boca y deja de decir cosas que no están bien. Es doloroso que digas cosas que no van a pasar y más sabiendo cómo está el tito —dijo Helena mientras le quitaba el teléfono.

Curro se levantó del sofá y se puso a cantar la canción. Antes de irse a su habitación, volvió a mirar a su madre con los ojos más brillantes que nunca le había visto y dijo:

—El tito no se va a morir. No estés triste. Hoy se va a despertar.

La madre no se podía creer lo que oía de boca de su hijo pequeño, pero una hora y media después Helena recibió la llamada de su padre.

«¡José ha cucado un ojo! ¡Ha despertado!», gritó de alegría Paco.

36

Paco entraba todos los días a ver a José a la UCI, la mayoría de las veces acompañado de alguna de sus tres hijas. Su mujer era la única que no lo hacía. Se acercaba hasta la puerta y se quedaba paralizada, a un par de pasos del umbral. Las hijas y el padre solían repartirse los tres turnos de mañana, tarde y noche para estar al menos uno de ellos en cada visita. Siempre que Paco se acercaba hasta la cama le daba un beso a José y se quedaba mirando al pequeño de sus hijos como si todavía fuera aquel niño travieso al que le gustaba tanto la música. Tumbado con tanto chisme alrededor en esos días de hospital parecía simplemente dormido. Eso sí, en un sueño profundo, lejano, inaccesible y que le estaba quitando vida a cada miembro de su familia.

El padre llevaba la cuenta de los días que su hijo estaba en coma, pero no se lo comentaba a nadie. Se esforzaba por no escenificar su dolor. Ni su mujer ni ninguna de sus hijas lo habían visto llorar desde el accidente y él se cuidaba mucho de que no sucediese, aunque todas sabían que, a veces, desaparecía de la sala de espera para perderse en algún pasillo o rincón. «No soy ningún llorón, pero soy padre», soltaba a modo de justificación. Nadie le preguntaba a qué se refería. Solo lo dejaban que se fuera.

Los médicos siempre daban el mismo parte sobre la evolución de José: «Probabilidades cero, esperanza toda». Tanto los padres como las hermanas se habían ido agarrando con fuerza a esa «esperanza toda» hasta que, poco a poco, día a día, hora a hora, fueron flaqueando sin poder sujetarse a esa ilusión. Estaban derrotados. Nada de lo que les habían aconsejado los médicos para estimular el cerebro de José y despertarle algún gesto daba resultado: hablarle, tocarle las manos o ponerle música, como hacían cuando pinchaban aquella lista de reproducción de canciones llamada *Solar System* y que había sido creada por él mismo antes del accidente. Todo era en vano. José no se inmutaba. Su coma era como una losa y, además, los médicos reconocían que tenía sedación como para un caballo, porque su cerebro, debido a la lesión, no estaba nunca quieto. Las palabras de ánimo se fueron reduciendo. El padre era el único que, día tras día, mantuvo siempre la misma frase, que soltaba después de besarlo: «José, hijo mío, échale huevos».

La mañana del 2 de septiembre era cálida y Paco iba a entrar a la visita matinal a la UCI cuando una enfermera se le acercó y le dijo alegremente: «Ándese con cuidado con su hijo y no vaya a querer algo conmigo porque me ha cucado un ojo».

Al padre le dio un vuelco. Con los ojos más abiertos de lo normal por los nervios, entró en la habitación de la UCI. Su hijo presentaba el mismo perfil inerte de siempre, pero cuando se arrimó a su cara para darle su beso diario, notó que se le subía el párpado derecho. La emoción lo llevó a cogerle la mano.

«Hijo mío, ¿puedes oírme?», preguntó mientras le apretaba. El marcador del pulso se disparó y el párpado de José se abrió un poco más.

«¡Apriétame, José, apriétame, joder!», gritó eufórico Paco.

Obediente desde el más allá, José, con el ojo cucado, apretó sin fuerza la mano de su padre.

37

La fotografía, en la que se veía a José, Juanca, Pope y Jaime sonrientes, de pie, mirando a cámara, llegó hasta el Vaticano. Rosa Silvestre Piñeiro envolvió las cuatro copias de la imagen en plásticos transparentes para que no se deteriorasen. Una copia por cada miembro de Supersubmarina. No se desprendió de ellas en todo el viaje hasta Roma.

La plaza de San Pedro estaba a rebosar. Más de cien mil fieles se habían congregado para asistir a la misa de canonización de la Madre Teresa de Calcuta, ocupando también la Vía de la Conciliación y las calles adyacentes. Ese 4 de septiembre, soleado y estimulante, era un día grande. Los vítores en distintos idiomas en honor a la mujer que se iba a convertir en santa se repetían una y otra vez. La fiesta religiosa era un jolgorio de blanco y azul, los colores del hábito de la misionera a la que, en sus cuarenta y cinco años atendiendo pobres, huérfanos y moribundos en India, se le reconocía la extraordinaria curación de un brasileño enfermo en estado terminal. Las monjas llevaban imágenes y retratos, los sacerdotes besaban los relicarios y los feligreses portaban pancartas. Rosa empujaba la silla de ruedas en la que iba su madre, María Luisa, y en su bolso guardaba las fotografías de Supersubmarina. Había asistido a más actos celebrativos con su madre en el Vaticano, pero ese era muy especial porque, años atrás, cuando vivió en Roma, había conocido en persona a la Madre Teresa. También porque tenía una misión: que el papa Francisco bendijera la foto de esos niños a los que les había pasado hacía dos semanas esa desgracia tan grande del accidente.

Había pedido con mucha fe alcanzar su misión y sintió que Dios estaba escuchándola. A sus ochenta y un años, María Luisa no podía aguantar mucho tiempo en pie porque le dolían las piernas, y por eso debía ir en silla de ruedas. Ese mismo día, el papa había ordenado que el lugar destinado a las personas en silla de ruedas estuviese situado en el centro de la plaza, justo en el pasillo que él mismo recorrería desde el papamóvil. En otras ocasiones había estado ubicado en un lateral, pero, esta vez, el cambio permitía a Rosa y a su madre tener mejor acceso al Máximo Pontífice. Rosa dio gracias a Dios.

La plaza de San Pedro era un clamor antes de la misa. Las pancartas de la Madre Teresa de Calcuta rodeaban a Rosa y María Luisa. El papa Francisco andaba con una gran sonrisa y a pequeños pasos bajo un cielo azul. Entonces Rosa le gritó: «Por favor, rece por Supersubmarina». Él se dio la vuelta y observó, a través de sus gafas y durante un par de segundos, a la mujer que había venido desde Baeza. Ella le mostró las cuatro imágenes que descansaban en sus manos y le volvió a hablar, más con el corazón que con la cabeza: «Por favor, rece por Supersubmarina». El papa entendió. Hizo sobre las cuatro fotografías una señal de la cruz, lenta y solemne, mientras, sin dejar de sonreír, decía en un perfecto latín: «Dios los bendiga».

Afrontamos una nueva etapa, con buenas sensaciones, en la fase de recuperación de Supersubmarina.

Pope. Ha comenzado con los ejercicios de rehabilitación de su pierna izquierda. Podría estar caminando con total normalidad en el plazo de cinco o seis meses.

Jaime. Se recupera satisfactoriamente de la operación en su pierna derecha. Podría recibir el alta hospitalaria en el plazo de cuatro o cinco semanas.

Juanca. Sin sedación. En los próximos días estará totalmente consciente y podrá abandonar la UCI para continuar con la recuperación en planta.

José. En proceso de eliminar la sedación. Responde de forma muy positiva a todos los ejercicios y estímulos, físicos e intelectuales. Si todo continúa así, podrá abandonar la UCI en los próximos días.

Sabemos de los debates abiertos en torno a posibles secuelas, especialmente de José y Juanca. Bien, hablar de ello ahora sería especular, y creemos que es totalmente improcedente. Sobre todo en los foros donde se dibujan panoramas oscuros, porque rozan —y superan algunos— el mal gusto.

Por nuestra parte estamos «contentos» y positivos con la evolución de todos. Queremos agradecer de nuevo el masivo interés y cariño, tanto de seguidores como de amigos: bandas, festivales, promotores, salas, ticketeras, medios de comunicación… ¡Gracias!

Sexto comunicado de Pink House Management, la agencia de representación de Supersubmarina, del 7 de septiembre de 2016.

39

Jaime echaba de menos a Chispi. Tumbado sobre la cama con la pierna como un *Guernica* bombardeado, se revolvía en sus pensamientos. No podía moverse ni dejar de acordarse de la perrita de la familia, una mascota cariñosa y juguetona que ofrecía siempre una compañía silenciosa y agradable. Chispi era la mascota perfecta y él llevaba ya muchos días sin verla.

Siempre que volvía de viaje, de algún concierto o alguna gira, lo primero que hacía era ir a casa de sus padres para jugar con ella. Le encantaba llegar y que lo fuera a recibir a la puerta corriendo con sus pequeñas patas, meneando la cola y con su carita de cachorro bonachón. Chispi era un chucho, o un mestizo, tal y como les dijo el dueño del restaurante que se la regaló a sus padres. Un domingo de 2008 fueron a comer a Guadalén y, entre plato y plato, aquel hombre les contó que su perra había dado a luz cachorros y que los estaba regalando. La madre de Jaime se quedó enamorada de esa miniatura andante que vieron tras los postres y tuvieron que llevársela a casa. Le pusieron de nombre Chispi, como la anterior perra que se les había muerto. La nueva Chispi era más linda y muy abrazable. Porque, si había algo que a Jaime le gustase más que ver correr a Chispi hacia él a su llegada, era revolcarse con ella en la alfombra. Cogerla por un lado y por otro, abrazarla y empujarla despacito mientras ella ladraba, le lamía las manos o la cara o le saltaba por el pecho alegre y nerviosa. Podían estar así horas.

Jaime les comentaba afligido a veces a sus padres cuando estaban en el hospital, que deseaba volver a jugar con Chispi. ¿Sería posible volver a hacerlo como siempre? ¿Le dejaría su pierna tirarse al suelo sin miedo a hacerse daño? ¿O le permitiría correr junto a su perrita adorable? Jaime se quedaba mirando por la ventana de la habitación del hospital y se hacía estas preguntas. Quizá no tuviese ni siquiera pierna cuando regresase a casa. Los doctores Domingo Obrero y Rodrigo Canadilla trabajaban cada día en las curas para evitar la amputación, pero el proceso era tedioso y no había certeza de que saliese bien.

Las horas consumían a Jaime tanto como las curas. Cuando se quedaba solo en la habitación, pensaba en Chispi, en jugar con ella, en la compañía de la mascota perfecta para ese lisiado en el que se había convertido y que no veía la luz al final del túnel.

40

Rosa Vela no pudo escuchar más las canciones de Supersubmarina. Se había involucrado tanto en la atención a Juanca que, al final, se le partía el alma cuando sonaba un solo acorde. Rosa era médica intensivista del Hospital Quirúrgico de Jaén y nunca pensó que, si conocía a un miembro de su grupo favorito fuera en esas circunstancias. Porque el baterista de Supersubmarina llegó a su UCI a punto de morir.

Supo que uno de los integrantes del grupo iba camino de su servicio sanitario cuando recibió la llamada de sus colegas del hospital de Úbeda para informar de que Juanca necesitaba ser operado de urgencia de la pierna debido a la rotura de la vena iliaca, y que allí, en Jaén, tenían que movilizar a los cirujanos vasculares. Antes de colgar, el médico advirtió: «Ojo, es uno de los músicos de Supersubmarina. Hay gente que ya está empezando a preguntar por ellos». A Rosa se le agarraron unos nervios al cuerpo que ya no soltó en días. Habló con su compañero Manolo y ambos decidieron que mantendrían en secreto la identidad del paciente en el hospital. No sirvió de mucho: pronto corrió el rumor. En la UCI se estuvieron presentando sanitarios de todas las unidades y plantas para cotillear mientras los periodistas se concentraban en la puerta principal y los teléfonos no paraban de sonar con llamadas de reporteros de media España. Algunos se hacían pasar por familiares o amigos de la banda con el fin de sonsacar algo de información al personal sanitario. «¡Menudo infierno!», exclamó Rosa.

Juanca llegó con el abdomen abierto y la pierna destrozada y a Rosa le sorprendió su altura. La camilla apenas lo contenía y los pies le sobresalían. No tuvo tiempo para observar mucho más. Cuando cruzó por la puerta, ella ya lo tenía todo listo, entre máquinas y fármacos, para que los cirujanos y los anestesistas lo interviniesen de urgencia. Siempre que había pacientes jóvenes en situaciones críticas se levantaba un revuelo especialmente grande en la UCI. Había demasiada gente opinando y mucho caos. Un caos que creció esa misma noche del 14 de agosto, porque Juanca empeoró y hubo que operarlo por tercera vez, la segunda del abdomen, en menos de veinticuatro horas. Después de una sesión clínica de más de dos horas en la que nadie sabía bien qué hacer con un paciente que acababa de ser operado, el doctor José María Capitán dio un puñetazo en la mesa y dijo: «¡Que vengan dos enfermeras y que me traigan los instrumentos! Voy a abrirlo otra vez para operarle el abdomen y que sea lo que Dios quiera. No podemos seguir debatiendo más».

Dios quiso que Juanca saliese. Ella era creyente y había percibido como una señal ver a don Mariano acompañando a los padres de Juanca. Don Mariano era el cura que había oficiado su boda un año atrás y, cuando la vio, se acercó a ella. «Rosa, querida, cuídame al chico. Es el hijo de mi amiga Leni y la familia está muy preocupada», solicitó. Era normal. Juanca estaba muy mal y, además, la joven médica se había fijado en la angustia de sus familiares, especialmente en la de Elena. La novia mostraba la cara más desencajada de todas. Quizá por eso les confesó a ella, a los padres y al hermano de Juanca que era muy fan de Supersubmarina. Los reunió a los cuatro en el despacho y, al facilitarles el informe de las primeras veinticuatro horas de ingreso, explicó: «No os preocupéis, porque vamos a hacer todo lo que esté en nuestra mano para sacar adelante a Juanca. Yo más que nadie, porque amo a Supersubmarina. Me encantan. Me casé escuchándolos».

Hacía poco más de un año que Rosa se había casado en Mancha Real, su pueblo natal, y convenció a su futuro marido para que sonasen canciones de Supersubmarina y Vetusta Morla durante el banquete. Luis no se opuso, aunque él decía que ambas bandas no le hacían «ni fu ni fa» y que hubiese preferido oír otro tipo de música más dura como la de alguno de sus grupos predilectos, como Sôber, Aerosmith y Linkin Park.

Rosa observaba a Juanca, sedado en plena UCI, y le venían ráfagas a la memoria del día de su boda. «¡Qué cosa más rara la mente de las personas!», se decía. La primera vez que los escuchó regresaba en coche de un concierto de Vetusta Morla en Sevilla cuando su amiga María le comentó que había otro grupo parecido que era de Baeza. A Rosa le llamó mucho la atención que una banda salida de su tierra jiennense pudiese sonar parecida a su grupo favorito de entonces. Empezó a escucharlos esa misma noche en su casa de Mancha Real y fue un flechazo: no pudo despegarse de sus canciones. Supersubmarina se convirtió en la banda sonora de sus años universitarios en Granada. Durante los seis años que hincó codos en Medicina, no paró de pincharlos en el piso que compartió con María. A las dos les encantaba poner sus discos cuando invitaban a los amigos a tomar algo en su piso de la plaza Albert Einstein. Y, no podía ser de otra forma, *Granada* se elevó por encima del resto de las canciones hasta ser su himno.

Quizá por todo eso Rosa y Elena conectaron desde esa primera conversación en el despacho. Tenían la misma edad y a la médica se le ponía mal cuerpo siempre que veía tan descompuesta a la novia del baterista. Solía estar sentada sola en un banco a la puerta del hospital, en la cuesta que subía cuando iba a entrar a trabajar sobre las 20.00. Nunca la molestaba y seguía caminando con una frase que se le repetía desde que Elena se la soltara al tercer día del ingreso de su novio: «Juanca se va a morir porque nos íbamos a casar a finales de septiembre». Aquello la persiguió. Le escribía por Facebook para darle ánimos cuando, a primeros de septiembre, el distrés pulmonar puso a Juanca otra vez al borde del precipicio. Lo que no se atrevía a hacer en persona terminó por plasmarlo en un mensaje precipitado.

«Hola Elena, soy Rosa, médico de la UCI... Con esto de Facebook me has salido como persona que quizá conozca y he visto tu foto de perfil. Sé que no está bien hacer esto, pero ayer cuando te vi llorar y aguantarte se me partía el alma... Tenemos la misma edad y, aunque los médicos nos hagamos los fuertes por el sitio en el que trabajamos, también lo pasamos muy mal, sobre todo con los pacientes jóvenes, porque hacemos todo lo que está en nuestra mano, pero siempre nos venimos a casa dándole vueltas a tratamientos y pensando qué podemos mejorar... Y para los familiares es muy muy difícil... Solo recibir información una vez al día y verlo tres veces media hora es demasiado complicado... Aparece la incertidumbre de si estará bien o no, nervios y desesperación viendo cómo pasan los días... Lo único que quiero decirte es que llorar es muy bueno, desahogarte. La vida os ha puesto una prueba muy difícil que espero de corazón que superéis y os haga más fuertes. Te mando mucho ánimo y mucha fuerza a ti y su familia».

Este mensaje fue el primero de un intercambio que unió para siempre a Rosa y Elena, quien encontró en la médico intensivista a una cómplice ante los días más difíciles del coma inducido de Juanca. Rosa mandó quitar las gráficas correspondientes al músico, que se ponían en la puerta de la UCI de cada paciente, para que nadie pudiese usar la información a su antojo. También mandó poner dos biombos de tela para tapar la puerta y que así ningún curioso o periodista pudiese sacar fotografías. En las primeras cuarenta y ocho horas del ingreso de Juanca ya comprobó que mucha gente se acercaba solo por el morbo. No se lo podía creer. Quería protegerlo. A veces también iba al otro hospital de Jaén a cubrir alguna guardia y veía que sucedía lo mismo con José, que estaba ingresado en la UCI del Hospital Neurotraumatológico. «Es una locura», pensó. Como también era una locura responder a las preguntas que muchos le hacían sobre la banda.

«Oye, Rosa, tú que estás cuidando de uno de Supersubmarina, ¿sabes cuándo van a volver?».

«Tú que estás en el hospital con el de la batería, ¿sabes si van a tocar en el Granada Sound? Es que tengo entradas».

Rosa no decía nada y sentía que todo el mundo estaba en otro planeta, muy distinto al que ella acudía cada noche para atender a Juanca. Observarlo en ese precipicio diario la hacía sentirse impotente. Lloraba en silencio. Sin embargo, nada la dejó más hundida que ver a José el día que al cantante lo sacaron de la UCI para subirlo a planta. Ese día ella estaba trabajando en el Hospital Neurotraumatológico y vio por casualidad cómo los celadores empujaban su camilla. José parecía un vegetal que solo movía los ojos. Quedó sobrecogida por la condición del mismo tipo que un año antes recordaba sobre el escenario del festival Los Cerros Sound. Un líder carismático y guapo, que interactuaba con el público con una soltura asombrosa y que las encandiló a ella, a su hermana Ana y a María. Las tres concluyeron después de ese día que escuchar al grupo en un concierto era mejor que hacerlo en disco y que Chino era el mejor cantante que habían visto en directo. Supersubmarina, un grupo de la tierra, era la banda de las bandas.

«Oye, Rosa, tú que estás en el hospital, ¿sabes si Supersubmarina va a tocar pronto?».

Una tarde de septiembre, Rosa se encontraba en casa preparándose para irse a trabajar en su turno de noche. Entraba a las 20.00. Se pegaría una ducha, se vestiría y se marcharía directa al hospital, donde un día más vería a Elena y a la familia de Juanca. Había puesto en Spotify el modo aleatorio para escuchar canciones de Supersubmarina mientras se duchaba. El agua caía a la presión justa sobre su espalda cuando se estaba enjuagando el pelo y empezó a sonar *Viento de cara*. Se quedó paralizada, como si hubiese visto un fantasma. Salió de un salto de la ducha y detuvo la canción. Todavía tenía restos de champú en el pelo y en las manos y salpicó de agua y jabón todo el cuarto de baño. Los rostros de Juanca y José se le habían sucedido como fotogramas de una cinta estropeada que, al son de esas guitarras eléctricas, la estaban ahogando bajo la ducha. El estribillo rezaba: «Que cada vez que te vuelva a mirar / Me resulte más fácil morir / Que obligarme a decir la verdad».

En un estado de ansiedad y empapada, a Rosa se le secó la garganta. Desnuda en su cuarto de baño, la médica tomó la decisión de no escuchar nunca más canciones de Supersubmarina hasta que no se produjese el milagro de volverlos a ver sobre un escenario.

Juanca fue el último en abandonar la UCI. Estuvo cuarenta y siete días. Las complicaciones por la infección en los pulmones condujeron a un fallo renal que tardó en solucionarse. Cuando lo atajaron, se estabilizó y se recuperó. Pudo morir. Ya le habían salvado una vez la vida el mismo día del accidente, de modo que ese era ya el segundo milagro.

Cuando empezó a despertar del coma inducido tras casi un mes y medio, creía con firmeza que el accidente había sucedido el día de su despedida de soltero. Se iba a casar el 23 de septiembre y antes iba a celebrar con sus amigos una despedida que nunca llegó.

El 24 de septiembre por fin pudieron despertarlo y, todavía atolondrado y confuso, sobre la cama y bajo un altar repleto de adornos de búhos, que le habían ido colocando alrededor Elena y sus padres debido a su pasión por esas aves, le dijo a su prometida: «Cariño, tuvimos que tener más cuidado en la despedida de soltero. Se nos fue de las manos».

«Yo siempre he creído en la sanidad pública. Desde el accidente de mi hijo, más aún. Desde entonces, siempre digo que la sanidad pública es lo más importante que tenemos en este país. Los sanitarios públicos salvaron la vida de mi hijo y la de José y Jaime. Yo soy muy religiosa y tendría que calificar de milagro todo el proceso de mi hijo, pero los milagros son, realmente, todas las manos de las personas que atendieron a Juanca, José y Jaime en cada momento».

Leni, madre de Juanca.

43

Más despierto, con muchos momentos de atención. Ejecuta órdenes complejas. Risa voluntaria. Entiende las manifestaciones de humor.

Parte médico de José en el Hospital Neurotraumatológico de Jaén del 29 de septiembre de 2016.

44

Después de despertar del coma y abandonar la UCI, José se convirtió en el espectador perfecto para cualquier tipo de chiste. Quien había sido un *frontman* excelente de la música española pasó, por tanto, al otro lado del escenario como público. Un público agradecido e inaudito.

Aunque postrado en la cama, con su cabeza rapada y una movilidad nula, José reía muchísimo. Le encantaba que su prima le bailase, que *Lloraimón* y *Doraemon* hiciesen de dúo sacapuntas, que sus sobrinos le contasen tonterías de niños o historietas. Se reía igual con Dani Rovira y Daniel Martínez, dos humoristas amigos que fueron a visitarle, que con sus hermanas. Todo le hacía gracia.

De entre todas las cosas, los chistes le despertaban su risa más genuina y espontánea. Le contaban uno y reía. Le volvían a contar el mismo diez minutos después y volvía a reír. Si lo hacías tres minutos después, volvía a reír. Si recitabas el chiste, sin cambiar ni una coma, tan solo un minuto después, volvía a reír. Siempre tenía una risa nueva, igual de genuina y espontánea, para el mismo chiste por mucho que lo repitieras.

José se había quedado sin memoria a corto plazo. Olvidaba las cosas al minuto. Como consecuencia, pedía varias veces al día su helado favorito de chocolate y vainilla, que su padre le daba para que lo chupase a lametones desde la cama.

Aunque su risa continuada era el síntoma más evidente de que José estaba sufriendo un problema derivado de su calvario, también era signo de que había vuelto. El sentido del humor del nene, del niño travieso de la casa, siempre había sido maravilloso y, tras el despertar del accidente, se había hecho más primigenio e infantil. Su risa era un contagio de pureza.

Era una risa luminosa, salida de todos los confines. Una risa eléctrica y participativa, siempre renovada. «Una risa voluntaria», decía el parte médico.

Una mañana, el doctor Fran Brea entró a la habitación. «Veo todo el historial médico de José y todavía no me creo que pueda estar ahí tumbado y riendo», dijo. Y el paciente, que no se podía mover y apenas era capaz de articular una frase en condiciones, rio.

Una risa como un milagro en el paisaje.

PAISAJE

El campo
de olivos
se abre y se cierra
como un abanico.

Sobre el olivar
hay un cielo hundido
y una lluvia oscura
de luceros fríos.

Tiembla junco y penumbra
a la orilla del río.
Se riza el aire gris.

Los olivos
están cargados
de gritos.

Una bandada
de pájaros cautivos,
que mueven sus larguísimas
colas en lo sombrío.

FEDERICO GARCÍA LORCA,
«Poema de la seguiriya gitana. Cante Jondo»

46

Sabemos que llevábamos tiempo sin informar sobre la situación de los componentes de Supersubmarina, pero ayer fue un día importante.

Juanca, el único que permanecía en la UCI, abandonó la misma para continuar con su fase de recuperación en planta.

Por su parte, José, Chino, también se encuentra en planta desde hace varios días, con una evolución muy favorable, consciente y respondiendo a estímulos cada vez mayores.

Una vez que todos están fuera de peligro, conscientes, y afrontan sus respectivos tratamientos de rehabilitación, es el momento de dejar de hacer más comunicados por nuestra parte al considerar que a partir de ahora les compete a ellos informar de su estado.

No ha sido una situación fácil de manejar. Hemos intentado hacer los comunicados con mucha cautela y el máximo respeto hacia ellos y sus familias.

Sentimos si en algún momento hemos incidido en comentarios negativos. En situaciones desbordantes, como ha sido esta, es difícil mantener la sangre fría.

Pero eso no es lo importante, y sí todo el ánimo, fuerza y cariño recibidos, en forma de homenajes de artistas amigos, llamadas o mensajes en cualquier soporte: ¡impagable y determinante!

Muchas gracias a todos.

Séptimo y último comunicado de Pink House Management, la agencia de representación de Supersubmarina, del 30 de septiembre de 2016.

Cuarta parte

El silencio

Nos ahorcaremos mañana. [Pausa]. A menos que venga Godot.

Samuel Beckett, *Esperando a Godot*

Me convertí en enemigo de mi propia situación.

Canción *Enemigo yo*

1

La niebla, espesa como un sueño difuso, envolvía Baeza. La ciudad vieja era todo silencio de piedra y, un día más, amanecía musgosa y fría, desprovista del riego sanguíneo de los transeúntes. Por las callejuelas tan solo merodeaban los sigilosos gatos. Las torres se perdían como espectros en la hondura gris y las murallas, con su firmeza íntegra, aguardaban medio ocultas en la bruma. La Fuente de los Leones, levantada con estatuas felinas de melenas ensortijadas que cuidaban de una añorada princesa íbera, se había desvanecido en la intersección entre la Puerta de Jaén y el Arco de Villalar, dos de las construcciones más antiguas, percibidas entre las nubes bajas como portales mitológicos fuera de aquel tiempo. Baeza, sin casi una luz, sin un ruido, llena de misterio, se adivinaba apenas por los contornos imprecisos de sus edificios.

Los baezanos sienten apego por esas mañanas densas y melancólicas en las que, transcurridos los primeros y profundos minutos solitarios del día, se van adentrando como viandantes cuidadosos y pensativos. Ese día sus pasos reclamaban la intensidad de la atmósfera. Sus manos, con las palmas abiertas, recibían el frescor de la llovizna. Y sus ojos buscaban dirigirse al cielo, pero estaba encapotado. No era posible. Cuando los baezanos alcanzaban el paseo de las Murallas, el mismo camino que tomaba Antonio Machado en sus paseos, sus ojos, como los del poeta tantas veces, tampoco podían entrar en comunión con el inmenso telón de fondo de los olivos y la sierra Mágina. La niebla impedía que, desde lo alto del cerro, los pensamientos y los deseos fueran, como de costumbre, a encontrar significado allí, a lo lejos, en el perfil rugoso y mítico de la cordillera feroz.

Desde el fatídico golpe, conocido ya por todos como *el accidente de Supersubmarina*, José, Juanca, Pope y Jaime no hallaban significado a sus existencias. La sierra Mágina no les devolvía respuestas. Un silencio único y nuevo, como un mundo recién formulado, conspiraba contra ellos. Sus deseos chocaban con la realidad igual que el viento sordo golpeaba las montañas sin inmutarlas. Andaban tristes, cansados y más viejos. Y en el final de sus almas había aflicción e incomprensión.

Cuando la niebla cubría Baeza, el recuerdo de aquella banda se hacía más difícil y pesado y parecía que arrastrase con él al del propio pueblo. El desasosiego se colaba hasta los huesos y la incógnita se imponía a la certeza. El sol era un débil círculo en un cielo que palidecía cuando la bruma engullía todo lo que estaba a su alcance. Incluso la catedral, robusta y alta, quedaba absorbida por esa costra densa y grisácea. Una costra que se extendía por rincones y esquinas hasta llegar al corazón de los hombres y las mujeres que habitaban esa parte de la comarca de La Loma. Nadie escapaba de su efecto. Como una plaga que afecta a toda una población. Como un ejército fantasmagórico que vence a los vivos. Y nadie estaba más vencido que José, Juanca, Pope y Jaime.

Y había un problema mayor del que pocos sabían: cuando la niebla se disipaba en Baeza, los cuatro de Supersubmarina seguían con ella dentro.

2

Desde agosto de 2016, en Wikipedia se podía leer este epígrafe dentro de la biografía de Supersubmarina: «Accidente de tráfico y retirada temporal».

El desarrollo decía: «El 14 de agosto de 2016, en plena gira veraniega de promoción de su disco, sufrieron un grave accidente de tráfico que acabó con todos sus miembros en el hospital. Juanca (el batería) fue el último de sus componentes en salir de la unidad de cuidados intensivos, pasando a planta el 29 de septiembre de 2016. La banda permanece retirada temporalmente».

En algún momento de 2022, el epígrafe cambió a este: «Accidente de tráfico y retirada». Y al texto que lo acompañaba se le quitó la última palabra. La retirada temporal se había quedado en retirada. Nadie supo quién lo había cambiado. Este extraño dios del siglo XXI llamado Wikipedia sentencia sus propias verdades y, cuando lo hace, Google, cual profeta de los tiempos modernos, amplía el mensaje y lo hace universal.

Si tecleabas «Supersubmarina», el gran profeta concluía tu frase con: «retirada». Después solo surgían preguntas. Las más comunes que ofrecía Google: «¿Qué pasó con el grupo Supersubmarina?», «¿Cómo están los chicos de Supersubmarina?», «¿Quién iba en el coche de Supersubmarina?», «¿Quién conducía el coche de Supersubmarina?»...

En ese universo de búsquedas rápidas y respuestas fáciles, Supersubmarina había dejado de ser una banda con futuro para ser un cúmulo de incógnitas.

3

Robusto y lozano, el olivo parecía observar a Pope como un soldado examina a su víctima antes de la ejecución: sentía compasión por él, pero no tenía escapatoria. A su lado, Pope, un tipo forzudo y grande, se empequeñecía hasta quedar como un mero comparsa sin ánimo. El campo olía a recién arado y verdín. El olivo que lo escudriñaba era el primero de un ejército imponente. La finca se estiraba ladera arriba y los árboles, plantados en largas filas perfectas con posición simétrica, se alzaban como un batallón a punto de entrar en combate. De pie, con los ojos mohínos y el espíritu por los suelos, Pope era mártir de las circunstancias.

Después de superar las lesiones que le dejó el accidente, el todavía bajista de Supersubmarina volvió a trabajar en el campo con su padre. No tenía más opciones. Necesitaba incorporarse a alguna labor que le mantuviese la cabeza ocupada. Como le había reconocido en varias ocasiones a Cristina, la casa se le caía encima. Su novia se había ido a vivir con él tras haberse recuperado de su rotura de fémur y, más mal que bien, de la fiebre de los sudores fríos. Habían quedado atrás los días en los que su madre dormía con él en el salón de la casa familiar y no podía conciliar el sueño. Con la conciencia más relajada, Pope ya descansaba mejor, aunque a veces le volvían a asaltar temores relacionados con los recuerdos, esa sensación de culpa somatizada en su cuerpo. No le gustaba hablar de sus problemas y se reconocía una persona muy reservada, quizá demasiado, pero Cristina empezó a ejercer de compañera y psicóloga. Nadie mejor que ella para sacar esas conversaciones que Pope evitaba.

Las recuperaciones de José y Jaime iban para largo y tanto Juanca, aún convaleciente, como él tenían que empezar a mirar el futuro inmediato sin la banda. Supersubmarina sería imposible de nuevo hasta que los demás no estuviesen en condiciones. Él era el primero en estarlo y, mientras llegaba ese momento, quería recuperar cierta vida normal. ¿Pero en qué consistía esa vida? Sin ensayos ni grabaciones ni conciertos, Pope no tenía nada. Por primera vez en más de una década no tenía que pensar en la banda. Peor aún: por primera vez en muchos años, su existencia no estaba marcada por su pertenencia al grupo. Y ya no sabía lo que significada no formar parte de Supersubmarina. O formar, pero sin ninguna posibilidad de ejercer. Pope se había convertido en un hombre deambulante, sin dirección.

Sentado en el salón de su piso, con la televisión encendida y la mirada perdida, solía pensar en la carrera de Bellas Artes que nunca llegó a terminar en Granada. Siempre le gustó la fotografía y por eso se había decidido a estudiar esa carrera, pero la progresión de Supersubmarina fue tan rápida y exigente que, al final, tuvo que dejar los estudios, al igual que habían hecho José, Juanca y Jaime. Le quedaron por cursar tan solo tres optativas y presentar el proyecto final de carrera. Cuando quiso retomarla, los planes de estudio transformaron la carrera en un Grado que le obligaba a cursar más asignaturas durante un año entero y de forma presencial. Lo descartó, más si tenía que volver a dejar Baeza por Granada. El envés del músico triunfador solía ser ese: renunciar al cultivo universitario y desarrollo laboral fuera de los escenarios.

El olivo lo intimidaba. No se lo podía creer. Había aprendido a andar en los olivares y había gastado tantos años de su vida en acompañar a su padre que no se explicaba de dónde le venía ese malestar. Cogió un puñado de tierra y lo dejó caer entre los dedos, como si fuera una señal desafiante y también el gesto con el que marcar el comienzo de su jornada de trabajo. El olivo ni se inmutó. El sol asomaba con timidez y la tierra mostraba una tez cobriza. En esa zona de la comarca, el campo siempre despertaba sereno y solemne, como una fortaleza que llevase siglos resistiendo todo tipo de embates. Un viento suave hacía bailar las hojas con algo de gracia, pero insuficiente para que Pope pudiese apaciguar su espíritu. La tierra era demasiado dura para alguien que nunca había deseado trabajarla. A diferencia de su padre, él no era un jornalero y nunca lo había sido. Pudo serlo, pero quiso otra salida. Iba a ser la fotografía, pero finalmente fue Supersubmarina y, en mitad de esa finca repleta de olivos, pensaba que no podía contar con volver a escaparse por ella.

Pope fue el primero de los cuatro del grupo en tener que enfrentarse a la nueva realidad. Quería sentirse útil y, como él decía, estaba cansado de verlas venir. Prefirió retomar una tarea que le resultaba agotadora y odiosa antes que volverse tarumba. Su padre le había inculcado esa necesidad de trabajar, de no ser un holgazán. Agricultor apegado a los valores de la tierra, José María tenía una mentalidad disciplinada en la que el trabajo era sagrado. Ser un vago podía ser tan nocivo como ser mala persona. Para él, llevar el pan a casa era algo que todo hombre de bien debía establecer como obligación. Afable y tranquilo, José María nunca se había enfrentado con su hijo por imponerle su idea, sino que había preferido mostrársela con el ejemplo y a través de comentarios —ni siquiera conversaciones— que había ido plantando como semillas en la vida de su hijo. Algunas germinaron más y otras no tanto. Solo una vez alteró el tono. Cuando Pope decidió montar una banda con sus amigos, José María soltó: «¿Estás tonto o qué? Te vas a hartar enseguida y habrá sido una pérdida de tiempo». Tanto él como su mujer solo querían que su hijo mayor estudiase una carrera y se preparase para la vida laboral. Sabían que el campo destrozaba los huesos y compensaba poco para lo mucho que demandaba, pero tocar en un grupo de rock no era una opción. Pope no les hizo caso. Se empeñó y se esforzó como si tuviese que demostrar su valía al mundo entero. La banda salió adelante y, en menos de cuatro años, ya estaba viviendo de ella. Pope llevaba a casa el pan y lo hacía al son de acordes y notas. Lo consiguió. Y, sin embargo, no había durado para siempre.

El día iba a ser largo. Como una mota de polvo en mitad de ese mar de olivos, Pope se puso a recoger aceitunas. Su cuerpo crujió en el primer movimiento. El campo mostraba su porte rígido. A medida que iba avanzando entre los terrones de arena, al todavía músico le asaltaban recuerdos con el grupo, como aquel en el que llegó a trabajar de empalmada sin saberlo su padre. Ese día, hacía ya más de ocho años, Pope y sus amigos de Supersubmarina se habían quedado hasta las cinco de la mañana bebiendo vinos con Ernesto Muñoz, Carlos López, José María Barbat y Diego Pablos, los hombres que habían ido a Baeza para ficharlos y con los que daría comienzo a su carrera en Sony. Acabaron en la terraza del Burladero, que se quedó abierto hasta altas horas de la noche solo para ellos, porque se lo pidieron a José Carlos y Manolo. Los dueños del Burladero eran casi miembros de Supersubmarina por su implicación con el grupo: el bar acogió su primer concierto y había sido siempre el cuartel general de los cuatro. Aquella noche Pope bebió tantas copas que, desde entonces, nunca había podido volver a probar el vino tinto. Antes de marcharse de la fiesta improvisada, se lavó la cara y apareció a trabajar con su padre sin dormir, aunque José María no se dio cuenta de la resaca que cargaba su hijo. Con la espalda encorvada y malherida por los excesos nocturnos, estuvo recogiendo aceitunas hasta bien entrado el día. Y durante esa jornada exigente no se le quitó la sonrisa de la cara, porque había pasado la noche imaginando un futuro que le encantaba. Ese futuro se llamaba Supersubmarina.

Pope suspiró al revisar un gotero que había sido mordisqueado por un conejo. Parecía ya inservible, como él. El olivo, que le había intimidado minutos antes, lo miraba desde la distancia y parecía reírse del que había sido el gran bajista de una gran banda. Su carcajada hacía temblar la tierra.

4

«Supersubmarina de teloneros en el propio funeral de supersubmarina». *Mensaje del 14 de agosto de 2016 a las 20.24 horas de Usuario 1.*

«Os deseo que os recuperéis bien del accidente y tengáis otro que os mate a todos, @Supersubmarina. Un abrazo». *Mensaje del 14 de agosto de 2016 a las 23.17 horas de Usuario 2.*

«Con suerte no sobreviven al accidente de hoy». *Mensaje del 14 de agosto de 2016 a las 00.42 horas de Usuario 3.*

«Muchos fans de @Supersubmarina os quejáis de mi deseo de que cuenten con una muerte digna hoy mismo, y es un derecho inalienable». *Mensaje del 15 de agosto de 2016 a las 00.47 horas de Usuario 2.*

«Solo quiero reiterar que ojalá se mueran Supersubmarina y todos sus seguidores, por lo general homosexuales y analfabetos». *Mensaje del 15 de agosto de 2016 a las 20.39 horas de Usuario 2.*

Una recopilación de mensajes en Twitter, escritos por tres personas, en las primeras veinticuatro horas tras el accidente.

5

Mil euros y disculpa por los tuits contra Supersubmarina

Punto final al caso por presuntas injurias a través de Twitter a Supersubmarina. José Sanz Gallego reconoció ser el autor de los tres tuits en los que, entre otros mensajes, rezaba: «Ojalá se mueran Supersubmarina y todos sus seguidores, por lo general, homosexuales y analfabetos», y que fueron publicados a través del perfil «Philippe Nahon» (@acuareladeudas) los días 14 y 15 de agosto de 2016, poco después de que los integrantes del grupo sufrieran un grave accidente de tráfico en la N-322 cuando regresaban a su tierra natal, Baeza, tras actuar en el Medusa Sunbeach Festival de Cullera (Valencia). Lo hizo durante el acto de conciliación celebrado la mañana del pasado martes en el Juzgado de Primera Instancia número 39 de Madrid, un paso obligatorio, según dicta la ley, después de que la Sección Segunda de la Audiencia Provincial de Jaén estimara el recurso de apelación interpuesto por la defensa de la banda musical, de la que se encargó el abogado Juan Pablo Mola. Antes, el Ministerio Fiscal lo había rechazado en un auto del 31 de julio de 2019. En este se confirmó lo dictaminado cerca de dos meses antes, el 5 de junio, por el Juzgado de Instrucción de Baeza, que consideró que no quedaba «debidamente acreditada» la comisión de un delito de injurias a través de los citados tuits.

Después de que la Audiencia Provincial jiennense ordenara reabrir el caso el pasado 15 de octubre, el Juzgado baezano, en un auto emitido trece días después, instó a la parte denunciante a «cumplir los preceptivos requisitos de perseguibilidad previstos en el Código Penal y la Ley de Enjuiciamiento Criminal», o, lo que es lo mismo, a celebrar un acto de conciliación previo a la interposición de una querella criminal, una práctica obligatoria al tratarse este de un presunto delito de injurias. En la papeleta de demanda de conciliación presentada por Mola, en representación del grupo, se solicitó que Sanz Gallego reconociera la autoría de los tuits en cuestión, se retractara íntegramente de los comentarios vejatorios plasmados en los mismos y se disculpara públicamente, y, por último, que resarciera económicamente «el daño moral y psicológico» causado a los músicos pagando seis mil euros. Eso sí, se dejaba claro que ese dinero se destinaría a causas benéficas. Finalmente, la mañana del pasado martes se alcanzó un acuerdo por el que el denunciado se comprometió a cumplir todo lo anterior en un plazo de diez días, si bien la cantidad económica requerida en materia de responsabilidad civil se redujo hasta los mil euros. Esta cantidad se pagará, a modo de donativo, a la Asociación Española Contra el Cáncer de Jaén. Además, Sanz Gallego también tendrá que asumir el pago de las costas. Según consta en el acta de conciliación, el mensaje que el autor de los tuits deberá publicar a través de sus cuentas de Instagram y Facebook será el que sigue: «Yo, José Sanz Gallego, reconozco expresamente haber publicado diversos mensajes desafortunados en la red social Twitter, bajo el nick @acuareladeudas, en los que falté gravemente al respeto de los miembros de la banda Supersubmarina, que acababan de sufrir un accidente de tráfico. Por tanto, les pido disculpas públicamente y me comprometo de forma expresa a no molestarlos nunca más». Dicho texto tendrá que permanecer un año publicado. Tras ese periodo, podrá borrarse de los dos perfiles.

Desde el grupo baezano se muestran satisfechos por el acuerdo alcanzado y contentos porque esta situación haya llegado a su fin.

Del *Diario de Jaén* del 20 de enero de 2020

6

Después del accidente, la vida de José se desplegó ante él como una escalera con multitud de peldaños que había que ir subiendo poco a poco y en la medida que fuera posible. Porque, quizá, no todos se pudieran subir.

Con esa metáfora se refería a la recuperación el doctor Fran Brea, quien, desde esos primeros momentos tan angustiosos y peligrosos en el quirófano del Hospital Neurotraumatológico de Jaén, había hablado de «abrir una ventanita» para intentar conseguir que su paciente no se muriera. La ventana se había abierto y ahora la escalera era un camino que empezaba desde muy abajo, un lugar cercano a la muerte. Un camino lento y delicado, donde cada paso suponía un pequeño triunfo.

El primer escalón consistió en salvar la vida de José haciéndole llegar oxígeno al cerebro. El siguiente fue esperar a que despertase del coma. Podía no haberlo hecho. Llegados al tercer peldaño el doctor Fran Brea indicó que la escalera se estiraba incierta, porque tocaba comprobar qué secuelas podía haber en la cabeza de José. Al poco de despertar, ya se manifestaron algunas. Pese a su risa voluntaria y su sentido del humor casi infantil, la escalera se presentó larga y empinada, debido a un pronóstico muy ambiguo con lesiones profundas en conexiones neuronales. José no podía moverse, hablaba muy bajito y apenas se le entendía lo que susurraba. Había indicios que hacían pensar en una dependencia absoluta y su evolución estaba condicionada por varios factores. Los médicos concluyeron, por tanto, que la recuperación sería ardua y que resultaría muy difícil llevarla a cabo en condiciones óptimas en Jaén. El hospital carecía de los medios necesarios para mejorar su estado y permitir que, poco a poco, muy poco a poco, fuera recuperando movilidad y aptitudes. José, que el 19 de septiembre abandonó la UCI para pasar a la planta de neurocirugía, necesitaría una rehabilitación integral y, según el plan de actuación del parte médico del Hospital Neurotraumatológico de Jaén, se aconsejaba su traslado a un centro especializado en daño cerebral para completar una mejoría neuropsicológica, motora y del lenguaje.

El 24 de octubre José ingresó en la Clínica San Vicente de Madrid, especializada en este tipo de patologías que exigen un tratamiento intensivo y personalizado. José llegó sentado en una silla de ruedas y atado con un peto, porque se caía. Era incapaz de mantenerse erguido por sí mismo. Su estado era uno de los más severos en un lugar repleto de personas con todo tipo de problemas. Recuerda su padre que a la familia se le cayó el alma al suelo al ver el panorama de pacientes del centro. Solo había que echar un vistazo al comedor. La mayoría de las pobres criaturas, como decía Paco, estaban en condiciones muy difíciles por diferentes daños cerebrales que les habían dejado discapacitados o con una gran dependencia. A sus treinta años, José, uno de los ingresados más jóvenes, no estaba mejor que ninguno de ellos. El doctor Siricio Arce, médico especialista encargado de la rehabilitación, fue conciso y contundente: la recuperación de José sería muy lenta. La escalera habría que subirla con mucha paciencia.

Al poco tiempo de ingresar fueron a visitarlo Juanca, Pope y Jaime. Los tres prepararon ese viaje con la ilusión de ver a su amigo en una nueva fase de su recuperación. Era la primera vez desde el golpe que todos se veían juntos y les sirvió para darse cuenta de que la escalera de José tenía una enorme pendiente. De forma individual, cada uno de los tres había ido comprobando el estado dramático de su amigo. José estaba vivo y eso ya era una suerte, como también lo era que pudiese empezar a recuperarse en uno de los mejores centros de rehabilitación de España. Había que ser positivos. Sin embargo, las secuelas eran todavía muy reseñables.

La familia tomó la decisión de acompañar al pequeño de la casa, así que Paco y Mari se instalaron en Madrid, en la misma zona donde ya vivieron muchos años antes, cuando él trabajó en la empresa de teleféricos. A ninguno de los dos les gustó mucho pasar aquellos años ochenta fuera de Baeza y entonces les pasó lo mismo, aunque su sacrificio era por una causa tan importante que merecía la pena. Sus hijas viajaban cada semana a la capital a visitar a su hermano, que trabajaba mañana y tarde con neuropsicólogos, fisioterapeutas y terapeutas ocupacionales. Los padres iban cada día al centro y observaban cómo José empezaba a mejorar el posicionamiento del tronco, la movilidad psicomotriz, la capacidad funcional y la posibilidad de manipulación. Los especialistas y rehabilitadores tenían que conseguir que el que había sido el gran líder de una banda de rock, capaz de concentrar toda la energía de un escenario en su figura atlética y fuerte, con una condición física envidiable, volviese a empezar de cero, como un bebé. Es decir, tenía que interiorizar y ejecutar de nuevo aprendizajes tan básicos y mecánicos como andar, coger una cuchara o hablar con precisión.

No había tarde que Mari no se lamentase por dejar a su hijo solo, sin compañía familiar, en ese centro repleto de pacientes que, subidos en máquinas o rodeados de aparatos y asistentes, se convertían en espejos del estado de José. Allí donde mirara Mari había algún enfermo que, frágil y dependiente, le despertaba unos nervios incómodos que le nublaban la cabeza y, a veces, le impedían ver los pequeños avances que estaba haciendo su hijo en la recuperación.

Una tarde, cuando, a paso lento y con gesto preocupado, salieron de la clínica para regresar al piso del barrio Lacoma, Mari se detuvo antes de cruzar el semáforo de la calle conocida como Vía Lusitana y desde la que se veía el edificio moderno y austero de la clínica, con ese carácter propio de un hospital privado del siglo XXI. Mari giró la cabeza hacia su marido y le salió del alma decir: «Esta es la calle del Vía Crucis».

7

La religión cristiana entiende por vía crucis el camino hacia la cruz, es decir, el recorrido que hizo Jesucristo al ser condenado cargando con el madero hasta el lugar de su muerte. También se lo conoce como vía dolorosa. El camino se representa con una serie de catorce imágenes de la Pasión, denominadas estaciones, correspondientes a episodios particulares que, según la tradición católica, Jesús sufrió hasta ser crucificado. De manera coloquial, se dice que alguien pasa un vía crucis cuando padece una sucesión de adversidades y pesadumbres.

El vía crucis de José también estaba formado de varias estaciones. Esos escalones a los que se refería el doctor Fran Brea. Algunos los subió, aunque no tenga memoria de ellos. El primer recuerdo que tiene ya es de la Clínica San Vicente, sujeto a una cinta para volver a empezar a andar. Su despertar en Jaén y los días que le siguieron sin poder moverse ni hablar no han quedado grabados en su cabeza. José empezó a ser consciente de su realidad a mitad de la escalera, rodeado de personas desconocidas que le estaban enseñando a mover las piernas y a pronunciar palabras. Su asombro estaba compuesto de terror e incredulidad. Dejó de ser un chico normal, como él pensaba, para ser un muñeco pesado de trapo, incapaz de hacer nada por sí mismo, ataviado con un pijama de enfermo y lejos de su casa. Uno de los escalones que debía subir era comprender lo que le había pasado.

La escalera todavía no se ha dejado de subir. Quedan estaciones en la vía dolorosa del cantante y compositor de Supersubmarina. Quizá la más complicada, por la dificultad a la hora de conocer su gravedad y de superarla, sea la anosognosia. Un mal que es como una densa bruma que lo llevó en la Clínica de San Vicente a creer que no le hacía falta rehabilitación porque no se veía minusválido o, en momentos posteriores, lo convenció de que no sufría problemas físicos y psíquicos tan graves como los que en realidad presentaba, como el día que, al regresar a Baeza, pensó que podía volver a conducir tanto el coche como la moto. Una bruma que, en definitiva, nubla la realidad en su cabeza, ese lugar en el que existe un agujero por el que se perdieron todos esos recuerdos que lo convirtieron en músico e hicieron de Supersubmarina una de esas bandas que lo tenía todo.

Tras el accidente, esa banda quiso recuperar ese todo o, al menos, una parte.

8

Cuando leemos u oímos el nombre Supersubmarina, vivimos una rápida traslación mental y emocional a buena música, un antes y un después en el estilo indie-rock, canciones que se mantienen en la memoria por su frescura y letras que consiguen remover todo el abanico de sentimientos innatos de todo ser humano.

Supersubmarina es hacer referencia al talento y el esfuerzo de uno de los grupos musicalmente más valientes y con más carisma y personalidad del panorama nacional. Los componentes del grupo han marcado un hito en una generación (o en más de una) demostrando que no toda la música en España responde a cánones previamente establecidos, repetidos mil veces. Cada tema, cada acorde y cada palabra del grupo tiene la autenticidad y el sello personal e inimitable que los ha llevado a ser seguidos, admirados y queridos por un público fiel y entregado.

La banda natural de Baeza (Jaén), que revolucionó el indie-rock hace algunos años, con canciones como *Arena y sal* o *Viento de cara*, vivieron un duro golpe en agosto del pasado año. Los integrantes del famoso grupo sufrieron un accidente de tráfico.

El vocalista, José Marín Torres Chino, sufrió politraumatismo y, tras permanecer ingresado en la Unidad de Cuidados Intensivos (UCI) del Hospital Neurotraumatológico de Jaén, inició su recuperación y, actualmente, como consecuencia del traumatismo craneoencefálico (TCE) sufrido, se encuentra en proceso de rehabilitación integral en la Clínica San Vicente.

En este tipo de patologías, lo importante para obtener resultados óptimos es la realización de un tratamiento precoz, intensivo y personalizado, en centros especializados en lesiones de daño cerebral adquirido (DCA). El vocalista ingresó en la Clínica el día 24 de octubre de 2016 y, desde entonces, se han ido observando, progresivamente, mejorías en su estado. Desde la clínica señalan la gran voluntad y capacidad de sacrificio de José en realizar las terapias y acciones conducentes a su rehabilitación. Del mismo modo, es imprescindible destacar el apoyo incondicional de su familia y amigos, cuya motivación influye de forma positiva y directa en el proceso rehabilitador en el que se encuentra inmerso el cantante.

Comunicado de la Clínica San Vicente del 17 de marzo de 2017.

9

El 1 de septiembre de 2017 iba a ser un día especial. Pope cumplía treinta años y todos se iban a reunir en el local de ensayo por primera vez desde el accidente. Juanca, Pope y Jaime llevaban unos días quedando y tocando algunas canciones a la espera de la llegada de José, quien, tras su rehabilitación en Madrid, había regresado el 31 de agosto a Baeza para instalarse en casa de sus padres.

Todo partió de Juanca, que empezó a distinguirse como la persona que iba a tirar del carro a partir de entonces. José siempre había sido el motor de inyección de Supersubmarina, el compositor y la voz principal, pero todavía estaba metido de pleno en la recuperación y afectado por sus lesiones. No podía ser él. Debía centrarse en su rehabilitación mientras Juanca, ya buscando hacer vida normal como Pope, motivaba a los demás para volver a enchufarlos.

Juanca había tenido siempre madera de líder. La banda fue posible por su empuje y el de José. Además, los dos eran un año mayor que Pope y Jaime y esa diferencia de edad había marcado simbólicamente la identidad del grupo desde aquellos primeros corros con la guitarra en los botellones en la zona del Muro. Ya antes de ejercer de mánager oficial, Ernesto lo había visto aquella tarde del trenecito. Juanca era el lugarteniente en ausencia de José. Serio, disciplinado y responsable, el baterista sabía tener la cabeza casi siempre en su sitio para pensar con perspectiva y tomar decisiones en beneficio del proyecto. De hecho, él se había encargado de las cuentas de la banda y llevaba todo lo relacionado con los temas administrativos. Desde el sello Octubre, Diego Pablos, Alejandro Lanaja y Gema Molero también observaron que ambos sobresalían y eran el empuje del grupo.

Juanca estaba decidido: quería intentar el regreso, aunque fuera poco a poco. Sabía que su inconsciencia, como él decía, le había permitido llegar a metas que, en un principio, nunca se hubiese imaginado. Metas como sacar adelante, al mando de las baquetas, su carrera en la banda y mantenerse en el éxito. Una inconsciencia que se había vuelto a activar como una veleta para indicarle que no se estuviese quieto, que tirase de la situación hacia el lugar correcto: la vuelta de la banda. Estaba decidido a recuperar a Supersubmarina en un proceso gradual mientras José y Jaime iban mejorando.

Los cuatro aparecieron en el local de ensayo del polígono industrial que tenían alquilado desde 2014. Antes de coger los instrumentos hubo saludos, algunas bromas y una atmósfera de ilusión que todos ellos habían estado cultivando desde hacía más de un año. José, muy lento en sus movimientos, se mostraba bromista, como siempre, pero con un tono más inocente y algo visceral. De alguna manera, tenía un toque distinto que le daba una nota de ternura. Jaime había estado muy aprensivo desde que regresara a casa de sus padres, pero aquella tarde viró a un carácter más receptivo, contagiado por el ambiente de reunión. Pope, alegre de celebrar su cumpleaños con sus amigos, mostraba entusiasmo, con una sonrisa que parecía kilométrica en comparación con las pocas que se le habían visto en los últimos meses. Les dijo a todos: «Este encuentro es el mejor regalo». Sucedía igual con Juanca, que no paraba de dar conversación y motivar a los demás para coger los instrumentos. Al poco llegó Chicharro, al que también habían invitado para que pudiese vivir en persona el reencuentro. Allí, en la sala de máquinas de lo que había sido Supersubmarina, estaban los cinco que iban en el monovolumen el día del accidente. Habían sobrevivido y, por tanto, ese momento en el local se antojaba espléndido.

La música empezó a sonar. Primero, Juanca golpeó con sus baquetas y animó con el tambor. Después entraron Pope y Jaime con sus guitarras. Las notas fluían en el local. Viejas sensaciones los invadieron. Muy limitado y con una coordinación inconsistente por las lesiones, José estaba en su posición. Todos sabían que no podía coger la guitarra, que antaño en sus manos había echado chispas. Chino, el gran *frontman* de Supersubmarina, mostraba un perfil demasiado frágil, como si fuera a romperse con el mero hecho de intentar cualquier movimiento que antes hacía sin problema, como un experimentado músico. Desprendía una tensión grave que condicionaba la atmósfera. No pudo participar. Ni tocar ni cantar ni aportar. Juanca, Pope, Jaime y Chicharro se solidarizaban con una situación que, por mucho que pudiesen conocer, dejaba una hondura en el alma cuando se mostraba ante los ojos. Observarlo era formar parte de su sufrimiento. Intentaron seguir tocando alguna cosa, sin ningún objetivo ni dirección, mientras soltaban comentarios de ánimo o superfluos para despejar los pensamientos negativos. Al final, un silencio denso y pesado, más pesado que la propia música que brotaba de los instrumentos, inundó el local. No duró mucho, pero lo suficiente para apreciar todo su significado. A José le quedaban todavía por subir varios escalones para llegar al que le permitiese presentarse una tarde en el local de ensayo y acompañar a la banda. Su vía crucis era complejo y largo, una espiral que los dejaba a todos sin palabras, empezando por el propio José.

Al acabar la jornada, en las redes sociales de Supersubmarina se vio un mensaje que nadie esperaba. En casa, Juanca encendió el ordenador y tecleó el siguiente texto, que, acordado con los demás del grupo, publicó acompañado de una fotografía de los cuatro hecha por Chicharro: «Hoy estamos de cumple y nos hemos bajado a la oficina a celebrarlo. Felicidades Pope!! Besos bichos!».

En la parte de atrás de la sala, entre altavoces, cajas de instrumentos y cables, Juanca aparecía a la batería y Pope tenía el bajo entre las manos. Ambos estaban sentados y ninguno de los dos miraba a cámara. Ya en primer plano, Jaime abrazaba la guitarra casi como si fuera Chispi cuando se subía a su regazo. Con pantalón corto, dejaba ver su pierna derecha con la pantorrillera de neopreno que le comprimía la musculatura. Con el pelo más corto de lo habitual y sin barba, José, también en pantalón corto, posaba sin ningún instrumento entre las manos. Tanto él como Jaime estaban sentados y sonrientes.

A ojos de todos los fans, aquella foto parecía la del regreso. Los cientos de comentarios en las distintas plataformas de redes sociales así lo expresaban. Para muchos era un deseo, para otros tantos ya una constatación. Para José, Juanca, Pope y Jaime era todo y nada. Un día especial en la vida de cuatro personas desorientadas y dañadas, incapaces de medir las consecuencias de un accidente que se recogía aún en sus cuerpos, miradas, conversaciones y silencios. Un día extraordinario, pero sin ningún futuro.

La imagen quedaría como un testimonio digital aislado en la historia del grupo. Una historia estancada y sin ninguna solución. Todo lo contrario de lo que siempre había sido.

10

«Huele a que esos chicos van a tener un ascenso meteórico».

Leiva se lo comentó a Rubén Pozo en los camerinos de la sala Siroco después de que los chavales de Supersubmarina tocasen en el escenario una noche muy especial para todos. Tenía pinta de ser la noche más especial de ese 2009 tanto para Pereza como para Supersubmarina, pero tan solo era 14 de febrero y quedaba mucho año por delante. Pereza regresaba a la sala donde les habían crecido los dientes y para los chicos de Baeza era el primer concierto importante en Madrid, y además bajo el amparo del grupo del momento. En los pasillos de Sony y en la calle muchos lanzaban la misma frase, casi a modo de eslogan, los días previos: «Supersubmarina, la banda apadrinada por Pereza».

El dúo formado por Leiva y Rubén estaba en plena forma. «Giramos como peonzas», bromeaba Leiva cuando le preguntaban por sus infinitas giras. El verano anterior habían tocado en Las Ventas y estaban preparando las canciones de su siguiente disco, que se llamaría *Aviones.* Esa noche habían regresado a la que consideraban su casa para participar en un ciclo llamado Alternativas en concierto, una iniciativa de la sala junto con la asociación La noche en vivo. El objetivo era que un grupo consolidado eligiese a una formación emergente como telonera por una cuestión de afinidad estilística. De esta forma, el público asistente y los medios de comunicación podrían informar de ese apoyo o apadrinamiento.

Hacer escena era una de las virtudes de Siroco. Leiva y Rubén lo sabían bien. Los dos habían actuado allí muchas noches sin siquiera haber cumplido la mayoría de edad. De hecho, Leiva solía decir que con catorce años ya tocaba en el escenario del Siroco haciendo versiones de The Rolling Stones, The Faces y Los

Ronaldos. Porque, antes de Pereza, Leiva había salido otras noches a matar y hacer un par de rotos con bandas como Malahierba y Hermanas Sister, que formaban parte de la escena de Alameda de Osuna a la que Siroco había dado mucha bola por tratarse de jóvenes apasionados y que manejaban bien los códigos del rock de toda la vida. Pereza, Malahierba y Hermanas Sister, pero también L-Punk, Buenas Noches Rose y Superskunk.

Siroco siempre bullía. Aquella noche del 14 de febrero más. Pereza regresaba con su condición de banda estrella, en lo alto de las listas de éxitos, en boca de todos. Leiva y Rubén habían aceptado formar parte de esa iniciativa porque siempre se habían considerado músicos de garitos. Su credo estaba en los bares del barrio y del centro de Madrid. Entendían a la perfección en qué consistía el espíritu de una banda en directo, qué fuerza había que desplegar para que un grupo se comiese el mundo, cómo se encaraba un micrófono, se disparaban los instrumentos, se jugaba al ataque, se lanzaban órdagos con cartas o sin ellas o se remontaba un partido adverso. Los dos sabían cuánta tragedia divina guardaba el escenario, un lugar desde donde se podía llegar hasta la luna, pero donde también podía suceder la hecatombe. Para llegar a la luna había que volar con polvo de estrellas, y esos chicos, los de Supersubmarina, dijo Leiva, olían a ascenso meteórico.

Le habían encantado desde el primer momento que supo de ellos. Pachi García Alis solía acompañar a Pereza en los mandos del sonido en muchos conciertos y en la primavera de 2008 puso la maqueta en su estudio de Baeza. Leiva se quedó prendado. «Guau», soltó ya en la escucha de la primera canción. Al salir del estudio llamó a su hermano pequeño y le dijo una frase que, esa noche tan especial en Siroco, le vino a la mente otra vez mientras veía a los cuatro chavales dando buena cera en el escenario: «Juancho, acabo de escuchar a una banda muy genuina, de esas que hay pocas». Genuina y especial. Ese segundo adjetivo lo sumó a su definición cuando los vio en directo en Siroco. Los cuatro eran una banda. De esas cosas que no se pueden explicar bien, pero que, entre músicos, se saben solo con decirlo: «Son una banda».

¿Qué había que hacer para convertirse en una banda? Encontrar una identidad propia. Por separado, pensó Leiva, seguro que no parecerían tan buenos. Se notaba que sobre el escenario funcionaban como un organismo en el que una célula necesitaba de la otra para existir. Eso eran: cuatro células bombeando pop-rock de primer calibre como un solo cuerpo musculoso y efectivo. Además, Chino se mostraba como un *frontman* muy particular y cantaba de una manera impresionante. Ya cuando lo escuchó en la maqueta en Baeza, le había comentado a Alis: «Este chico tiene una voz distinta. Una voz que se queda». Leiva, Rubén y todos en Siroco pudieron apreciar que una energía nueva se estaba abriendo paso en la noche madrileña con ganas de llegar lejos. Una energía que transmitía también caos, pero que no era *snob* ni muy moderna y que, sobre todo, no se podía dejar de escuchar. «Qué indescifrable y maravillosa es la música», pensó Leiva. «Es que tienen algo totalmente desprejuiciado».

Si no se torcían ni tenían un golpe de mala suerte, podían avanzar rápido, incluso más que Pereza. Ya venían pisando fuerte: Sony, la misma compañía del popular dúo, había apostado por los chavales con ganas. Les habían montado un concierto de presentación en Costello, habían sacado algunas canciones y los estaban desarrollando con corazón y cabeza, sin lanzarse a campañas excesivas. Desde el sello parecía que querían hacer bien el camino. El momento era propicio. Estaban desapareciendo las líneas entre el indie y el *mainstream*. Él y Rubén lo estaban experimentando. Además, todavía eran unos tiempos en los que sonar mal o sin mucha técnica formaba parte de lo que molaba. Se podía llamar indie, pop o rock. Lo mismo daba. Lo importante era sonar auténtico, honesto. Sonar como una promesa que se fuera a cumplir.

A Pereza le había costado cinco o seis años consolidarse. Leiva recordaba aún muy bien cómo se patearon las salas de media España mientras él compaginaba la música con su trabajo de jardinero. Hasta hacía muy poco ellos no se ganaban la vida con lo que sacaban de sus discos y sus conciertos. Por fin lo habían conseguido, pero les había costado lo suyo. Y ahí, en el pequeño y vibrante escenario de Siroco, habían dado la alternativa a un grupo de veinteañeros que venían de tocar con Russian Red y Marlango y tenían toda la pinta de ser un bólido. Y todo desde el punto de partida adecuado: currándose los escenarios. Sí, olía a que iban a abrir una brecha importante. Leiva conocía a muchos colegas músicos talentosos, pero que no trascendían. Los cuatro de Supersubmarina parecían menos talentosos que algunos de esos colegas y no importaba: se palpaba que iban a trascender.

Cuando Leiva salió de Siroco y se disponía a dejarse llevar por la calle La Palma, recordó la noche que él y Rubén acabaron de dar un concierto allí mismo y se les acercó un tipo a decirles que los quería fichar para RCA, una ramificación de Sony. A la semana siguiente estaban firmando su contrato en un gran sello junto a ese representante discográfico. La historia de Pereza guardaba ese episodio de película y, al enterarse de que esos chavales habían sido fichados por Sony a partir de un viaje del presidente y todo su equipo a Baeza, se alegró de que todavía hubiera historias de ese tipo en el mundo de la música y, con una sonrisa, pensó: «Es fabuloso. La película de estos chicos ha mejorado el episodio. Como lo consigan, será una justicia divina para el rock».

11

Ernesto sabía que había un lugar en la escena española que permitía elevar la velocidad de crucero de cualquier grupo de un plumazo: tocar en la plaza del Trigo de Aranda de Duero. Por eso se abrió una cerveza la tarde que supo que el Sonorama Ribera programaría a Supersubmarina en aquel escenario. Tenía que celebrarlo. Era un paso importante. El grupo apenas llevaba un año y medio en la escena e iba a tocar en un sitio que se había convertido en el gran trampolín del indie.

En 2010, el Sonorama Ribera presumía de ser ya un referente de la escena nacional. El festival se celebraba desde 1998 y se había convertido en una pieza fundamental para la construcción del indie de un país que había pasado a finales de los noventa de ser pequeño, alternativo y con solo un puñado de nombres a transformarse en uno más grande y lustroso, al que no se le paraban de sumar artistas y grupos capaces de arrastrar nuevo público. Bastaba mirar la evolución de su historia. En 1998 se celebró un sábado con un solo escenario, trescientos asistentes y tres bandas: Chucho, Mercromina y Dr. Explosión. Doce años después se extendía tres días con treinta mil asistentes y decenas de artistas y grupos distribuidos en diez escenarios, entre el recinto ferial y el centro de Aranda de Duero. En el país del indie, ciertamente, el Sonorama Ribera era la gran casa, el sitio que había visto crecer a Los Planetas, Nacho Vegas, Sidonie, Christina Rosenvinge, Iván Ferreiro, Xoel López, El Columpio Asesino o Lori Meyers. Y, con todo, lo mejor de ese país, según lo veía Ernesto con su experiencia, era su futuro: lo que estaba por venir tenía pinta de hacer más poderosa a esa nación indie.

Pensaban igual Javier Ajenjo y Juan Carlos de la Fuente. Ajenjo era el director del Sonorama Ribera y Juan Carlos su lugarteniente, el hombre de confianza que se encargaba de la programación del festival. Ambos eran agitadores de la escena española y veían su crecimiento imparable. En 2007 tomaron una decisión importante: crear el escenario de la plaza del Trigo, un espacio destinado a presentar a músicos y bandas emergentes. Ubicado en el centro histórico de Aranda de Duero y justo encima de una bodega, el escenario, llamado en un principio *el de las bodegas*, pasó a convertirse en el más simbólico del festival. Los conciertos que se celebraban allí eran siempre en horario de día y gratuitos, congregando a muchísimo público con ganas de fiesta y dispuesto a dejarse sorprender. Pronto se hizo el sitio más querido por todos, tanto asistentes como músicos y organizadores. Era el corazón del festival.

Tocar en la plaza del Trigo significaba tener la oportunidad de ser bendecido por el Sonorama Ribera, la gran fiesta popular de la música española. O podía entenderse al revés: los músicos y grupos talentosos que tocaban en la plaza del Trigo terminaban por hacerse tan importantes que agrandaban el espíritu del certamen y daban razón de ser a ese escenario especial. De una forma u otra, la plaza del Trigo se había convertido en testigo inesperado de los grupos revelación del indie. El mejor ejemplo residía en Vetusta Morla, que debutó en el escenario en 2008 y ya iba camino de ser un cabeza de cartel.

En 2010 era el turno de Supersubmarina. Como esas canciones aceleradas de pop-rock que tan bien les salían a José, Juanca, Pope y Jaime, el grupo venía de un año trepidante. Para cuando se publicó *Electroviral*, a principios de año, la banda ya estaba rodada y con un hambre insaciable. La gira del primer álbum, más allá de los EP, los había llevado a tocar en más de veinte salas antes del verano y, justo después, sumar una lista de catorce festivales, entre la que había citas de lo más variopintas, como el Bohemia Pop Party de Madrid, el Play Music Festival de Níjar o Dolorock de Pontevedra, y otras de más peso, como el Low de

Benidorm, el Ebrovisión de Miranda del Ebro, el Festival de los Sentidos de Roda y, por supuesto, el Sonorama Ribera de Aranda de Duero.

Ahí estaban. En la plaza del Trigo. Un ambiente increíble. El episodio había salido perfecto. Miles de personas coreaban el nombre de Supersubmarina, un grupo que hasta entonces casi nadie conocía. Desde la tarima, al lado del escenario, Javier Ajenjo se le había acercado a Ernesto, en mitad de la actuación, y le había dicho: «Es increíble la energía que proyecta la mirada de Chino». Justo al acabar el concierto, Ernesto ya observaba al público. Jóvenes de toda condición con sus camisetas mojadas, pantalones cortos, vestidos de flores, gorras, gafas de sol y pistolas de agua habían saltado y vibrado con las canciones de José, Juanca, Pope y Jaime. Los cuatro sonreían y saludaban con una felicidad desbordante.

«¡Escenario principal! ¡Escenario principal! ¡Escenario principal!», gritaba la multitud. Era el mismo escenario en el que esa noche actuarían Los Planetas.

«Ya nos tocará», pensó Ernesto, que todavía no les había contado a los chicos que las cosas iban tan bien que había reservado la sala Joy Eslava para rematar ese año de ensueño, lo que llevaba a la banda a dar tres conciertos en vez de dos en el mismo mes en Madrid.

Otro episodio que podía salir fantástico.

12

El concierto en Joy Eslava fue determinante para Supersubmarina y también para Miki. La madre de Jaime supo desde aquel día cómo de grande era el grupo de su hijo y sus amigos. De todos los familiares de los cuatro, ella fue una de las últimas en entender el peso artístico que tenían esos chiquillos que había visto crecer junto a su hijo mayor. No le daba pudor reconocerlo: tardó más de lo deseable en darse cuenta qué estaba pasando con la gran afición de su Jaime.

Jaime era muy reservado. No le gustaba hablar de cuestiones de su vida privada en casa. A veces su madre le preguntaba, pero él no dedicaba muchas palabras a sus asuntos. Evitaba comentarlos y subía a su habitación para encerrarse con su música y con el ordenador. Su padre intentaba respetar esa distancia y sabía que su hijo era callado e introvertido. A su madre le costaba un poco más. Siempre había sido un magnífico estudiante y un niño muy dócil que no había planteado ningún problema. Por eso, en el fondo, tanto Miki como Antonio estaban tranquilos. En el colegio, cuando todavía era un renacuajo, sor Milagros lo llamaba *el ángel* por esa actitud apacible y encantadora, acompañada de esos ojos azules y melena rubia. A medida que fue creciendo, el ángel no perdía su aura y se mostraba ejemplar: cumplía con sus deberes, le gustaba jugar al fútbol y jamás creó preocupaciones serias a sus padres. Si Ana era la hija revolucionaria, todo un huracán, él era el templado, el apacible y retraído Jaime. También el hijo que siempre conseguía lo que se proponía. Ana empezaba mil cosas y no solía acabar ninguna. Como decía su padre, era como un petardo: «Hay Ana mientras hay mecha porque, cuando explota el petardo de lo que tenga entre manos, se acabó». El petardo de la música le explotó pronto a Ana y Jaime lo aprovechó agenciándose su guitarra. Él se dedicó tan en cuerpo y alma a los misterios del instrumento que acabó por meterse en una banda y la banda acabó por ser lo más importante de su vida. Eso no lo vio venir su madre. A su padre no le sorprendió tanto, porque ya había visto de cerca cómo se ejercitaba su afición musical en la banda municipal, en la coral de la catedral y en sus primeros pasos con el grupo de rock de sus amigos. Pero Miki estaba en otra onda. Siempre lo había reconocido: «Jaime nunca me había dado ningún disgusto hasta que la banda se convirtió en el disgusto».

Miki no dio crédito el día que su hijo le aseguró que estaba pensando en dejar la carrera por centrarse en el grupo. El alumno íntegro había sudado tinta para poder sacarse todas las asignaturas del primer año de Ingeniería electrónica porque las exigencias de Supersubmarina lo estaban absorbiendo. A los ensayos diarios se sumaban las continuas visitas a Madrid para entrevistas y eventos y los viajes por toda España de gira. Su agenda musical echaba humo y los exámenes finales siempre coincidían con la temporada alta de conciertos. Miki se lo dijo a su hijo con estas palabras: «Me das un disgusto. ¿De verdad vas a dejar de estudiar? Jaime, hijo, no me digas eso». Intentó convencerlo y hablaron varias veces. Incluso un día se enfadó con él, pero Jaime estaba dispuesto a dar el paso y seguir el camino marcado por la banda. Al contrario que Antonio, que pronto se hizo a la idea, Miki no se lo quitó de la cabeza en mucho tiempo. La madre tardó muchos meses en asimilar que su hijo mayor, el magnífico estudiante, abandonaba sus estudios universitarios en Jaén por apostar por su hobby.

Ese fue el problema. Tiempo después de aquel disgusto, que tardó en disiparse en su corazón, Miki reconoció que nunca se había tomado en serio todo lo que estaba pasando alrededor del grupo y de su hijo. Tampoco tenía toda la información de primera mano. El primer disco de Supersubmarina llegó a casa porque José, que pasaba mucho por allí, se lo dio. Jaime nunca lo compartió con sus padres. Esa actitud hacía que muchas veces ellos no se enterasen de las cosas como les hubiera gustado. Aun así, tener el álbum no fue suficiente motivo para que la madre se parase a reflexionar sobre lo que estaba sucediendo. La desazón seguía aun cuando Supersubmarina no paraba de crecer. No era consciente porque no quería saber mucho de la dichosa música que estaba apartando a Jaime de labrarse un futuro, un verdadero futuro. De alguna forma, las preocupaciones de Miki eran las mismas que las de los demás padres de los chicos. Ninguno hubiera querido que sus hijos se despistasen tanto con la música que les obligara a dejar de estudiar, de hacer algo aprovechable, pero habían acabado cediendo.

«La música no es un trabajo». Esta frase había salido de la boca de Miki y de más padres en algún momento de los inicios de la banda. ¿Cuántas madres y padres les habrán dicho eso a sus hijos en la historia de la música? ¿Cuántas veces los hijos habrán tenido que justificar ante sus padres que su pasión musical vale la pena? El mundo no está hecho para los músicos, que siempre tienen que pelear contra la lógica y la productividad. Un músico se muere de hambre. Pierde el tiempo. No puede llegar lejos. ¿Cuántos llegan? ¿Cuántos lo intentan? ¿Tiene sentido? Las mismas cuestiones conspiran siempre contra el oficio de tocar un instrumento. Las mismas preguntas de siempre que buscan las mismas respuestas. No hay forma de explicar lo que hace la música en la gente, pero menos de garantizar que dedicarse a ella pueda salir bien. Muchos músicos se quedan por el camino, como muchos poetas se ahogan en la indiferencia y acaban en barras de bar sirviendo cafés y tostadas. El mundo es redondo, su matemática es cuadrada y su estructura rígida, como un edificio con las mismas plantas y los cimientos fuertes. La matemática del mundo exige que las personas sean productivas, moldeables y ajustables a los marcos económicos que cotizan, a los trabajos que están pensados para engrasar la gran máquina: puestos laborales en oficinas, operarios en fábricas, trabajadores en empresas, vacantes en servicios, plazas en oposiciones, asientos reservados en ministerios y más puestos en oficinas. Horarios, turnos y guardias. Ser rentable, sí. Ser músico, no. La música no es más que una posibilidad remota, casi inalcanzable, para todos. Las canciones son, por tanto, pájaros en la cabeza. No deberían seguirse. La música no es más que un entretenimiento, un hobby. «La música no es un trabajo».

Finalmente, Jaime dejó los estudios e hizo de la música su trabajo. El disgusto acompañó a Miki, que se movía entre la preocupación y el enfado. Él lo tenía claro. Sabía todo lo que la banda le suponía. Le fastidiaba apenar a sus padres, pero más aún no ofrecer la mejor versión de sí mismo en el proyecto musical. No podía compaginar las dos cosas: a veces, por estudiar, faltaba a ensayos y, otras, por tocar, no se aprendía las lecciones. Todavía tenía muy presente cuánto le había costado formar parte de la banda, cómo los demás le achacaban que debía mejorar a la guitarra y cómo, una vez dentro, se puso las pilas para convertirse en un músico mucho más diestro con el instrumento. Jaime creía con firmeza en su decisión, a pesar de la angustia que le causaba a su madre.

El disgusto de Miki no desapareció hasta el día que, acompañada de su marido y sus otros dos hijos, fue a ese concierto en Joy Eslava. Aquella noche del 15 de octubre fue memorable para Supersubmarina y para ella. Aquella noche se dio cuenta de que el hobby de Jaime era algo de verdad, de que la música era un trabajo. Madrid lucía con su traje de noche y la sala Joy Eslava se mostraba esplendorosa como en las grandes ocasiones.

«¡Cuánta gente hay! ¿De verdad, Antonio, esto es para el grupo de Jaime?», preguntaba Miki con la boca abierta a unos metros de la puerta de la sala.

La gente se agolpaba en la calle Arenal. La cola se alargaba como la de Doña Manolita. Miki observaba las caras de alegría que desprendían tantos jóvenes que esperaban ver a la banda de su hijo. Quizá Jaime se lo había dicho, pero ella no había querido escuchar. Ya no podía saberlo. Cuando entró con su marido y sus hijos, la sala estaba a rebosar. Antonio le contó que no era el primer concierto que daban en Madrid en los últimos meses, por lo que tenía más mérito aún que hubiese tantas personas queriendo verlos otra vez. ¿Tan importantes eran? ¿Tantos fans tenían? ¿En serio estaba pasando eso con Jaime, José, Juanca y Pope? No solo estaba pasando, sino que además salió entusiasmada de la sala. Le encantó. Casi entre lágrimas, al abandonar Joy Eslava y notar el viento seco del otoño madrileño, sentenció: «Fue precioso».

Desde ese día, Miki se esforzó mucho más por saber lo que pasaba con la banda. Jaime también intentó darle más información a su madre y, por eso, para que no hubiese más problemas de comunicación, se acostumbró en los siguientes años a elaborar un calendario con todos los conciertos de cada gira que, después, colgaba en la nevera. De esta forma, sus padres siempre podían saber en qué ciudad se encontraba. Jaime también lo hacía para que su madre viera lo importante que era todo. No se trataba de un puñado de actuaciones. No. Cada año, la gira era mejor y más larga. Eran giras en condiciones para un grupo en condiciones.

En el fondo, Miki estaba orgullosa. Ella solo quería que su hijo acabase la carrera por si la cosa de la música se torcía en algún momento. No se había opuesto nunca a que tocase ni a que montase una banda ni a ninguna pasión de Jaime. Solo deseaba, como madre, que su hijo mayor tuviese una carrera, por lo que pudiera pasar, por cierta seguridad. ¿Era miedosa? ¿Demasiado precavida? Podría ser, pero no podía evitarlo.

Cualquier atisbo de temor desapareció definitivamente cuando Jaime le pidió que lo acompañase a un concierto en Barcelona en 2015. Una lesión en el hombro derecho, debido a una rotura del nervio, lo tenía muy limitado y con medicamentos para el dolor. Apenas podía tocar, pero se empeñó en continuar la gira. Para ese concierto pensó que sería buena idea que su madre le ayudase a vestirse, atarse los zapatos y otros menesteres que le costaba mucho esfuerzo o no podía hacer por sí mismo. Viajar hasta Barcelona con él fue toda una experiencia. El grupo dio otro concierto precioso, como decía Miki, y los chicos se agrandaron en el escenario de la fiesta de la Merced. Una vez más. Aparte, su Jaime salió guapísimo decenas de veces por la pantalla durante la actuación. Las chicas se volvían locas cuando lo enfocaban. Al acabar, a las afueras del recinto, Miki se quedó maravillada por el fervor que mostraban las fans por él. Decenas de chicas, agarradas a los alambres de las vallas, gritaban el nombre de Jaime y le pedían un autógrafo, una selfie o una dedicatoria. Cualquier cosa. En Baeza, ella había ido conociendo poco a poco el interés que la banda despertaba entre sus vecinos y, especialmente, entre las hijas, las sobrinas o las nietas de ellos. En el ultramarinos le recordaban qué grande era el grupo de Jaime y sus amigos. En la iglesia le decían que no paraban de escuchar las canciones de los chavales. En la mercería o la panadería le pedían algún autógrafo del niño. Miki no paraba de encontrarse con personas que le aseguraban que su hijo mayor era importante por pertenecer a Supersubmarina. De hecho, nunca le contó a Jaime que dejó que la sobrina de una de sus amigas pudiese visitar su casa, porque quería conocer el hogar del guitarrista de Supersubmarina. Miki lo hizo por amistad y le sorprendió ver a esa jovencita de unos veinte años tan exaltada por conocer por dentro la casa en la que ella y su marido habían criado a sus tres hijos. La chica no paraba de lanzar todo tipo de preguntas, lo miraba todo y hacía fotos a las muchas fotografías que Miki tenía de Jaime por el salón, la cocina y los pasillos. Sin embargo, casi se cae de espaldas, entre el asombro y la risa, cuando la fan se puso a gritar al ver la habitación de Jaime.

«¡¿Aquí duerme?!», preguntaba la joven con una mano tapándose la boca y con la otra señalando la cama. «¡No me lo puedo creer!», gritaba ciega de alegría. «¡Ay, Dios! ¡Qué pasada de cuarto! Es tan real...», proseguía hablando en alto para sí misma.

Miki nunca se lo dijo a su hijo. Jaime ya se había enfadado una vez porque su madre había dado demasiada información y aparecieron unas adolescentes en la puerta de casa para conocerlo. Él se agobiaba con toda esa pasión descontrolada.

En Barcelona, después de aquel concierto en 2015, Miki pudo ver por sí misma que esa pasión descontrolada era mucho más grande de la que ella había imaginado. Las fans estaban esperando por Jaime, pero también por José, Juanca y Pope. Todas andaban como locas por la banda. No era una simple chica fuera de sí como la sobrina de su amiga por conocer la intimidad de su hijo, sino que eran decenas que querían estar cerca de ellos. Hablarles, escucharlos, tocarlos... «¡Jaime!», «¡José!», «¡Pope!», «¡Juanca!». Los gritos se acoplaban unos a otros y se intensificaba la bulla. De pie, a unos metros de la valla, Miki se maravilló con la situación y pensó en The Beatles, en esas imágenes de archivo que siempre acompañaban al grupo de Liverpool cuando salía por la televisión y donde se veía a sus fans descomedidas. «Es igual», se dijo para sí misma.

Supersubmarina, la banda que siempre pensó que solo era el hobby de su hijo, era lo más parecido que había visto a la fiebre de The Beatles. La música ya era un trabajo para su hijo. Y un estallido de vida.

13

El estallido se oyó en toda la redacción de Radio 3 una mañana de 2011. Virginia Díaz no olvida cómo la miraron casi todos en el momento en el que, sentada en su sitio, preparaba su programa. Pasado el tiempo le hacía gracia recordarlo, pero ese día le dio algo de vergüenza. Quería saber cómo sonaba esa banda que respondía a un nombre tan llamativo y puso el cedé en el ordenador. Se paró a escuchar mientras revisaba el guion del día. A los diez segundos de canción ya estaba atrapada. ¡Cómo no estarlo con esa entrada trepidante de batería y guitarras eléctricas! Para cuando acabó el tema, no pudo más y pegó un grito, acompañado de un golpe en la mesa. «¡Joder!», chilló sin ser consciente de que ni estaba sola ni los demás eran sordos. Su mesa se quedó temblando y su voz retumbando cuando se percató de que muchos la observaban. Soltó una fugaz sonrisa, bajó la cabeza y miró lo más rápido que pudo el nombre de la canción, dándole la vuelta al cartón: *Puta vida*. «Puta canción», pensó. Dos minutos y cuarenta y cinco segundos perfectos. Un *single* en toda regla. Un temazo. Una canción pop de las de siempre. Corta, con nervio y corazón, sin tregua. Un cañón que esa mañana abrió su programa radiofónico *180 grados*.

Virginia decía que a ella las canciones siempre se la ganaban primero por la melodía. Si la melodía fallaba, la canción no podía funcionar en su cabeza. Por muy buena que fuera la letra necesitaba escuchar una identidad sonora bien trazada, con gancho. Por tanto, las canciones perfectas para ella eran aquellas en las que la melodía y la letra empastaban como un todo y entraban por el oído al mismo tiempo. «Como si todo lo que me rodease me llegase al mismo tiempo», comentaba cuando se refería a su tesis personal. Es lo que llamaba *el envoltorio más la voz*. Una ecuación que terminaba por dar canciones emocionales. De las que no se olvidaban.

El envoltorio de Supersubmarina era fabuloso. La misma mañana del estallido de euforia pudo comprobarlo con el resto de sus canciones. Al acabar el programa investigó y se quedó escuchando otras. *Cientocero, Elástica Galáctica, Supersubmarina...* y *LN Granada,* otro trallazo de indie pop. Cayó rendida. El grupo desprendía un sonido muy orgánico y con sello propio. Sus composiciones parecían sencillas y no lo eran. Hacían fácil lo difícil. Parte de su secreto, pensaba ella, radicaba en sus letras. No se construían con giros rocambolescos ni forzados. Tampoco iban de metafísicos ni literatos. Sus versos sonaban a pensamientos naturales, a asuntos que te creías. Y encima eran cantados por esa voz tan extraordinaria de Chino. La otra parte de la ecuación de Virginia se cumplía con creces, porque la banda contaba con una garganta fuera de lo común. Había algo en la voz de José que le recordaba a la de Manolo García. Reconocía que era una conexión extraña, pero muy real. Como Manolo García, José tenía algo pop y aflamencado a la vez, un duende propio. Su timbre siempre era el adecuado y su versatilidad fascinaba. Había pocos vocalistas como él en el indie español. Y ella conocía bien el indie español: se pasaba todas las semanas pinchando sus novedades. Había conseguido que *180 grados* se alzase como uno de los mejores escaparates de esa escena, un lugar para estrenar canciones que apelasen a los oyentes jóvenes y no tan jóvenes que formaban parte de este territorio cada año más grande.

Virginia reflexionaba sobre todo esto a medida que intentaba buscar las palabras correctas para definir a Supersubmarina. Se había comprometido a escribir una nota de prensa del grupo siempre y cuando le gustase lo que escuchara. No hacía muchas notas promocionales, pero, si se animaba, era siempre impulsada por el convencimiento, es decir, tenía que cumplirse su ecuación para poder recomendar música emocional. Aquella mañana en la redacción de Radio 3 supo todo lo que necesitaba saber para ponerse a redactar el texto que acompañaría a la salida del disco. Desde Sony, Gema Molero se había puesto en contacto con ella y le había dicho que creían que era la persona perfecta para hacer de prescriptora de este grupo que, en un año, había empezado a alcanzar al público y con el que, bajo el paraguas del sello Octubre, todo un equipo estaba trabajando para reforzar su carácter alternativo. Era cierto. Tras muchas escuchas, ella también creía que tenía más vasos comunicantes con Niños Mutantes, Lori Meyers o Vetusta Morla que con todos esos grupos salidos de las grandes discográficas y con los pies más metidos en las radiofórmulas que en el circuito independiente. Supersubmarina encajaba sin ningún problema en la línea editorial de *180 grados*. De hecho parecía un espacio pensado para ellos, o viceversa.

Virginia siguió escribiendo y remató la nota de prensa. Antes de mandársela a Gema, releyó el último párrafo. Le gustó. Porque había escrito lo que sentía y para sentirlo siempre se tenía que aplicar su ecuación personal: envoltorio más voz igual canciones emocionales. El último párrafo decía así:

«Sus nuevas canciones van a dejar sin habla a más de uno. Son brillantes y abruman. Son la confirmación de que estamos ante una de las mejores bandas de nuestra escena: Supersubmarina. Y lo mejor está por llegar…».

14

José María Barbat se quedó mudo. Las nuevas canciones de Supersubmarina eran todavía mejores que todo lo que habían publicado hasta ese día. Sentado en su despacho de Sony, tenía un puñado de las composiciones que irían al próximo disco de la banda, previsto para ser publicado en 2014. «¡Menudo discazo se aproxima!», pensó.

Barbat se había erigido como presidente de la discográfica tras la salida de Carlos López a finales de 2011 y en 2012 estuvo muy encima del lanzamiento de *Santacruz*, el trabajo por el que la banda se empezó a convertir en un fenómeno musical a nivel nacional. Desde entonces sentía que su inicio de mandato guardaba una especie de conexión con el ascenso de un grupo con el que había trabajado codo con codo como director de marketing y al que adoraba, porque lo había visto nacer.

En 2008, Ernesto había ido a él antes que a nadie para decirle que dejaba Sony para meterse a mánager de una banda nueva. Semanas después de esa reunión estaba formando parte de la célebre expedición en tren a Baeza para fichar al grupo. Aquella excursión, motivada por el viaje que había hecho Carlos López por su cuenta, contó con Ernesto y una representación de Sony, entre la que se encontraban Diego Pablos como portavoz del sello Octubre y él mismo como director general de marketing. Todos probaron el sofá de la muerte del local de ensayo junto a la Academia de la Guardia Civil y todos acabaron bebiendo más vino de lo normal la noche que Pope no durmió.

Barbat guardaba un bonito recuerdo de aquel primer viaje a Baeza, en el que ya todos estaban planificando la conquista del mundo, pero guardaba otro aún más bonito del día que convenció a un grupo de amigos para ir a ver a los chicos a una discoteca en Alcázar de San Juan. Nunca supo muy bien cómo consiguió que hasta dieciocho personas le hiciesen caso para ir a una sala vacía en mitad de la meseta manchega a escuchar a un grupo que entonces nadie conocía. Corría noviembre de 2009 y era la primera vez que Supersubmarina tocaba en la provincia de Ciudad Real. Barbat se preocupó al entrar en el sitio de mala muerte y no encontrar ni a un paisano tomando una cerveza en la barra. No había nadie en una discoteca grande y chunga en la que los cuatro adolescentes de la banda volaron. Quizá dio esa sensación porque el escenario estaba muy alto, a unos dos metros de altura, pero lo cierto era que se apagó la luz, el concierto empezó y el responsable de Sony creyó que todo iba a ser un desastre y que sus amigos y sus parejas lo matarían delante del grupo del que no había parado de hablar maravillas. No pudo estar más equivocado. José, Juanca, Pope y Jaime fueron a lo suyo, conscientes de que uno de los grandes directivos de la compañía por la que habían fichado estaba con sus amigos en la primera y única fila posible de la sala. Como molinos de viento convertidos en gigantes, los cuatro atacaron las canciones sin compasión.

Eran una banda creadora de atmósferas extraordinarias. A Barbat le maravillaba la capacidad que poseían todos para llevar a los oyentes a espacios increíbles. Desde ese concierto en Alcázar de San Juan, se pasó semanas hablando de ellos y, en concreto, de la guitarra de Jaime. Creía que le sacaba un sonido muy particular. No era un virtuoso y daba igual. Sabía aportar ideas. Tenía algo muy instintivo que lo hacía fascinante. El carisma de José y la calidad de Juanca y Pope terminaban por formar ambientes absorbentes y etéreos. Había algo marciano en ellos.

Como presidente de Sony, esa parte marciana lo llevó a valorar una idea también algo marciana que no llegó nunca a plasmarse: Supersubmarina podía liderar una gran radio del indie. Una especie de Los 40 Principales, pero enfocada a la música alternativa, menos sujeta al concepto *mainstream* y que diese cobijo a los grupos y artistas que llenaban los carteles de los festivales españoles. Siempre había existido Radio 3 como altavoz para toda esa escena. De hecho, sin la labor de la emisora pública no se hubiese podido construir buena parte del celebrado circuito indie. El problema residía en que, en la segunda década del siglo XXI, se quedaba corta. Su alcance era limitado. El programa con menos audiencia en la Cadena SER o Los 40 Principales tenía más que el más escuchado de Radio 3. Además, el funcionamiento del ente público a veces no entraba en sintonía con las grandes compañías, ya metidas de lleno en la música indie con diferentes sellos dentro de la arquitectura de las *majors*. El proyecto de la radio comercial indie estaba sobre la mesa de las grandes discográficas desde hacía un tiempo y se llegó incluso a plantear en Gran Vía 32, sede del grupo Prisa y Los 40 Principales, bajo el amparo de la revista *Rolling Stone* en su edición española, también perteneciente al grupo Prisa. Hubiera sido algo así como Radio Rolling Stone. Potencial había, con Supersubmarina y más artistas como Vetusta Morla, Leiva, Amaral, Bunbury, Izal, Sidonie, Lori Meyers, Iván Ferreiro, Xoel López, Niños Mutantes, Sidecars, Dorian, La Bien Querida... y todos los que estaban por venir. La escena no dejaba de crecer. Barbat y otros responsables de grandes compañías, sellos independientes y festivales consideraban que esa nueva radio ayudaría a consolidar y fomentar un circuito distinto al tradicional. Además ensancharía la labor de Radio 3. Era una gran idea, pero no cuajó: la radio comercial indie no salió adelante. Sin embargo, Supersubmarina no la necesitó.

Barbat miraba los números y el grupo crecía por sí mismo. No paraba de mejorar. Arrasaba por toda España. En Madrid habían tenido que programar una cuarta noche en La Riviera para finales de 2013. De dos conciertos anunciados pasaron a tres y de tres a cuatro. Ya no quedaban entradas para las cuatro actuaciones de antes de Navidad. Y 2014 se presentaba aún mejor. «¡Cómo no iba a serlo con esas canciones!», pensó.

A solas en su despacho, volvió a darle al *play* para escuchar algunas de esas composiciones que solo habían llegado a oído de unos pocos. Se llamaban *Viento de cara, Arena y sal* o *Algo que sirva como luz.* Puso esta última. Las guitarras empezaron a rugir y un pensamiento lo invadió: «No me extraña que esta música guste a tanta gente. ¡Le podría gustar hasta a los reyes de España!».

15

«¡Ha sido una pasada!».

Ernesto estaba acostumbrado a oír esa expresión después de cada concierto de Supersubmarina y, esa noche, con orgullo y satisfacción, volvió a oírla como si fuera la primera vez.

La Riviera había sido una fiesta en la cuarta y última noche de conciertos del grupo. Un público descontrolado, al golpe de la batería de Juanca y las guitarras de José, Pope y Jaime, había terminado aplaudiendo a rabiar de emoción y coreando el mote de José. «¡Chino! ¡Chino! ¡Chino!». Se le pusieron los pelos de punta y menos mal que todavía le sucedía. «El día que no me emocione en un concierto dejaré de ser mánager y me iré a plantar tomates a un huerto», pensó.

Esa situación quedaba lejos. Bajó a los camerinos con la idea fija de que habían terminado 2013 por todo lo alto. No podía estar más feliz por cómo se desarrollaban los acontecimientos. El grupo tenía un halo especial. Se había hecho mánager de una banda única. Eso lo tenía tan claro como que se llamaba Ernesto Muñoz.

Llevaban cinco años de carrera, ya habían alcanzado el éxito y seguían repartiéndose equitativamente los derechos de autor entre los cuatro a pesar de que José era el único compositor de la banda. Un 25 por ciento de derechos de autor por cada canción a cada uno. ¿Dónde se había visto esto? Varias bandas ni siquiera planteaban ese reparto en sus inicios y las que lo hacían terminaban modificándolo al cabo del segundo o tercer disco. El éxito y la carretera cambiaban a los músicos, los hacía más exigentes los unos con los otros y despertaban recelos nuevos que, muchas veces, acababan en reproches. Él mejor que nadie sabía que José, Juanca, Pope y Jaime podían tener a veces sus roces y desavenencias, pero mantenían el compromiso original y seguían siendo una banda de amigos. Los cuatro eran un caso extraordinario.

Eran especiales, claro que lo eran. Lo pensó el mismo día que los vio por primera vez en Baeza y ahí seguían, en el pueblo. Jamás habían abandonado su lugar de nacimiento pese a las ofertas que recibieron por trasladarse a Madrid. Desde el primer día, desde aquellas canciones que vieron la luz en 2009 con los EP, Sony los había invitado en varias ocasiones a que trasladasen su residencia a la capital, donde operaban la industria y la prensa musicales. Era más cómodo para los desplazamientos en las giras. Desde Madrid todo estaba siempre más cerca y mejor comunicado, pero José, Juanca, Pope y Jaime nunca se lo plantearon. Eran de Baeza y querían seguir viviendo en la ciudad en la que habían crecido. De hecho, Ernesto fue el que se trasladó a la ciudad andaluza y montó allí Pink House Management. Ellos nunca hicieron caso a las ofertas ni a las sugerencias. Podían pasarse dos o tres semanas en Madrid, incluso dos o tres meses si era necesario, pero su casa, el lugar al que regresaban siempre estaba en Baeza. No había forma de sacarlos del pueblo.

En los camerinos, Ernesto los saludaba a todos, uno por uno. Había un ambiente de euforia en la estampa habitual de un camerino con sus botellas de licores, cuencos de fruta y platos de sándwiches, panchitos y patatas fritas. Corrían las latas de cerveza, se entrecruzaban decenas de conversaciones y brillaban con alegría las luces de los espejos. La cuarta noche en La Riviera había sido un triunfo descomunal. Y pensó que todavía faltaba el colofón. Estaba hablando con José, que no paraba de tocarse su poblada barba, con ese look moderno que gastaba en la gira, cuando por la puerta apareció un hombre alto y con un abrigo negro. Los saludó a todos con una voz potente y una gran sonrisa. «Ya está aquí», dijo el hombre antes de esfumarse y regresar a los quince segundos. Tiempo suficiente para que unos se acicalasen un poco y a toda velocidad y otros simplemente se quedasen expectantes. El hombre, que resultó ser el guardaespaldas que todos intuían, apareció de nuevo.

La reina Leticia Ortiz saludó desde el umbral de la puerta. Venía de disfrutar del concierto con una amiga y, como les había informado el servicio secreto de La Zarzuela, quería conocer a la banda tras la actuación. Porque era fan de Supersubmarina. Sin ningún protocolo y con mucho entusiasmo, Ernesto y muchos de los presentes, todos en la misma burbuja, oyeron decir a la reina de España, al referirse al concierto: «¡Ha sido una pasada!».

16

Cuando la burbuja se pinchó, Jaime empezó a encaminarse hacia un lugar de tinieblas. Ese estado de trance del hospital en el que no era consciente de su verdadera situación era la burbuja. Después del accidente y de superar operaciones que le salvaron la vida, se despertó de golpe, como si estallase una pompa y, al romperse el habitáculo hermético y aislado de la fuerte sedación, se cayese de bruces a un agujero negro. Con su pierna como un *Guernica* y postrado en una cama, había sufrido muchos días de altas fiebres que, a veces, lo habían llevado al delirio. Pasaba por quirófano más o menos cada cuarenta y ocho horas y nunca terminaba de asentar su cabeza en la realidad, así que cuando se le redujo la sedación y fue tomando conciencia de sí mismo, se halló ante un panorama abrumador: estaba inválido, con una pierna destrozada y sin apenas esperanza de recuperarla.

El doctor Domingo Obrero, conocido por Jaime como el portador del Anillo Único, había puesto todo su empeño en salvarle la pierna, pero también en intentar que no perdiese la cabeza. Su paciente iba mostrando muchos signos de depresión a medida que veía que los distintos procesos de recuperación no servían. Jaime y sus padres habían llegado a escuchar por parte del médico de la póliza del seguro que «la cosa iría rápido y bien» y su pierna «estaría perfectamente lista en tres semanas». Fue un chiste macabro para alguien que pasó por el quirófano más de treinta veces en tres meses y a quien todavía le costaba mirar ese *Guernica* de restos óseos, tejidos y fibras. Encontraba en el cuadro de su extremidad todo el horror de una guerra cruenta. Cuando se fijaba en esa pierna llena de intervenciones y en la que el hueso no se le unía, Jaime, sin la compañía de Chispi a la que tanto echaba de menos, se hundía en un pozo de silencio y pena. La burbuja pinchó y no hubo posibilidad de frenar su caída hacia la negrura. Igual que en *El Señor de los Anillos*, fue como ponerse el anillo de Sauron y empezar a estar atado en las tinieblas, haciéndose invisible, ahogado en su propia tristeza.

Dentro de ese territorio en el que los espectros convivían con los miedos y las decepciones, Jaime no encontró ningún consuelo al dejar el hospital. Llegar a casa de sus padres fue peor. Parecía que se le fuera a caer el techo encima. Y lo peor era que no le importaba. Su familia le preparó un gran recibimiento, pero él no mostró otra alegría más que la de volver a abrazar a Chispi. Su padre cocinó una paella y su madre y sus hermanos lo atendían en todo momento. Incluso acudió a la celebración el doctor Domingo Obrero, que se percató al momento del tormento interior de su paciente y supo que la batalla de Jaime se seguiría librando más allá del quirófano. En la sobremesa, a solas los dos, volvieron a comentar la posibilidad de que, pese a los esfuerzos y las operaciones, tenía que ser consciente de la posibilidad de que no funcionara nada y tuvieran que amputar la pierna. Esa opción seguía estando sobre el tablero. Jaime no quería descartarla e incluso parecía preferirla a mantener el calvario en el que se hallaba.

«La opción de la amputación está ahí, pero podemos agotar antes las demás opciones», dijo el doctor Domingo Obrero.

Jaime ya había oído varias veces esta frase. Pensativo y alicaído, sabía que aquel hombre que llevaba una réplica del Anillo Único colgando sobre su cuello no trataba de convencerlo. Todavía confiaba en él, porque le exponía la realidad sin alardes ni palabrería. Era la única voz a la que escuchaba. Había empezado a dejar de atender a lo que le decían sus padres y sus hermanos, porque eran más deseos que hechos. Oírlos le causaba un rechazo cada vez más ferviente.

Su pensamiento se alimentaba siempre de desconsuelos. Le afectó mucho verse en un estado tan limitado y saber que ya nunca podría practicar deporte. Y la pena se le hacía más bola cuando tenía que solicitar ayuda para ir al baño, vestirse o moverse por la casa. Cuando quería subir a la segunda planta se sentaba de espaldas a los escalones y se impulsaba con las manos poco a poco, dejando las muletas en el suelo, que luego le subían sus padres o hermanos. El esfuerzo era ímprobo y lo hacía con la única intención de, una vez arriba, gastar las horas tumbado en su cama, sin hablar, sin relacionarse, sin comer, sin esperanza. Solo en su oscuridad.

Todo se hizo más denso cuando, junto con Juanca y Pope, fue a visitar a José en la Clínica San Vicente de Madrid. Allí Jaime se dio cuenta de que la recuperación en su estado era muy preocupante. José estaba pasando por un trance que dejaba pequeño el suyo. Jaime y él habían sido compañeros de habitación en las giras de la banda y, como les pasaba a Juanca y a Pope también entre ellos, los dos solían tener una comunicación más fácil y fluida en cuestiones de intimidad. Sin embargo, allí, ese día, los dos fueron incapaces de intercambiar ni una sola palabra de verdadero ánimo. Se observaron, soltaron algunos comentarios vacuos y se encerraron en sus respectivos silencios. Sus recuperaciones estaban siendo las más complicadas y habían entrado en una fase de estancamiento con visos de derrumbe. Jaime viajó a Madrid con la idea de que José estaría teniendo una recuperación exponencial creciente y regresó a Baeza con la convicción de que era una exponencial plana. La imagen de un José tan frágil, disminuido y dañado hizo añicos a un Jaime también frágil, disminuido y dañado.

No había alivio posible. La atmósfera que respiraba Jaime estaba cargada de pesadumbre. Un óxido inundaba sus pulmones desde que había explotado la burbuja y su corazón latía solitario en medio de un paraje tenebroso.

17

Obsesivo y mudo, Jaime se pasaba las horas en casa de sus padres con el ordenador portátil a cuestas entre su cama y el sillón del salón. Buceaba por internet en busca de respuestas imposibles para resolver el enigma de su pierna. Su desesperación se ilustraba en unos ojos llenos de rabia pero que gritaban auxilio, fijos en la pantalla.

Había pasado un año desde el accidente y se sentía un cadáver entre las paredes de la casa donde creció. Los recuerdos lo invadían y lo remataban aún más. Se veía jugando al fútbol con sus amigos, corriendo detrás de la pelota, ya no solo como el niño del paseo de la Constitución o que se calzaba los guantes de portero en el Baeza C.F., sino también como el adulto que seguía divirtiéndose con su pandilla en los partidillos de los lunes.

Más dolor le causaba pensar en el CrossFit. Mucho antes de que se hiciese una moda, Jaime se había hecho un adicto a ese método de entrenamiento funcional en el que se compaginaban los ejercicios del gimnasio con otros movimientos de alta intensidad. Un entrenamiento exigente, duro, solo apto para conciencias preparadas. Su hermana Ana se quedaba alucinada y le preguntaba siempre cómo podía entregarse tanto a un deporte que muchos empezaban a practicar pero abandonaban por falta de fuerzas. Pero Jaime no era de esos, su familia sabía que él siempre conseguía lo que se proponía y, después de la música, ese entrenamiento de alto nivel se había convertido en su pasión. Y él se desvivía por sus pasiones.

Ahora Jaime ya no tenía nada por lo que desvivirse. Se veía como un rastrojo con muletas. Le daba igual lo que dijesen sus padres, sus hermanos y sus amigos. No escuchaba ni quería escuchar. Solo pasaba las horas en silencio, apesadumbrado y roto, mientras veía la televisión o buceaba por internet. ¿Serían esas dos rutinas sus dos nuevas pasiones? ¿Tan triste iba a ser su existencia? No tenía opción.

La música tampoco era posible. Empezó a odiar cualquier cosa relacionada con ella. Los conciertos, los festivales, los discos, los amigos que tocaban… No quería saber nada de la música. Cuando se encontraba con una noticia musical, la quitaba rápidamente, porque, si la leía, la escuchaba o la veía acababa lleno de rabia, maldiciendo y escupiendo pensamientos contra el mundo. No verbalizaba nada, pero se guardaba cada bilis dentro. La música se había convertido en todo lo que él no podía ser, era un mero recordatorio de su inutilidad.

El doctor Domingo Obrador le seguía hablando de agotar posibilidades, pero él ya no quería continuar quemándose más. Se había convertido en un tipo chamuscado por una pierna inútil, un lastre que no mejoraba. No había futuro para ese trozo de carne podrida. Nadie le diría eso. Todos iban a empeñarse en que fuera optimista, en que creyera en una recuperación que no era real. Él quería cosas reales. Hechos. Pruebas. Él quería saber cómo sería su vida sin esa pierna.

Sin consultar con nadie, Jaime investigó mucho por internet sobre la posibilidad de la amputación. Encontró noticias y reportajes y pasó horas en foros en los que varias personas explicaban su experiencia o la de familiares que habían sufrido ese tipo de operación. En uno de ellos conoció a Juanjo, un recortador de toros de Sagunto que contaba cómo un animal lo enganchó y acabó con su pierna. Jaime tenía familia en Sagunto y aprovechó una visita con sus padres para verse con él. No se lo dijo a nadie. Se escapó como si fuera a hacer otros asuntos y quedaron en una cafetería. Un hombre alto, desgarbado y con una mirada cándida apareció por la puerta. Era Juanjo y llevaba una prótesis. Se sentó y, tras los saludos de rigor, fue directo en su discurso. Le contó que, cuando él se vio en el dilema de decidir si le cortaban la pierna, le formuló al médico la siguiente pregunta: «¿Podré coger a mi sobrino con esta pierna tal y como está?». Al oírlo, Jaime pensó en poder jugar con Chispi. El médico le dijo que no a Juanjo y, sin consultarlo con su familia, decidió amputarse. «Mírame, Jaime, se puede hacer. Se puede vivir sin una pierna», le explicaba mientras señalaba su extremidad de sustitución. Luego le contó que, gracias a la prótesis, había podido incluso correr maratones. Juanjo era el ejemplo de una persona que había rehecho su vida sin pierna. Quizá él también pudiera volver a rehacerla e incluso hacer deporte.

Jaime regresó a Baeza con la idea de amputarse la pierna. No se lo dijo a su familia, pero el pensamiento se había asentado en su mente. Durante días no paró de darle vueltas a todo. Intentaba imaginarse sin pierna y, cuando lo visualizaba, un escalofrío le subía hasta la cabeza. No podía controlarlo. ¿Por qué su cuerpo dolido le mandaba esas señales? ¿Acaso le intentaba decir que no quería perder una parte importante de su conjunto? ¿Acaso el miedo era más fuerte que la razón? Había una canción de Supersubmarina que bien podía ponerle música al estado de Jaime: *De las dudas infinitas*. Esa atmósfera lúgubre envolvía su cabeza como un nido de contradicciones. Era un lisiado que estaba harto de esa situación. Que quería amputarse. Que quería regresar a su vida de antes del accidente. Y que quería mandar a la mierda al mundo.

A ese lisiado le asaltaban cada día más ideas obtusas, pero, al menos, todavía conservó un impulso primitivo que lo llevó a no amputarse la pierna y escuchar al doctor Domingo Obrero, una figura luminosa que se distinguía como un tímido rayo de esperanza en un paisaje de tinieblas, ese territorio que habitaba Jaime en el que la sombra iba imponiéndose a la luz.

18

La banda estaba tocando *Deshielo* cuando Pope, ubicado a la derecha del escenario, frente al público atento en la penumbra, se dio cuenta de que ese nunca sería su sitio. Concentrado en las notas de una canción que se había aprendido en las últimas semanas, el bajista se hallaba rígido y serio bajo los focos de Joy Eslava. Ningún gesto en su rostro hacía entender que su cabeza se hubiese marchado muy lejos del concierto. Todo en él reflejaba el perfil de un músico profesional y efectivo que ejecutaba sin problemas cada composición que Jacobo Serra encaraba con su voz aterciopelada.

Pope no había oído hablar de Jacobo Serra hasta que Ernesto le sacó su nombre en una conversación telefónica. Le comentó que el músico había elegido Pink House Management como oficina de representación y que era un intérprete muy interesante, con mucho talento. Jacobo acababa de sacar un disco y estaba intentando formar una banda para salir de gira. Al proyecto se habían sumado dos nombres que a Pope le parecían un valor seguro: Juanma Latorre, quien había sido productor del disco y ejercía de guitarrista, y Adrián Seijas, que ya había funcionado a la batería con Xoel López. A Jacobo le faltaba un bajista.

Pope sentía la necesidad de evadirse con la música. Su regreso al campo acompañando a su padre a trabajar en las fincas le estaba quitando vida. Además, su cuerpo le mandaba señales preocupantes, indicándole que tenía que buscar un incentivo para despejar la cabeza. Hacía tiempo que había dejado atrás la fiebre de los sudores fríos, pero los pitidos lo despertaban muchas noches. Ya no sabía qué era peor. Solo deseaba empezar a sentirse mejor, más persona, menos desechable. Pensó que volver a las tablas podría ser una buena oportunidad. Quizá lo ayudara a remontar. Porque el hombre que cada mañana veía en el espejo solía causarle lástima.

Dudó mucho. A decir verdad, nadie supo nunca lo que dudó. Tan solo él era consciente de su preocupación por aceptar unirse a una banda que no fuera la de sus amigos. Por eso pidió unos cuantos días para responder a la oferta de Jacobo Serra. No sabía si estaba haciendo algo mal. Se lo preguntaba a sí mismo cuando estaba conduciendo, preparaba la comida o se vestía en la habitación. Siempre le asaltaba la misma pregunta: «Joder, ¿debería hacer esto?». No había respuesta correcta. Por más que lo intentaba, contestarse *sí* o *no* era igual de frustrante. La única cosa que deseaba poder decirse a sí mismo de todo corazón no era una pregunta ni planteaba ningún dilema, sino que simplemente resultaba imposible: «Pope, regresas a los escenarios porque regresa Supersubmarina».

Desde el accidente, la vida de todos se había convertido en otra y él tenía que empezar a seguir adelante, a su propio ritmo, distinto al de los demás. Se había salvado de las peores lesiones físicas y su recuperación había sido la más rápida, pero eso no significaba que estuviese obligado a quedarse estancado, patidifuso en su propia miseria. Cristina se lo señalaba.

«No importa. Estaría bien que tocases por probar», le dijo incluso Juanca.

Pope se tomó su incorporación a la banda de Jacobo Serra como un reto. Volver a la carretera era demostrarse también un valor que sentía que había perdido. Como se decía a sí mismo: «Será un experimento personal». El experimento consistía en saber si era un músico de verdad, alguien capaz de tocar más allá de con su grupo de siempre. Era músico de Supersubmarina, cierto, pero ¿podía ser músico para otra banda? ¿Podía volver a sentirse vivo con la música? La respuesta solo la conocería si lo intentaba. Tenía que preparar nuevas canciones, adaptarse a otra gente y entender las mentes creativas de otras personas que no eran José, Juanca y Jaime. Cuando se paraba a pensarlo, le atraía la experiencia. Y no podía negar que, por primera vez desde el golpe en la carretera, notaba que su cuerpo vibraba en una frecuencia distinta, quizá buena. Lo echaba de menos.

Durante los ensayos que tuvieron en un local de Madrid se lo pasó bien y despejó algo su mente, pero se dio cuenta de que Supersubmarina era un grupo cerrado, una piña, un conjunto a la vieja usanza. En la escena española, cada año había menos bandas tan compactas como la que habían sido ellos. Proliferaban más los artistas que, como en el caso de Jacobo Serra, se iban rodeando de otros músicos para crear formaciones puntuales para cada gira. Artistas que montaban un grupo circunstancial que funcionaba como tal y cuyos miembros hacían pocas aportaciones, ensayaban cuatro días y se veían en el concierto. Hacían lo correcto. Su mayor compromiso era tocar muy bien el día del bolo.

Sin embargo, la esencia de Supersubmarina era otra bien distinta. Los cuatro ensayaban todos los días y lo llevaban todo rodado para ser un torbellino en cada actuación. No se trataba de hacerlo muy bien, sino de algo más. Había hasta una necesidad física de comunicarse con el público, se establecía un diálogo por encima de la música o, más bien, la música surgía en una dimensión a la que solo se llegaba desde un punto de partida diferente al de la simple profesionalidad. Se llegaba partiendo de una unión extraordinaria entre sus partes, entregadas a la causa como cazadores de sueños. Una causa que se alimentaba día a día, ensayo a ensayo, disco a disco, canción a canción, nota a nota. Cuando Supersubmarina tocaba en directo *LN Granada*, la canción que le recordaba a sus años universitarios en la ciudad desde la que más soñó con llegar hasta la galaxia más lejana, Pope podía palpar la emoción de pertenecer a la banda en lo más profundo de su alma. Una emoción que solo era posible porque la banda estaba por encima de las individualidades. Porque la banda era un todo, una verdad absoluta.

Jacobo Serra y el resto estaban tocando *Deshielo* cuando Pope, en el escenario, frente a una penumbra en la que apenas distinguía los rostros del público, se dio cuenta de que ese nunca sería su sitio. Solo le había pedido un requisito a Jacobo: situarse en cada concierto en la parte derecha del escenario. Con Supersubmarina siempre estaba a la izquierda y creyó que ese cambio sería un gesto simbólico para con sus viejos camaradas de carretera y una forma de decirle al público que ese proyecto nunca podría ser igual que formar parte de Supersubmarina. Pero nadie se dio cuenta del detalle, como nadie se percató de que Pope estaba sufriendo.

Su corazón se encogía un poco más con cada canción. No estaba nada cómodo mientras tocaba el bajo. Supersubmarina lo había hecho músico y no tenía alrededor a la gente de siempre. Quería a sus amigos allí, en Joy Eslava, el mismo sitio donde la banda dio el concierto que los impulsó hacia el comienzo de una aventura que les había dado tantísimo. En su cabeza solo se repetía esta frase: «No puedo estar subido a un escenario sin José, Juanca y Jaime». Mientras la banda disfrutaba y el público atendía, Pope tomó una decisión. Cuando acabó la actuación, al final de la noche, le dijo a Jacobo: «Gracias tío, de verdad, ha sido toda una experiencia, pero no puedo seguir. No puedo tocar sin ellos».

19

Miki sabía que estaba perdiendo a su hijo. Se lo decían sus ojos azules y radiantes que desde hacía mucho tiempo habían dejado de brillar y desprendían una mirada foránea y desafiante. La madre sentía que había sido absorbido por un mal poderoso que, cada día más, lo arrastraba y lo alejaba del chico que había crecido en esa casa, aquel niño bonito que se pasaba todas las horas con ella, aquel ángel del que presumía sor Milagros, aquel joven inquieto y aplicado del colegio y aquel adulto, músico de una banda excelente. En definitiva, Miki sabía que su hijo estaba dejando de ser el que siempre había sido y no era capaz de decírselo a nadie. «¡Cuánta sombra hay en sus ojos, Dios mío!», se lamentaba la madre cuando a solas se sentaba en la cocina, nerviosa y apenada, sin saber qué hacer.

Desde el accidente nunca había sabido qué hacer. ¿Cómo saberlo? Aquella desgracia rompía cualquier brújula. No solo había sido imprevisible, sino que no había parado de complicarse. Miki no podía olvidar todos esos momentos en los que Jaime rozó la muerte en pocos días. Uno de ellos se le repetía más que ninguno: aquel en el que uno de los médicos le dijo por vez primera que había que amputarle una pierna a su hijo. «¿Cómo que quitarle una pierna? ¡Coja mi pierna y póngasela, pero no le ampute nada a él! ¡No, por favor!», respondió ella, incrédula, entre lágrimas en la sala de espera, sin pararse a pensar que su deseo era inviable para la ciencia médica. La frase surgió de un arrebato de miedo y, cuando resonaba en su cabeza muchos días después de aquel momento, la llevaba a tocarse su propia pierna. Seguía ahí, como la de Jaime, pero la de su hijo estaba infectándole el alma.

Las semanas en el hospital fueron duras, pero ella siempre estaba lista para cuando Jaime despertaba. Aseada, peinada, vestida y con los labios pintados de rosa, el color que la distinguía desde joven tanto por el pintalabios como por el esmalte de uñas. *El rosa de Miki*, como decían sus familiares y amigos, bien trazado sobre los labios e intenso desde primera hora del día, como si fuera un estímulo para superar la situación. «Cuando mi hijo abra un ojo, ya tengo que estar preparada a su lado para lo que necesite. Tiene que ver que estoy fuerte todos los días». Ella lo intentaba, pero su hijo no respondía. Se pasaba los días sin hablar. Miki le agarraba la mano durante horas y respetaba su silencio, aunque, a veces, se le oprimía el corazón al sentirlo ausente. Apenas se separaba de él, tan solo para ir a rezar a la Virgen de la Milagrosa, que estaba en la capilla del hospital. Cuando Jaime se cansaba de su presencia, soltaba: «Mamá, ¿por qué no te vas a hablar un rato con la Virgen?». Miki era obediente y se marchaba. Aprovechaba para rezar más y, a veces, sentía que la Virgen le sonreía e incluso respondía a sus peticiones. Y, sin embargo, la comunicación sagrada no hacía que Jaime mostrase ningún avance en las operaciones ni en el ánimo. Todo lo contrario: harto y distante, exigió que no le hicieran visitas. Jaime no quería ver a nadie, ni amigos ni familia. Tan solo aceptaba a sus padres y sus hermanos, a los que sometía a horas de mutismo mientras miraba por la ventana. Parecía un extraño, ya no de su familia, sino del mundo.

El primer día que Miki dejó a su hijo solo en el hospital fue para ir a prepararle su bizcocho favorito en casa. Habían pasado tres semanas desde el ingreso. Adicto al dulce, Jaime había comentado cuánto le apetecía comer un trozo y ella no se lo pensó dos veces. Quizá el antojo fuera el primer paso para cambiar su actitud. Antes de ponerse manos a la masa, de camino al hogar se paró en una gasolinera y rompió a llorar. No se lo había permitido delante de su hijo y ya no pudo evitarlo. El llanto no se le fue en todo el día. Aquel bizcocho casero se cocinó entre pucheros, con una nueva receta elaborada con harina, huevos, canela y lágrimas.

Jaime lo comió, pero por desgracia no lo ayudó a ser más optimista ni a dar más conversación. Miki se sintió estúpida: había depositado demasiada esperanza en un simple dulce.

La esperanza siempre era traicionera. Llegaba con cualquier pequeña cosa y se esfumaba rápido. A veces, con una mueca; otras, con unas palabras. Ningún gesto suponía un cambio real, solo un espejismo.

Cuando regresaron a casa con el alta médica, Miki le preparó su dormitorio a Jaime. Dispuso todo para que el hijo estuviese cómodo y que Chispi, con una nueva cesta a modo de camita, pasase más tiempo a su lado. Pero tampoco sirvió de nada. Aquellas paredes se convirtieron en los muros de una prisión para él.

Jaime habitaba la casa encerrado en sí mismo. Las visitas siguieron prohibidas. Nada lo motivaba y nadie lo podía consolar, menos aún su madre, que recibía más agravios que los demás. Una mala contestación, un gesto despectivo, un silencio frío... Todo iba sumándose en el transcurrir cotidiano.

«¿Qué le pasa?», se preguntaba cada día. Podía estar abatido por las circunstancias de verse incapacitado, pero la depresión estaba transformando su carácter en el de un ser iracundo e intratable, hundido en un pozo en mitad del hogar. Ni su madre ni nadie de su familia podían ayudarlo porque, cuando intentaban cogerle de las manos para sacarlo del fondo, se mostraba como un perro rabioso y sacaba los dientes.

«¿Adónde se va mi hijo, señor? Tráemelo de vuelta, por favor», pedía Miki en sus oraciones nocturnas. Su hijo estaba junto a ella, en su casa, tumbado en la cama de su habitación o sentado en el sillón del salón, pero cada día lo sentía más lejos de todos. Sus ojos azules se tornaron grises, cambiaron el color de la vida por un rasgo plomizo. Tan solo parecían adquirir algo de brío cuando se enganchaban a la pantalla del ordenador, como si ese fuera un umbral que, sin importarle nada más, atravesara para hacerse con un tesoro siniestro.

—Hijo, ¿quieres algo? —preguntaba su madre.

—¡No! —contestaba él.

—Jaime, ¿te ayudo? —inquiría ella.

—¡No! —repetía una y otra vez—. ¡No! ¡Déjame en paz! ¡Quiero estar solo! ¡No quiero hablar! ¡Déjame tranquilo! ¡No entres en mi cuarto! ¡Olvídame! ¡Estoy harto! ¡Cállate ya!

Una contestación tras otra, sin piedad ni comprensión. Ese no era su hijo. No podía serlo. A Miki se le encogía el espíritu cuando recordaba a su Jaime de siempre, ese chico familiar, introvertido pero hogareño, con el que ella solía conversar sin violencia y ver películas de miedo. A los dos les encantaba tragarse juntos esas escenas de terror, de sustos y pesadillas. Se hacían una bolsa de palomitas en el microondas, le daban al *play* y no se movían del sofá hasta que aparecían los créditos finales. «Un sufrimiento gozoso», decían que era. Y, sin embargo, en ese mismo salón, en esa misma casa, el sufrimiento había dejado de ser disfrutable.

Existía un miedo real impregnado ya entre esas paredes. Un miedo al silencio afilado, al arrebato de ira y a la mirada ajena. Porque Miki sabía que esos no eran los ojos de su hijo. Tanta tristeza contenida dentro de ellos durante tanto tiempo los había transformado en otros. Unos ojos en los que ella empezaba a vislumbrar cosas horribles.

20

El pitido salió del televisor y fue como si, en un abrir y cerrar de ojos, volviese a estar metido en el Seat Alhambra gris estrellado en el kilómetro 168 de la carretera N-322. En mitad del salón, Pope se quedó paralizado, como cogido con un cepo y, de repente, le empezó a faltar el aire. Casi podía volver a sentir el volante aprisionando su pecho. Una claustrofobia se apoderó de él entre las paredes de su casa a medida que un dolor inundaba el mismo centro de su estómago.

El pitido venía de uno de esos anuncios de la Dirección General de Tráfico en los que se buscaba concienciar a los conductores para que fueran responsables al volante. Consejos básicos y, a la vez, tan importantes. Que no bebiesen si conducían. Que no excediesen los límites de velocidad. Que no se saltasen las señales de tráfico. Que tuviesen precaución en los viajes largos. Todas esas recomendaciones en las que, cada año, se insistía a los ciudadanos con distintos anuncios sensibles o impactantes en la televisión.

Pope estaba despejando la mesa del salón para prepararla para la cena con Cristina cuando el pitido salió del televisor y lo cazó como a un animal indefenso. Su reacción se tradujo en una parálisis. En cuestión de un par de segundos, lo asaltaron recuerdos del 14 de agosto de 2016, cuando el sol ya había salido sobre la comarca de La Loma y el monovolumen en el que viajaban él y sus amigos estaba humeante en el asfalto junto a una furgoneta de reparto de pan también destrozada. Clavado bajo el techo de su hogar, Pope no reaccionaba. Había dejado de habitar su salón para volver a estar sentado en el vehículo accidentado.

Piiiiiiiiiiiiiiiiiiiiiiiiiiiiiiiiiiiiiiiiiii.

De un tiempo a esa parte, Pope ya no sufría la fiebre de los sudores fríos. Sin embargo, tenía otra preocupación que no había podido contarle a ningún médico, tampoco a sus padres ni a su hermana. Tan solo a Cristina. Escuchaba pitidos, agudos y constantes, que lo despertaban sin avisar algunas noches cuando se revolvía entre las sábanas. Pitidos tan reales como ese que salía del anuncio y que, al sonar tan contundente desde el altavoz del televisor, lo bloqueó en su propio salón. En ese momento, ya no se trató de una molestia que se repetía muchas duermevelas, sino que se convirtió en un puño que lo zarandeaba por dentro, como abollando su propio cuerpo y dejándolo tal y como el monovolumen quedó en el kilómetro 168 de esa carretera en obras.

Piiiiiiiiiiiiiiiiiiiiiiiiiiiiiiiiiiiiiiiiiiii.

El pitido infernal no se iba y dejaba a Pope hecho un triste revoltijo.

21

Juanca veía a Sergio Ramos salir con el balón y no podía dejar de pensar que hubo un tiempo en el que él fue un gran jugador del Baeza C.F. El único de los cuatro de Supersubmarina que pudo haber hecho carrera deportiva. Pocos defensas habían pasado por el club baezano que hubiesen sabido subir el balón y distribuirlo tan bien. Empujaba al equipo con su convicción y control de la situación. Algunos entrenadores lo ponían de mediocentro, porque, al igual que el capitán del Real Madrid, su técnica y su visión de juego le permitían adelantar su posición. En el centro de la cancha parecía multiplicarse por dos. Había sido un todoterreno con clase, un envidiable futbolista entregado al juego.

Desde el accidente, Juanca no había dejado de pensar en esos partidos en los que corría por todo el campo como si estuviese disputando un campeonato del mundo. No le dolía tanto echar de menos aquellas tardes en las que jugaba en el equipo de la ciudad como saber que ya no podría hacerlo nunca más. Las secuelas del golpe no se podían ver, pero habían limitado su cuerpo. Por culpa de la infección intestinal, había perdido el psoas iliaco derecho, un músculo que se encuentra en la cavidad abdominal y en la parte anterior del muslo y que sirve para conectar el tronco con la pierna. Es uno de los más potentes y necesarios para realizar cualquier actividad física exigente, como jugar al fútbol. No era su única lesión invisible a ojos de la gente. Además había perdido las abdominales inferiores. Su musculatura quedó muy mermada. Por último, el efecto submarino lo había dejado con una diarrea crónica. Los médicos tuvieron que construirle casi un nuevo intestino, y era más corto, por lo que sus digestiones también lo eran. Cuando se miraba en el espejo del baño era como si lo hubiesen desinflado como un globo, había perdido más de veinte kilos y sus músculos estaban endebles.

Juanca no se quejaba. Sabía que, después de todo lo que había pasado en el hospital, podía sentirse afortunado. Los médicos llegaron a decirles a sus padres que había probabilidades de que no pudiese volver a andar. Los músculos extirpados eran esenciales en la psicomotricidad de las personas y su falta podía condicionar mucho sus movimientos. Había hecho rehabilitación y se había recuperado, pero nunca podría mejorar hasta el punto de volver a correr detrás de un balón, como hacía Sergio Ramos. Sin más, tuvo que decirle adiós al gran deportista que había sido siempre. ¿Tendría que hacer lo mismo con el músico?

«Eso no va a pasar», se repetía Juanca. El todavía baterista de Supersubmarina se esforzó en ser positivo. Iba en su personalidad. Siempre había sido un chico que se fijaba en lo bueno de las cosas, inquieto y responsable, capaz de adaptarse a las circunstancias, por malas que fueran o viniesen dadas, con tal de no caer en la autocomplacencia o la lástima. No se lo permitía. Por eso, si no iba a poder practicar deporte nunca más, pensó, no dejaría que esa mala noticia lo destrozase hasta el punto de no seguir con su carrera de músico. La batería era su auténtica pasión, más que el fútbol, más que cualquier cosa en el mundo. Quería seguir tocando e iba a ponerlo todo de su parte. Hablar con su psicóloga le venía muy bien porque le ayudaba a mantener la perspectiva adecuada. También los apoyos de Elena y de su familia le permitían no ceder en los momentos flojos, porque había muchos de ese tipo. Momentos que le dejaban caer sobre la mesa, como un pescado podrido, su nueva condición de tipo limitado, débil y dolido. Al igual que sus lesiones físicas, su peor daño no se veía.

Juanca luchaba por no rendirse. Pensaba en ese futbolista que había sido y llevaba toda esa energía a su mente. Su terreno de juego era el futuro inmediato, un campo donde debía desplegar las mismas cualidades que le habían hecho ser un deportista competente, dispuesto a ganar todos los partidos, incluso los más adversos. No había rival por el que amedrentarse ni resultado en contra por el que tirar la toalla. Recordaba cuando jugaba de cadete en el Baeza C.F. y cómo disputaba cada balón y le gustaba que los partidos fueran duros y exigentes porque sacaban lo mejor de sí mismo. Animaba a los demás, mantenía las marcas, se movía en la dirección correcta y se dirigía al árbitro para que viese que él y su equipo estaban metidos en el juego, que no iban a regalar ni una sola jugada. Quería ser ese futbolista que sabía superarse, entregarse al máximo y liderar una remontada. Porque era posible la remontada. Tenía que serlo. Supersubmarina iba a regresar y él sería quien tirase del carro en cuanto José y Jaime se recuperasen de sus lesiones. La gran remontada de Supersubmarina iba a llegar como con Sergio Ramos en el Real Madrid.

Juanca aprovechó un parón en el partido para ir a ver si el horno ya se había precalentado. Elena estaba a punto de llegar a casa y quería tener preparada la pizza para cuando entrase por la puerta. Le había escrito para decirle que estaba hambrienta. De camino a la cocina pensó que le gustaría zamparse una *Carlos*, su pizza favorita del planeta, una masa crujiente con beicon, roquefort, cebolla y pimienta blanca y que se comía en un restaurante de Úbeda. Otro día sería. Esa noche se conformaría con la pizza de pepperoni congelada del supermercado. Le llegaban los comentarios de los locutores del partido desde el salón cuando sacó la pizza de la caja, abrió el horno y le estalló en la cara. No fue una detonación. Fue algo que no pudo explicar a nadie con las palabras exactas, ni siquiera a Elena cuando en la cocina se lo encontró inmóvil, sentado en una silla, con la mirada fija y la pizza en el suelo. El olor del metal caliente le explotó en las narices.

¡Boom!

Desde que había salido del coma inducido, no había sido capaz de recordar imágenes del accidente. Y esa noche frente al horno con la puerta abierta y la temperatura a doscientos grados, siguió sin ver nada. Ni una sola imagen del Seat Alhambra gris destrozado con sus amigos dentro. Pero le estalló una sensación, una intoxicación inmediata de la atmósfera, un aire viciado propio del infierno. Como un mal encerrado durante siglos, ese aire salió de su caja de Pandora y lo ahogó en el olor a neumático quemado. Todo su recuerdo del accidente estaba enganchado a un fuego ciego y consumido que desprendía un hedor negro y metálico.

En una ráfaga de segundo, como ese abrir y cerrar de ojos dentro del monovolumen en el que viajaba el 14 de agosto de 2016, Juanca pasó de la euforia al colapso.

Sintió una derrota absoluta.

22

El olor a neumático quemado entró en Juanca para enviarle un mensaje: no habría regreso de Supersubmarina. Al menos, no lo habría en un plazo corto de tiempo, de lo que se había intentado convencer en los últimos meses. Su ilusión se oxidó por segundos hasta quedar inservible. Su actitud, esa fuerza motriz con la que esperaba tirar de la banda, era en realidad un problema, un empuje dañino para él y para el resto, especialmente para José.

La evolución de José había llegado a un tope. Juanca, Pope y Jaime reflexionaban por su cuenta y eran conscientes de que no habían previsto la gravedad de la situación. Sus breves y puntuales conversaciones iban configurando un aire denso y triste, como si el cielo abierto que habían conseguido volver a imaginar se fuera cubriendo de nuevo de nubarrones grandes y espesos que condicionaban sus almas. Si su amigo tenía por delante una ristra de escalones empinados hasta su recuperación, no se habían percatado de cuántos le quedaban todavía por subir. A veces, incluso parecía que hubiera peldaños nuevos.

Los escalones se estiraban como esos días que pasaban sin poder volver a juntarse en el local del polígono. Juanca se vino abajo después de varios intentos por reunirlos a todos. Tras el encuentro por el cumpleaños de Pope, había conseguido incluso que se sumase a los ensayos Antonio, su hermano pequeño, que ya había tocado en la última gira de Supersubmarina y que se presentaba allí para intentar ir sacando con ellos algunas de las composiciones antiguas y nuevas. Porque había canciones nuevas de Supersubmarina, composiciones que estaban de camino cuando sucedió el maldito accidente. Tanto él como su hermano, Pope y Jaime intentaban tener a punto la máquina para que, poco a poco, José se pudiese incorporar. Confiaban en que, aunque su aportación al principio fuera mínima, con el paso del tiempo creciese hasta que finalmente volviera el José de siempre, el cantante, guitarrista y compositor de Supersubmarina, el que había maravillado a tantos y había dado tanto a la música española en la última década. Sin embargo, el tiempo iba pasando y no había una sola aportación por pequeña que fuera. Nada. Ni siquiera se pudo crear una rutina de quedadas con él en el estudio para charlar y recuperar el contacto. Se impuso el silencio.

Las expectativas estaban aplastando a José. No lo decía, pero necesitaba liberarse de ellas. Absorbido por los hospitales, estaba metido en un proceso de rehabilitación muy complejo. Tenía sesiones con el fisioterapeuta, el neuropsicólogo y el logopeda durante casi toda la semana. Un taxi lo llevaba unos días a Jaén y otros a Úbeda. Su progreso era lento y difícil. Los especialistas sanitarios no sabían cómo seguiría avanzando, porque todo en él había sido una incógnita y a la vez un milagro desde el mismo día que llegó más muerto que vivo al hospital de Úbeda. Nadie podía garantizar la recuperación deseada por todos, esa que le permitiría subirse a un escenario, como nadie se atrevía a indicar hasta qué escalón podría llegar a escalar un paciente tan delicado y, al mismo tiempo, tan sorprendente. Porque si algo no fallaba en todo este proceso era la entrega de José, su dedicación diaria para recuperar, una a una, pasito a pasito, todas las aptitudes que había perdido. Y, con todo, no era suficiente. La sensación de estancamiento amargaba en el paladar de todos ellos. Sus cabezas echaban tanto humo pensando en el tema que, más que una banda con la idea de volver a arder, parecían chamuscados. El olor a neumático quemado seguía acompañándolos a los cuatro.

Al perder Juanca el ánimo, la vuelta del grupo se congeló. Todos cayeron en la desidia de los días y sus pensamientos se enfangaron a la espera de vislumbrar alguna esperanza, que parecía más posible que llegara por oraciones que por voluntad. Dejaron de verse y de pensar en la posibilidad de reunirse. Juanca se puso a trabajar de comercial en la empresa familiar de distribución de bebidas que regentaba su padre. Pope consiguió dejar los olivares y entró en un estudio de fotografía. Despacio y sin más objetivo, José siguió entregado a la ardua escalera de su recuperación. El silencio empezó a abrir brechas importantes entre ellos. Ninguno sabía que la distancia hacía que Jaime, con su pierna desgarrada, se adentrara más y más en un mundo de tinieblas. Su única carta ganadora la había apostado a la reactivación de la banda. Nadie se imaginaba que, en los meses siguientes, en los que todos intentaron sobrevivir a una realidad amarga, Jaime, más callado y absorto que nunca, solo pensaba en alejarse de todo y de todos.

23

El lugar al que quería llegar Jaime era la nada. A la nada se llega con una ciega desesperación, una voluntad poseída por un odio que destruye el mundo que te rodea y a ti mismo. Las personas que se encaminan hacia la nada son aquellas que no tienen ninguna esperanza. Sus ojos se vacían como si se acercase el fin de los días y solo piensan en ese final, en una tormenta de ceniza que las arrastre y las lleve allí donde habita el silencio y el desgarro.

Jaime notaba ese hueco en su alma como una mancha que se extendía y lo teñía todo de negro. Su latido, vivo y musical, se estaba transformando en un sonido fúnebre. Su corazón era un mineral sucio, tóxico, duro, que no guardaba latido ni ritmo. Un corazón de carbón que ya no sentía y quedaba incrustado en el dolor. El odio siempre se ha alimentado de estos corazones negros, y la ciega desesperación, cuando se alimenta de odio, siempre los ha empujado a la nada. Hacia allá se encaminaba Jaime.

Las estaciones pasaban y el todavía guitarrista de Supersubmarina se apartaba más de todo y de todos. El regreso de José a Baeza había terminado por volverse en su contra. El vía crucis de su antiguo compañero de habitación en las giras le recordaba cada mañana que él también transitaba su propia vía penosa. Ninguno de los dos podía hacer vida normal ni se divisaba en el horizonte que pudiesen hacerla. Eran dos minusválidos cercenados en su existencia cotidiana. Oficialmente lo eran, porque habían sido declarados minusválidos por sus lesiones. José fue reconocido como un discapacitado de grado V o muy grave, con la categoría de dependencia más alta, superior al 75 por ciento. A Jaime, por su parte, se le condecoró con una minusvalía de grado III o moderada, de un 33 por ciento. Él se veía roto al cien por cien, un trasto mullido y deteriorado tan dramáticamente que no servía para nada. Pero su mayor problema no estaba en su pierna, operada decenas de veces, sino en su corazón ennegrecido, que intoxicaba su espíritu y su mente. Un corazón al que le dieron una última puñalada: la chica con la que había compartido los últimos años de su vida se esfumó en mitad de su caída al Éufrates. Su novia lo había abandonado y nadie podía medir el avance de su herida, siempre invisible a los ojos de todos. Retraído y atormentado, Jaime pensaba en su soledad y en José y se sumía en los peores augurios.

«Nada tiene sentido».

Se despertaba y se acostaba con esa idea en la cabeza, encadenado a ella. Se consumía en una espiral diabólica bajo un techo que parecía aplastarlo. Su habitación era una cueva, como excavada en el lomo de una montaña. A pesar de que había una ventana por la que antaño entraba un buen chorro de luz, hacía tiempo que una penumbra dominaba ese sitio abuhardillado en el que colgaba el nombre de Jaime en un letrero en la puerta. La colorida inscripción, que también tenían sus hermanos Ana y Antonio en sus respectivos cuartos, había dejado de despertar una cálida sensación de bienvenida y se había convertido en una señal de precaución. Porque el nombre de Jaime se había hecho sinónimo de rechazo en la casa familiar. El corazón carbonizado lo había transformado en un ser huraño, ofuscado e intratable, al que le incomodaba la compañía y le molestaba que quisieran atenderlo. Por eso echaba la llave de su cueva y, vencido y obnubilado sobre la cama y dos grandes ojos redondos y pálidos en la cara flaca, dejaba pasar las horas sumido en sus divagaciones y en la pantalla del ordenador. Hiciese lo que hiciese era el fiel reflejo de un obseso, una criatura ensimismada en su propia oscuridad, tan negra como la pared de la noche que lo encerraba y que no había forma de atravesar, por mucho que su madre lo intentase más que nadie, incluso más que su psicóloga, cuyas sesiones se evaporaban demasiado rápido y nunca se adentraban lo suficiente en la brecha de su alma.

Esa cueva era un territorio inexpugnable, un espacio inhóspito por el vapor de odio que concentraba. Jaime emanaba un desprecio a sí mismo que, como una sombra que crece en la oscuridad, se propagaba a todo lo demás. Los pósters con las victorias futbolísticas del F. C. Barcelona habían perdido su euforia. Uno de ellos, en el que se veía a Pep Guardiola manteado por los jugadores tras ganar la Champions League, resultaba anticlímax en ese lugar donde reinaba el aborrecimiento existencial. Los pósters siempre han cumplido una función de gozo y celebración en las paredes de los cuartos de los chavales, pero, en ese nido de penurias, habían dejado de cumplir ninguna. Jaime era incapaz de empatizar con lo que transmitían, ni siquiera con los de The Strokes y John Lennon. Su naturaleza estaba tan enferma que todo lo que mostrase una traza de alegría le causaba rechazo. Y lo que le despertaba más animadversión de todo eran las fotografías de Supersubmarina que colgaban antaño con orgullo. Pensó en quitarlas, pero no lo hizo. Recordar a la banda le causaba una pena tan visceral que se le tensaba el rictus de la cara, como si un cuchillo le atravesase el pecho. «Mejor morir que pensar en ello», se decía tumbado, con la pierna imposibilitada y el corazón roto. Jaime no se reconocía en esas imágenes enormes, como tampoco lo hacía en otras más pequeñas en las que el niño guapo y rubio con mirada de ángel vestía con el uniforme del Baeza C. F., junto a José, Juanca y Pope, o en las que aparecía disfrazado de Batman, ninja o torero en los carnavales del colegio.

Todo lo que le rodeaba, incluso esa colección de libros de Barco de Vapor, daba cuenta de un tiempo pasado repleto de oportunidades y aventuras que se habían esfumado. También tenía allí, como un trofeo, la colección de *El Señor de los Anillos*, los tres volúmenes de la gran novela épica seguidos de los *Apéndices*, *El Hobbit* y *El Silmarillion*. En aquellos textos fantásticos de la

Tierra Media había encontrado siempre un espacio para la imaginación, una fértil lectura para ser feliz. De hecho, un gran mapa de la Tierra Media presidía su cuarto. Contemplarlo solía animarlo en su infancia y le hacía soñar con lances de todo tipo en los que, como Frodo Bolsón o Sam Gamyi, él era el protagonista. Pero aquel tiempo también se había hundido en lo más oscuro de su memoria. Tumbado en la cama, con las muletas apoyadas en la mesilla, no distinguía ninguna de sus antiguas fantasías, solo habitaba un paraje de espectros dominado por el poder maligno del anillo de Sauron.

De pie y dispuestas sin ningún orden establecido, las figuritas de la Tierra Media lo observaban desde el escritorio al lado izquierdo de la cama. Aquellos muñecos que había coleccionado durante años y en algunos casos había pintado él mismo con paciencia y esmero. De entre todos sobresalía un buen puñado de orcos. Parecían hacerse más grandes y cobrar vida delante de sus ojos. Noche tras noche, aquellas bestias se hacían fuertes mientras Jaime se hundía en lo más profundo de su silencio, ahogado por el asco. A veces, le faltaba el aire y sentía los ojos oscuros de las alimañas observando a una presa a la que devorar y una viscosa y pútrida criatura de ojos saltones que se adelantaba de entre todos ellos. Era Gollum, corrompido por la repulsión y la soledad, como un espejo del propio Jaime en su habitación, odiando todo lo existente, incluso a él mismo. El dolor y la pena sin consuelo llevaban a Jaime a perderse en alucinaciones en las que ese Gollum se movía, reptaba por el techo y parecía que fuera a lanzarse a clavarle sus colmillos roñosos. Jaime se cubría, lloraba o lo maldecía con todo su odio. Jaime no supo recordar una de las precauciones de Gandalf El Sabio recogida en los textos mitológicos de *El Señor de los Anillos*: «A menudo el odio se lastima a sí mismo».

Una madrugada, cuando el silbido del viento se dejaba oír por toda Baeza, Jaime, lleno de ira y sin ninguna esperanza, sintió que Gollum le hablaba en la oscuridad. En realidad era él hablándose a sí mismo, como aquella maléfica criatura hacía. El Gollum, o la más triste voz del corazón negro de Jaime que ya moraba en la nada, le susurró: «Suicídate».

Inmóvil y a oscuras, esperó a oír la voz otra vez más clara y contundente: «¡Suicídate!».

Por primera vez desde el accidente, Jaime encontró algo que tenía sentido. Y ya no dejó de pensar en el mandamiento de esa voz oscura.

24

El cojín le había salvado la vida de Jaime y, por eso, Miki lo abrazaba como si fuera su mismo hijo cuando era un bebé y todavía ningún mal se había cernido sobre él. Entonces era un pequeño que se dejaba querer y le daba muchísimo amor a su madre. A media luz, sentada en el mismo sillón en el que Jaime malgastaba los días sin abrir la boca, lo apretaba fuerte contra su pecho y lloraba sin consuelo. «Esto es un infierno», pensaba entre sollozos.

Miki aprovechaba que todos dormían para quedarse a solas en el salón. Evitaba hacer ruido cuando el corazón se le desparramaba e intensificaba sus lamentos. A veces no lo conseguía. Rodeada de las decenas de fotos familiares, que se dejaban ver en mesas, paradores y paredes, la madre solía descansar su mirada en la gran imagen que presidía el salón sobre la chimenea: una fotografía rectangular con marco negro en la que posaba toda la familia en una Nochebuena. «Cuando Jaime era Jaime», pensaba. De pie, Antonio aparecía trajeado y Jaime elegante como un pincel con una camisa blanca y unos pantalones oscuros. Sentados en los brazos del sillón, sus otros dos hijos, Ana y Antonio, también apuestos y guapísimos. En el centro, ella, vestida de negro con sus botas y su pañuelo al cuello. Todos sonreían y mostraban miradas llenas de orgullo. Era el retrato de la familia perfecta junto al árbol de Navidad y la estrella de Oriente. Un instante de felicidad eterna.

¿Eterna? Eso había creído toda su vida hasta que sucedió el accidente y Jaime cayó en picado en una depresión imposible de manejar. Ni siquiera la psicóloga podía encarrilarlo. Su hijo mayor había atravesado un umbral de dolor y pena que lo habían transformado en un espectro de sí mismo. Era como un fantasma vagando por una casa donde ya nadie sonreía y donde ella, la madre que había criado a tres niños y se había desvivido por ellos junto a su marido, se refugiaba descompuesta a altas horas de la noche en el salón y se quedaba abrazada a un cojín, entre suspiros, lágrimas, viejos recuerdos y rezos a la Virgen de los Milagros y a Dios.

El cojín estaba siempre en el sillón que Miki había dispuesto con todas las comodidades para que Jaime se sentase frente al televisor el día de su vuelta, junto a una lámpara y una mesita alta para poder dejar comida, revistas, libros, el móvil o el portátil. El hijo solía utilizarlo de almohada cuando le entraba sueño, aunque prefería echarse a dormir en su cama. Su madre se lo había regalado mucho tiempo atrás para que lo usase en los largos viajes en coche durante las giras y pudiese echar unas cabezadas en condiciones óptimas, sin forzar tanto el cuello. Se lo compró y le cosió una funda oscura, tal y como le pidió Jaime, para que las manchas no se viesen tanto. Desde ese día, el cojín siempre había ido con él. Ella estaba convencida de que le había salvado la vida en el momento del accidente porque había amortiguado el golpe en la cabeza. Antonio decía que esa teoría no era demostrable y alguna vez le comentó a su esposa que lo tirase a la basura. «Miki, te has obsesionado con el cojín, leches. Deshazte de él», gruñía el padre cuando la veía con él entre los brazos. Ella se negaba. El mismo día del accidente cogió el cojín, que chorreaba sangre de arriba abajo, lo limpió a conciencia y le cosió otra funda marrón.

Perdida en la desolada profundidad de la noche, Miki se agarraba a ese artefacto como si tuviese algún tipo de poder oculto. Aquel silencio en sombras del salón vacío era extraño y algo apaciguador, muy distinto al diurno. Si bien no existía consuelo para su llanto, apreciaba ese espacio, ajeno al odio mudo de su hijo, un filo que la dañaba de tantas formas que ni las podía enumerar. Nunca sabía cómo de obtuso se iba a despertar, así que no se atrevía a salir de casa y dejarlo solo por si cometía una locura. Obligaba a Antonio a dejar el estudio de fotografía y regresar a casa mientras ella hacía la compra o atendía recados. Ya no quedaba con sus amigas ni visitaba a familiares. Una vida convertida en un infierno en el que el diablo podía ejecutar la sentencia sobre su pobre hijo en cualquier momento. Jaime se lo había dicho en tres ocasiones, la última esa misma tarde: «Para vivir así, prefiero no vivir».

Su hijo ya no podía más y no sabía cómo quitarse de en medio. Ella tampoco podía más y no sabía cómo ayudarlo a no hacerlo. A veces temía tanto que fuese a cometer el vil acto que subía corriendo a su habitación y llamaba a la puerta, a la que Jaime solía echar el cerrojo. Sucedía igual cuando se encerraba en el baño y tardaba mucho en salir. «Jaime, cariño, ¿qué haces? Sal ya, por favor. Me estás asustando. ¿Qué haces?», inquiría Miki. El silencio era la respuesta. Y después, furibundo y callado, salía.

Aquella abandonada noche la madre volvió a ocultarse en el salón vacío como tantas. Abrazada al cojín, Miki, en un baño de lágrimas, pidió perdón a Dios en innumerables ocasiones. Nunca lo había hecho, pero nunca antes había estado tan desesperada como para solicitar una sentencia para su amado Jaime. Tal verduga, con el corazón lleno de tristeza, imploró: «¡Llévatelo, Señor! ¡No puede más! No puede tener más sufrimiento. Dios mío, si ves que es la única manera de que mi niño deje de sufrir… ¡Llévatelo!».

25

Había muchas maneras de irse y todas se las explicaba a Jaime la voz de aquel Gollum que habitaba en la nada de su corazón. La burbuja había explotado y, tras mucho transitar por un paisaje gris y descorazonador, sin movilidad ni música ni amor, solo quedaba quitarse la vida. No existía en su cabeza otra solución.

El año 2017 había sido duro, pero 2018 lo había sido aún más para Jaime. Ese año, en mayo, decidió no acudir a la boda de Juanca y Elena, que habían esperado a que José ya estuviese instalado en Baeza tras sus meses de rehabilitación en la Clínica de Madrid para retomarla. Jaime acababa de ser operado del hombro y su ausencia fue un paso más hacia su aislamiento en la oscuridad. Empezó a repeler la felicidad ajena.

Su odio era tal que, cuando se enteraba de homenajes a Supersubmarina en distintos conciertos y festivales, le abominaban. No quería saber nada de la música ni del grupo al que perteneció desde chaval. Incluso, a veces, un impulso lo llevaba a desear el mal a los demás, a todos esos amigos y compañeros que podían disfrutar sus existencias desde el escenario y un estudio de grabación. Nada le dolía más y le daba más rabia que saber que había gente que podía vivir experiencias de las que él había sido expulsado por culpa del accidente.

Jaime peregrinaba en ese exilio sin sol ni luna ni estrellas. Una cortina negra envolvía todos sus pensamientos que validaban la decisión de desaparecer. Ya solo dedicaba su tiempo a encontrar la forma. No quería que su muerte fuese agónica. Le aterraba pensar en el sufrimiento. Quizá su corazón de carbón ya no latía, pero todavía el miedo era un sentimiento poderoso que podía imponerse a su pena. ¿Y si lo hacía y salía mal? Podía quedarse peor de lo que estaba, con otra lesión nueva, con el alma aún más carcomida por el virus del demonio que lo estaba matando en vida. «Soy un cadáver en vida», se repetía en silencio mientras entretejía el plan con el que acabar consigo mismo.

Tampoco quería que su muerte le dejase desfigurado. Jaime pensaba en sus padres y hermanos, en lo que se encontrarían cuando él ya no estuviese en este triste mundo y solo fuera un saco de huesos y carne consumida. Varias de las formas que contempló siempre estaban asociadas a finales estrepitosos en los que el ejecutante quedaba destrozado. No quería morir y acabar malformado. No podía obligar a sus padres y hermanos a tener una última imagen de él bárbara y deforme, como en la peor de las pesadillas. ¿Cómo hacerlo entonces?

Si Baeza fuera Dallas o Kansas, pensaba, habría una pistola en la cocina, en el garaje o en la habitación de sus padres. Y, si hubiese una pistola en cualquiera de esos sitios, ya se habría pegado un tiro. Sin embargo, Baeza no era ninguna de esas ciudades estadounidenses que permitían el uso de armas de fuego sin licencia. Ni Andalucía ni España eran el salvaje Oeste, pero no era imposible. Baeza era una pequeña ciudad en la que también había anidado este deseo en muchas personas y habían podido cumplirlo. Por alguna razón que no se explicaba, la ciudad amurallada era un lugar en el que históricamente se había ahorcado mucha gente. Puede que tuviese que ver con los exigentes trabajos en el campo, o con su clima cambiante, o con esa tragedia que emanaba desde tiempos inmemoriales de la tierra andaluza, o con esa niebla que, como una costra, envolvía al pueblo en una espesa nube gris. No lo sabía. Pero ahorcarse para él no era una opción porque acarreaba la agonía y el riesgo de que saliese mal.

Las pastillas eran la solución. Llegó a ellas a través de sus búsquedas en internet, como se llegaba ya a todo. Esas píldoras acabarían de rematar al cadáver en el que se había convertido. Sería algo rápido e indoloro y cuando su madre lo encontrase, parecería dormido en la cama y luego se daría cuenta de lo que había hecho. Jaime cumpliría con lo que había amenazado ya en alguna ocasión a su madre, objetivo de sus reproches y su dolor. Su espíritu necesitaba más intervención que su pierna. El problema era que ya no parecía tener cura.

Una mañana, el cartero llamó a la puerta y dejó un sobre. Jaime lo recogió. Tenían que ser las pastillas, pero no lo fueron. Sucedió igual otra mañana. Y otra. Se acumularon varias mañanas dispersas en distintas semanas en las que nada llegaba y se dio cuenta de que había sido víctima de un timo. Debió haberlo supuesto cuando le pidieron hacer el pago en bitcoins, pero su cabeza estaba tan centrada en apagarse que no vio venir la jugarreta de aquel miserable. El último sobre, que había llegado esa misma mañana, aguardaba sobre la mesa de la cocina y, una vez más, no era para él. Colérico, con los ojos inyectados en sangre, Jaime se fue al salón apoyado en sus muletas y cogió el ordenador de la mesita de al lado del sillón. Quería cagarse en la estampa de aquel timador al que tenía ganas de matar tanto como a él mismo. El portátil descansaba en sus muslos cuando Chispi apareció desde el pasillo y se revolcó por la alfombra. Quería jugar, pero la perrita supo que Jaime no podía tirarse con ella al suelo. Se lo quedó mirando y ladró. Aquel ladrido tuvo una resonancia milagrosa. Como si, desde el más allá, hubiesen llegado rebotando sus ondas sonoras hasta un lugar recóndito. Chispi corrió hacia el sillón y, de un brinco, se sentó en los muslos de Jaime tirando el ordenador al suelo. Empezó a acariciarla como si fuera la última vez y el mundo estuviese a punto de extinguirse. A medida que sus dedos notaban ese pelo suave y familiar se le despertaba una extraña emoción de bondad. Pensó que no tenía nada contra Chispi. Todo lo contrario. Por primera vez en mucho tiempo, un sentimiento oculto entre las sombras apareció como una lucecita al final de un largo túnel.

Abatido, tras recibir esa punzada cálida en su negro corazón, Jaime sintió que quería mucho a su adorable perrita. Y, justo después, sin dejar de acariciarla y con lágrimas en los ojos, por primera vez en mucho tiempo experimentó algo mucho más importante: piedad de sí mismo.

26

A su regreso a Baeza, José estableció un calendario semanal de médicos de Úbeda y Jaén, pero no fue el único. A medida que iba ganando un poco más de coordinación y movilidad, se impuso otro para ensayar con los instrumentos. Si ya podía andar por sí mismo o hablar en condiciones óptimas, uno de los siguientes pasos tenía que ser recobrar el contacto con la música.

El todavía cantante y compositor de Supersubmarina acudía todos los días a casa de sus padres y se ponía delante del piano que le regalaron de chaval. Su madre, que tan orgullosa había estado del niño orquesta de la casa, lo perseguía para que ensayase y, en cuanto veía que se relajaba con la televisión, le preguntaba: «¿Has tocado ya el piano?». Luego se sentaba a su lado y lo ayudaba en la práctica. Juntos se ponían a estudiar las partituras y ella le incitaba para que deslizase los dedos por las teclas. Los movimientos de sus manos, antes ágiles y precisos, eran torpes y lentos. Ella intentaba que, al menos, tuviesen un mínimo de coordinación mientras él volvía a familiarizarse con el instrumento, pero a veces acababan peleándose porque él se frustraba.

«Hemos empezado otra vez de cero, hijo, así que no te enfades si no te sale tan pronto», decía ella sujetándole las muñecas.

José entendió pronto que tardaría mucho tiempo en volver a tocar bien el piano, y más aún la guitarra, un instrumento más exigente para su cuerpo. Carecía de la precisión necesaria en las manos. De hecho, con una de ellas no podía sujetar la púa con fuerza suficiente. José lo intentó en varias ocasiones, pero estaba lejos de conseguirlo. La imposibilidad de tocar la guitarra fue uno de los motivos por los que no volvió al local de ensayo con el resto de sus amigos. Aunque, dentro de todas sus limitaciones, hubo más razones, como la de no encontrar el tono adecuado de voz cuando cantaba. Su voz, tan versátil en el pasado, estaba también lejos de ser la de antes.

A José le costaba acercarse al local de ensayo porque era el lugar donde había sido un fuera de serie, uno de los mejores entre los mejores. No le contaba a nadie esa angustia como a nadie le decía que echaba de menos la rutina de trabajar. «El hecho de sentirme útil», pensaba. Antes del accidente, le gustaba muchísimo ir al local y pasarse allí las horas. Se podía decir que vivía dentro. Siempre llegaba el primero de los cuatro. Salía andando hasta el polígono desde su casa en la zona monumental, abría el local sobre las 11.00 de la mañana, enchufaba la radio, empezaba a tirar cables y tocaba solo hasta que, media hora más tarde, iban llegando los demás. Tenía una entrega total a la causa del grupo. Era el compositor de todas las canciones, la cabeza más creativa, quien escribía las letras y la música.

En la banda, en Baeza, en Sony y en la música española, todos sabían que Supersubmarina no podía existir sin José, el *alma mater* y la expresión de la banda a la máxima potencia. José prefería no plantearse esa cuestión y se centraba en recuperarse. Deseaba con todas sus fuerzas subir la escalera más rápido, pero, desde 2018, había algunos escalones que se le resistían. Eran los que tenían que ver justamente con tocar instrumentos y cantar.

Nadie sabía que en la mesilla de su dormitorio descansaba un papelito junto a la lámpara y el despertador. Era lo primero y último que miraba cada día. En el pósit, rectangular y amarillo, él mismo había escrito con letras mayúsculas el siguiente mensaje:

«TOCO LA GUITARRA Y CANTO
COMO ANTES DEL ACCIDENTE».

27

Ernesto había dedicado su vida entera a Supersubmarina, lo había decidido en esos tiempos en los que José tocaba y cantaba como una estrella del pop. El mánager de la banda lo había dejado todo con treinta y ocho años para meterse en un proyecto en el que creía más que nadie. El grupo de Baeza sería luego el ojito derecho de Carlos López y José María Barbat, los dos capos de Sony, pero antes, siempre, estaba Ernesto. Si hubiese un título de *quinto supersubmarina*, como siempre lo hubo para el *quinto beatle*, tendría que recaer sobre él. También podría merecerlo Alfonso Valverde, el socio de Ernesto en Pink House Management. Ambos formaban parte del espíritu de la banda desde sus inicios, pero el empuje de Ernesto fue fundamental. Él encendió la chispa para que prendiese la llama.

Después del accidente la llama se había congelado. Podría haberse consumido y, entonces, ya tendrían un final que aceptar todas las personas implicadas en el proyecto de Supersubmarina, pero, a decir verdad, nadie quería creer que ese fuego diminuto, aún vivo, se pudiese apagar. Ernesto menos que ninguno. Al igual que José, Juanca, Pope y Jaime, su vida había sido la banda y necesitaba confiar en que volvería a serlo. Y, como ellos, también sucumbió a la frustración de chocarse con sus propias expectativas con respecto al regreso. Tres años después del golpe en la carretera seguía sin haber ningún futuro inmediato. El *quinto beatle* estaba sin The Beatles, aunque los seguía esperando como quien desea que llueva en el desierto.

Ernesto caminaba por Alonso Martínez mientras reflexionaba sobre ese futuro inexistente por culpa de un presente detenido. Tenía la costumbre de pasear solo cerca de una hora todas las mañanas y solía hacer un trayecto que recorría Los Bulevares, ese conjunto de vías anchas de Madrid, un trazado que, bajo la inspiración de París, se levantó con sus elegantes edificios de balconcillos, altos ventanales y arboledas.

Siempre que pasaba por la plaza de Alonso Martínez, a la altura de la cervecería Santa Bárbara, se acordaba del paseo de la Constitución de Baeza. Quizá tuviera que ver con los árboles frondosos y la disposición rectangular de la plaza. O quizá con que recordaba que allí hubo tiempo atrás un templete al estilo del quiosco de Baeza. No sabía qué le llevaba a esas cavilaciones, pero cuando pasaba por esa zona, bajaba un poco el ritmo y siempre le asaltaban pensamientos relacionados con la banda. ¿Qué pasará? Era la pregunta que más se había formulado él mismo y la que más le habían lanzado desde el accidente. La situación era tan extraña que cada vez que alguien le preguntaba se las ingeniaba para lanzar balones fuera sobre la salud de los cuatro y, sobre todo, la de José. No tenía nada que pudiera responder, ni siquiera a sí mismo, ese *quinto supersubmarina* que vagaba por las calles de Madrid sintiendo que no tenía adónde ir.

Después del accidente, Ernesto había acabado superado por la intensidad de los hospitales y los siguientes meses de esa incógnita imposible de despejar. Tanto a él como a Alfonso Valverde les había pasado mucha factura psicológica comprender que todo se había detenido de aquella forma abrupta. Se hacía difícil pensar en un posible final, pero era peor aún no poder resolver un presente atascado e inverosímil. Alfonso solía decir que se habían quedado en el hoyo y que ambos se habían acostumbrado a picar piedra otra vez desde ese agujero. Sin conciertos ni discos, la parálisis de Supersubmarina llevó a Pink House Management a una ruina de la que, tres años después, estaban todavía saliendo. Habían trasladado la oficina de Baeza a Madrid y habían trabajado mucho con otros artistas como Fuel Fandango, Rayden, Zahara o Maika Makovski. Poco a poco habían conseguido remontar económicamente, pero sus cabezas seguían en el agujero.

Ajeno al ruido de los coches y al tránsito acelerado de los viandantes, Ernesto caminaba con la cabeza baja. Le bombardeaban recuerdos de mil momentos distintos con el grupo y con cada uno de ellos se emocionaba. Había sido mágico. Volvía a sentir ese cosquilleo de 2010, cuando la banda estaba reventándolo en MySpace y en un impulso, decidió lanzarse a cerrar el concierto de Joy Eslava cuando en Madrid ya tenían agotadas dos fechas. Fue puro instinto de mánager. Llenaron Joy Eslava en esa actuación que tanto los impulsaría. Recordaba todavía a José sobre el escenario mientras movía el dedo y guiaba al público que coreaba los estribillos de todas las canciones de una banda que, en ese momento, apenas tenía un par de EP. Podía recordar sus llenos en La Riviera, en tantos recintos, festivales y pabellones, como el último WiZink, en 2016, solo unos meses antes del fatal día. Todavía podía vislumbrar en su mente cómo José, Juanca, Pope y Jaime atravesaban los corazones de tantísimos miles de personas entregadas con melodías de un entusiasmo afilado y cómo él lo veía, como un privilegiado, desde el lateral de las bambalinas. Se veía en hoteles, carreteras y aeropuertos con ellos. Y siempre se veía riendo. Una risa que marcaba su relación con los cuatro. Todo pasaba por la risa. El filtro que medía a una banda que nunca fue como las demás ni como ninguna. Una banda de cuatro chavales de un pueblo andaluz que no alimentó el sexo, drogas y rock and roll tan habitual en toda la escena desde finales de los setenta. Ernesto lo había conocido de primera mano y sabía bien que era casi un milagro haberse topado con esos chicos honestos, sanos y divertidos. Cuatro colegas que podían beberse unos cubatas, pero jamás acababan borrachos como piojos ni tirados por habitaciones de hotel hasta las orejas de drogas ni perdidos en los camerinos por montárselo con las *groupies.* ¡Joder, si tenían novias formales y rollos saludables, no fumaban y regresaban siempre a Baeza después de los conciertos! ¿Dónde se había visto? La peña del mundillo musical se lo decía siempre:

«Ernesto, esos chavales son especiales. No se parecen a nada de lo que hay en el puto negocio».

Pero esos chavales seguían en un limbo a la espera de la recuperación de José. Ernesto se había pasado los últimos años de su vida en contacto directo con él. Desde el principio de su relación, lo llamaba por teléfono todos los días y podían estar una hora al aparato. Charlaban de asuntos de la banda y también de muchos más. Hubo una época, cuando él vivía en Baeza, que se veían todos los días. José era para él como un hermano pequeño. Un hermano con el que en ese momento tenía mucha menos relación debido a su estado. Menos conversaciones, más cortas y alejadas de la complicidad de siempre. Existía demasiado dolor y un bloqueo que no había forma humana de romper. Echaba de menos la risa de José, la de ambos, porque una incitaba a la otra. A Ernesto le había pasado como a los chicos: se había quedado atrapado en el 14 de agosto de 2016.

Ese día, el todavía mánager de Supersubmarina paseaba sin compañía por Madrid. Era octubre de 2019. Las hojas amarillas y marrones de la arboleda de Alonso Martínez parecían sacadas de un cuadro de otra época. Iba a dejar la capital porque le recordaba a aquellos tiempos en los que se quería comer el mundo con la banda en la que había volcado todos sus sueños. Acababa de ser padre y se iba a vivir a Benicàssim con su mujer y su hija recién nacida. Un lugar donde podría cuidar de su pequeña y contemplar el mar. Un sitio donde quizá rehacer una existencia que ya nunca sería lo mismo.

28

Los piratas informáticos asaltaron un barco que más bien parecía uno fantasma. A Supersubmarina le hackearon las cuentas de Instagram y Twitter. Perdieron todo su historial en ambas y volvieron a crear una nueva de Instagram, pero no así de Twitter. Facebook no tuvo ningún problema. Tampoco importó mucho. Después de la foto de los cuatro en el local de ensayo el día del cumpleaños de Pope en 2017, los chicos dejaron de usar las redes sociales como banda. En los años sucesivos publicaron algún mensaje discreto relacionado siempre con *merchandising*. Nada más. Como en los medios de comunicación, Supersubmarina dejó de tener presencia en las redes sociales. Una muestra más de que el grupo existía sin existir.

En 2019, la banda tomó la decisión de dejar el alquiler del local de ensayo que tenían desde 2014, cuando con la salida del disco *Viento de cara* el anterior se les quedó pequeño e insuficiente. La nave del polígono industrial les costaba quinientos euros al mes, un dinero que salía de la caja de ahorros conjunta, administrada por Juanca. Pero no tenía sentido pagar seis mil euros al año por un espacio que ya no pisaban. Los instrumentos los trasladaron al estudio que Juanca había montado con su hermano Antonio en la planta de arriba de la sede de la empresa familiar. Allí estuvieron hasta que, un día de ese año, José se llevó sus guitarras al garaje de casa de sus padres, el sitio donde ensayaban en sus comienzos, todavía con el nombre de Inflamables. Su centro de reunión más orgánico había desaparecido. Sin local de ensayo, la banda pasó a ser un ente extraño. Seguía existiendo sin existir.

Nunca habían comunicado una disolución, pero Supersubmarina era un barco fantasma, un espejismo que algunos todavía confundían con algo real. Más de tres años después del accidente, Ernesto y Alfonso seguían recibiendo llamadas de festivales, ayuntamientos o marcas que se interesaban por contratar al grupo. Pasaba igual con su público. Cada mes, cientos de fans publicaban mensajes esperando el regreso de la banda. «A lo mejor en cualquier momento pueden volver con un disco», escribía uno. «Quizá se les anuncie este año en el Low Festival como la gran sorpresa», deseaba otro. «¡Qué ganas tengo de que se informe ya de la nueva gira de Supersubmarina y celebremos todos que están vivos!», decía uno más.

Nadie conocía el peso real de ese silencio, que no estaba relacionado con una estrategia ni con un plan de marketing. Era el silencio de un shock, un mutismo que parecía casi imposible que acabara, porque formaba parte de un trauma colectivo y todos los implicados estaban intentando sobrellevarlo. Como banda, Supersubmarina había protagonizado momentos estelares en el pop español del siglo XXI y había creado canciones imperecederas para muchísima gente. Habían hecho historia en la música española como uno de los grandes representantes de la culminación del indie en un fenómeno masivo. Pero, después del trágico golpe, la banda había abandonado su materialidad para pasar a un estado casi místico: era un grupo que existía sin existir. No estaba disuelto ni finiquitado ni roto. Tampoco había un regreso a la vista. No existía ningún horizonte ni ningún nuevo comienzo. ¿Un parón temporal? ¿Una disolución transitoria? ¿Un final con posibilidad de vuelta? Nadie sabía cómo definir esa situación tan extraña y difícil. Mucho menos lo sabían sus protagonistas: José, Juanca, Pope, Jaime, Ernesto, Alfonso... Todos los que conformaban el alma de Supersubmarina eran incapaces de expresar ni una sola palabra con sentido sobre el estado de las cosas. Formaban parte de un trauma colectivo. Algo nunca visto. El shock los mantenía paralizados.

Muchos creían aún que Supersubmarina seguía siendo ese transatlántico que, si bien estaba amarrado, navegaría otra vez con orgullo mares de la música española, pero en realidad era un trampantojo a la deriva.

En 2012, Supersubmarina acababa de publicar *Santacruz*, su segundo álbum, que contó con la producción de Tony Doogan, ingeniero escocés que había grabado con Belle and Sebastian, Teenage Fanclub o Mogwai. El disco los encumbró como uno de los grandes exponentes del indie nacional. Canciones que combinaban melodías pegadizas con atmósferas misteriosas hasta otorgar al conjunto un halo épico. Esa luminiscencia era la gran seña de identidad de la banda. Una característica de su música de la que participaba siempre el público en directos en los que las canciones se elevaban por encima de las composiciones registradas en el disco. A partir de *Santacruz*, Supersubmarina se convirtió en la banda de los festivales, más aún después del concierto del verano de 2012 en el Low Festival, que quedó en la memoria del grupo y de mucha gente. Desde entonces no se dejaba de hablar de esos chavales de Baeza como los tipos perfectos para levantar un festival.

El circuito de la música en directo se había agrandado en España. Los primeros certámenes de música independiente del país habían surgido a mediados de los años noventa y casi dos décadas después estaban ya consolidados como referentes nacionales e incluso europeos. Festivales como el Primavera Sound, el Sónar, el Festival de Benicàssim (FIB), el Sonorama Ribera o el Azkena Rock habían abierto un abanico de propuestas estilísticas que permitían concentrar un gran número de bandas en torno a una apuesta determinada: indie-rock anglosajón en el caso de Primavera Sound o FIB, indie-rock nacional en el de Sonorama Ribera, electrónica en el Sónar o rock and roll en el Azkena Rock.

El éxito de todos ellos, que no pararon de crecer y sumar escenarios, creó un efecto llamada en una industria que entendió que España era un país ideal para este tipo de eventos de música en directo: cálido la mayor parte del año, con un gran componente turístico y, por supuesto, con mucha fiesta. Con la llegada del siglo XXI, administraciones públicas, ayuntamientos y patrocinadores fueron levantando todo tipo de festivales en ciudades de provincia, incluso en pequeñas ciudades, pueblos y sitios impensables unos lustros antes. Ya en 2012 era imposible saber cuántos festivales existían, porque tampoco había un registro oficial que marcase la definición legal de un evento de estas características. Según la Asociación de Promotores Musicales y la SGAE, se calculaban cerca de ochocientos al año, que generaban un negocio de más de ciento cincuenta millones de euros.

Supersubmarina se consolidó a velocidad de rayo en ese ecosistema tan propicio que acabó por dominar la música en directo en España en detrimento de las salas y los escenarios convencionales. Al igual que la banda de Baeza, más formaciones se fueron haciendo fuertes en los carteles de decenas de festivales. Tanto era así que cada año se concedía el título honorífico de banda de los festivales a la que más aparecía en los carteles. Para promotores y mánagers era una especie de reconocimiento al trabajo y un logro profesional que certificaba que esa era la banda de moda del circuito ese año, la que más había crecido o la que mejor estaba escalando en la industria. El público también solía verlo como un reconocimiento, aunque a veces mutaba con cierta sorna en un título peyorativo, como la más pesada del circuito. Como decía Juanca: «Es la rifa de cada verano». Love of Lesbian, Lori Meyers, Sidonie, Vetusta Morla, Izal o Niños Mutantes eran algunos de estos grupos que ostentaron el título que, a partir de 2012, recaería más de una vez en Supersubmarina.

José, Juanca, Pope y Jaime no solo habían vivido esa efervescencia y euforia, sino que habían sido parte. El indie había dejado de ser minoritario gracias al recorrido de gente como ellos, capaces de mantener ciertas esencias estilísticas y alternativas mientras alcanzaban más público. La escena se había ido levantando desde finales de los noventa y cuando ellos llegaron estaba lista para que arrasaran como un vendaval. Vetusta Morla, el grupo con el que más los comparaban, era el único que tenía más público y más impacto comercial y mediático que ellos de todo el circuito, pero la banda madrileña llevaba una carrera de fondo de más de diez años, mientras que Supersubmarina había llegado a la cima en apenas cinco. Era el ejemplo a seguir por todos. La banda que lo consiguió en tiempo récord.

Trabajo, trabajo y trabajo. Era el mantra de todos ellos: José, Juanca, Pope, Jaime, Ernesto, Alfonso y el equipo del sello Octubre en Sony. Trabajo, trabajo y más trabajo para mostrar mejor el talento, para pulir la calidad, para no conformarse, para superarse. Todos eran responsables y ambiciosos y todos estaban entregados a un éxito que no paraba de crecer. ¿Dónde estaba el límite? ¿Acaso hay límite en la espiral del triunfo? ¿Acaso el circuito está pensado para que una banda se detenga? ¿Acaso un músico sabe salir de la rueda de la música? Siempre hay una canción, un concierto, un festival, una gira... Siempre hay algo más que dar a un público hambriento que no desaparece, que cada año recuerda, a través de las redes sociales, los programas de radio o los lugares que visitan, que está ahí. Que desea que la banda saque nuevos discos y regrese a su ciudad. Que la música no pare. Que el show continúe.

José, Juanca, Pope y Jaime no pararon desde que se dieron a conocer en 2008. A partir de 2012, cuando consiguieron el pleno de diamantes con *Santacruz* y redoblaron el triunfo en 2014 con *Viento de cara*, continuaron rodando. En 2016, en la larga gira del que sería su último disco, estaban dando mucho más de lo que podían dar hasta que colapsaron. No fue el día del accidente. Fue antes. La banda de las bandas nunca habló de ello porque tuvo que ser un accidente casi mortal en la carretera el que, mucho tiempo después, hiciera ver a sus integrantes hasta qué punto la dinámica de sus vidas en plena cresta del éxito era nociva.

30

Una de las leyendas jiennenses más antiguas es la de la Puerta de Baeza, situada en la antigua muralla de la ciudad de Jaén, a la altura de la plaza de los Huérfanos. Hoy apenas quedan unos pocos cimientos, pero, mucho tiempo atrás, este paso fue de los más conocidos. La muralla de Jaén contaba con diez puertas principales y otras tantas de menor tamaño. La Puerta de Baeza se hizo célebre porque albergaba una de las leyendas más consagradas de esa parte del territorio andaluz.

Junto a la Puerta de Baeza existía una casa modesta y en la que nadie reparaba nunca. Era la casa de una familia judía que, en un sótano, conectado con las profundidades de la muralla, guardaba un tesoro. La familia se vio obligada a abandonar la ciudad, porque el Tribunal de la Inquisición a finales del siglo XV expulsó a unos mil quinientos judíos de Jaén. La familia prometió volver para recuperar su tesoro, pero jamás fue posible.

Cuenta la leyenda que dos extraños ganaderos tomaron la decisión de pasar la noche en esa casa que, abandonada, terminó habitando una viuda con su hijo. A cambio de una retribución, la dueña de la casa aceptó a los campesinos que nadie conocía porque necesitaba el dinero. Los hombres pidieron dormir en el sótano, donde nunca nadie había visto el tesoro. Tampoco la madre ni el hijo, que habían decidido tener el sótano siempre cerrado con llave y ese día lo abrieron para ellos. A medianoche, el hijo se despertó al oír unos susurros raros que venían de abajo. Sin hacer mucho ruido acechó sin que los pastores se percataran de su presencia. Observó cómo ambos pronunciaban unas palabras en un idioma que no conocía con una vela encendida. Cuando terminaron de pronunciarlas y de hacer el extraño ritual, los muros del sótano se abrieron. Los huéspedes entraron por una grieta a una cueva donde había joyas, monedas y otros objetos de alto valor. Una vez apagaron la vela, esa brecha que surgió en el muro se cerró. Los pastores, a la mañana siguiente, abandonaron la casa con una pequeña parte del tesoro sin decir nada a la mujer ni a su hijo. Pero el joven había memorizado las palabras que dijeron, a pesar de ser dichas en otro idioma, así que esa misma noche le pidió a su madre abrir otra vez el sótano. Encendió la vela que habían usado los ganaderos y, al pronunciar las palabras aprendidas, el muro volvió a abrirse. La madre se quedó sosteniendo la vela, ya bastante consumida desde la noche anterior, mientras que su hijo entraba con sigilo a la cueva. El tiempo corría y el joven no paraba de llenarse los bolsillos de monedas y de intentar cargar con más objetos de lo que sus manos abarcaban. La madre le advirtió que la vela estaba a punto de apagarse para que dejase todo y saliese corriendo de la cueva antes de que fuera demasiado tarde, pero el hijo solo decía: «Un poco más, mamá». La vela se apagó, no pudo reaccionar a tiempo y la grieta se cerró con él dentro ante la mirada horrorizada de su desesperada madre. Dicen que el hijo nunca más pudo salir de la cueva y se mantiene oculto en la Puerta de Baeza.

31

Cuando Juanca echa la vista atrás, recuerda con nitidez la parálisis en la cara que le dio en aquella gasolinera. El golpe con el coche sucedió en agosto y ese momento, frente al espejo de un baño sucio en un sitio sin nombre, había sucedido unos meses atrás, en marzo, cuando la banda estaba metida en *El Mañana Tour*, una gira que los llevaba por toda España para seguir presentando el álbum *Viento de cara*, publicado en mayo de 2015.

Los cuatro iban camino de Burriana para tocar en el SanSan Festival. Habían salido de Cantabria tras acabar su actuación en el Santander Music Festival. Condujeron toda la noche para llegar, ya de día, hasta la localidad valenciana, cercana a Castellón de la Plana. Más de setecientos kilómetros y siete horas de coche separaban Santander de Burriana. Una vez más dormirían en el viaje. El día anterior, los cuatro y Chicharro habían salido de Baeza a primera hora de la mañana para llegar apurados a la prueba de sonido en Santander. Se habían comido casi ochocientos kilómetros y ocho horas de coche. Dejaban sus hogares para ir de sur a norte, de norte a noreste y vuelta a casa. De los olivares al mar Cantábrico, luego al mar Mediterráneo y de nuevo al mar de olivos. Cerca de mil ochocientos kilómetros y unas veinte horas de viaje en menos de cuarenta y ocho horas, sin contar el desgaste de dos conciertos en los que eran cabeza de cartel. Era una paliza. Y también una locura.

Juanca estaba sintiendo un dolor de cabeza terrible y, a medio camino entre Santander y Burriana, pidió parar el coche para ir al baño. Volvía a notar esa migraña que ya lo llevaba molestando semanas, pero esa vez se asustó. Se había tomado un paracetamol y no le había hecho efecto. Intranquilo, se tocó la cara y notó un cosquilleo incómodo. Ya frente al espejo se dio cuenta de que tenía la parte derecha de la cara paralizada hasta el labio. Su gesto se había quedado torcido. Se echó agua varias veces, pero no dio ningún resultado. Llegó a pensar que podía ser un ictus, pero enseguida recuperó la sensibilidad, así que no le comentó nada a nadie durante el viaje.

El silencio reinaba en esos viajes nocturnos. Un silencio que se había hecho habitual entre ellos, ya fuera de día o de noche. Todos se exigían mucho por la banda y estaban cansados, aunque no lo escenificasen ni comentasen. Seguían ensayando cada día, no paraban de hacer promoción y tocaban allí donde los llamaban. Se habían acostumbrado a meter dos bolos cada fin de semana y a recorrer kilómetros con tal de no fallar a las expectativas que recaían sobre ellos. A fin de cuentas, Supersubmarina era una de las grandes bandas de la música española en parte por eso, porque nunca fallaba.

En esa vorágine, Juanca había empezado a tener crisis de ansiedad. No se lo había dicho a ninguno de sus amigos. Iba al psicólogo y trataba de resolver su angustia. Creía que tocaba peor que antes. Veía la grabación de la actuación en La Riviera o algún vídeo de los conciertos de Radio 3 y estaba convencido de que aquel Juanca de años atrás aporreaba mejor la batería. Vivía en la frustración. No paraba de crearse presión.

«¿Por qué toco tan mal ahora?», se preguntaba en las pruebas de sonido, en los viajes en coche o en casa, tirado sobre la cama. «¿Qué ha pasado?». El psicólogo le explicaba que él se estaba generando el problema, pero sufría igual a medida que llegaban los conciertos y se seguía exigiendo. Tuvo otras pequeñas parálisis en la cara, precedidas siempre de un fuerte dolor de cabeza, pero le hicieron pruebas en las que descartaron que fuera ningún ictus. Todo estaba en su mente. La ansiedad se hacía visible en esa parte de su cuerpo. A otros se les caía el pelo, les salían manchas en la piel o se les agarrotaban las cervicales, pero a él se le paralizaba el rostro hasta el labio y se le quedaba la cara rígida y extraña, como a un muñeco de porcelana. Arrastró ese lastre hasta el último concierto que dieron antes del accidente.

Pope recuerda por encima de todo la sensación de agotamiento que lo acompañaba en esa gira. Apenas guarda imágenes claras de los conciertos y los viajes, pero asegura que ya no disfrutaba igual de los bolos. Su percepción era que tampoco lo hacían sus compañeros. Se fijaba en José, Juanca y Jaime y veía más gestos cansados, menos ganas de comunicarse, más silencio.

«Somos una banda automatizada», le confesó Pope a Cristina al regresar de un concierto en León un par de semanas después del SanSan Festival.

La esencia de la banda había sido disfrutar de todos los instantes de un concierto, desde que se salía por la puerta de casa hasta que se volvía a entrar. Daban igual las horas o los días. Gozaban de la carretera, las pruebas de sonido, los camerinos, el salto al escenario, la actuación, los fans y las vibraciones de regreso al hogar. Sin embargo, la rutina les había quitado la capacidad de saborear todo eso. No dormían bien ni descansaban. Hacían entre setenta y ochenta bolos al año, no paraban de viajar en coche e intentaban siempre llegar lo antes posible a Baeza. Los cuatro cargaban con el mundo a sus espaldas si hacía falta. Amaban su trabajo, pero también eran competitivos. Siempre habían querido llegar lo más alto posible y querían aprovechar todas las oportunidades, aunque no las disfrutasen. En 2016 ya resultaba imposible diferenciar cuándo se estaban realizando y cuándo se estaban explotando a sí mismos.

Jaime reconoce que priorizaba el grupo por encima de todo. Recuerda que tocó buena parte de esa gira con una grave lesión en el hombro derecho. Se le rompió el nervio y casi no podía moverlo. Tenían que dejarle el brazo colocado sobre la guitarra y vivía chutado, porque le dolía mucho. Pero nunca pensó en quedarse en casa y no salir de gira.

«No me planteo nada que no sea estar en cada concierto con la banda», le dijo Jaime a su madre, que estaba preocupada por el estado de su hijo, antes de coger el tren en Atocha para viajar a tocar a Barcelona durante esa gira.

El guitarrista de Supersubmarina llegó a tocar en Valencia el mismo día de la muerte de su tío Antonio, el Tato, una de las personas que más le había inculcado el amor por la música. También lo hizo cuando a su padre lo operaron y le abrieron el esternón. Lo llamó por teléfono desde los camerinos, aunque algo dentro de él le decía que tenía que haberlo acompañado en ese momento. Su nivel de compromiso con la banda era inquebrantable.

El único que no recuerda nada es José. Como tantas cosas, los recuerdos de aquella gira se perdieron por el agujero de su memoria tras el golpe en la carretera. Sin embargo, su madre le cuenta que estaba «saturadísimo», harto de viajar todas las semanas en un tour que nunca acababa y que era muy exigente. Tres días antes del concierto en el Medusa Festival, según le explicó su madre mucho tiempo después, José se puso a llorar con ella. «Estoy hasta los cojones», dijo entre sollozos en el salón de casa de sus padres tras reconocer que él y el resto se habían equivocado al aceptar tantas ofertas de festivales para ese verano.

Todavía seguían estirando el álbum *Viento de cara*, un disco publicado en 2014 y con el que habían tenido veinticinco conciertos solo desde octubre de 2014 hasta enero de 2015. Luego llegaron muchos más, con más ciudades en primavera, quince festivales de verano y una gira otoñal por Europa en la que viajaron a Alemania, Bélgica, Irlanda y Reino Unido. En 2016 anunciaron *El Mañana Tour*, un concepto nuevo de gira en la que contaron con nuevos músicos y una renovada escenografía y que sumó nueve conciertos por España. El último de ellos en Madrid.

Los cuatro creen que debían haber acabado la gira ese 20 de mayo de 2016 en el WiZink Center de Madrid. Una reflexión que comparten después de la tragedia que cambió sus vidas, porque reconocen que, en su momento, fueron incapaces de verlo. Todos aseguran que, además, fue uno de los conciertos más importantes de su carrera, sino el que más. El lleno de uno de los pabellones más simbólicos de la música española quedó como el gran culmen después de ocho años de imparable ascenso. Fue una actuación histórica, con todos sus familiares y amigos entre los más de doce mil asistentes que abarrotaron el recinto que antes habían llenado algunas de sus grandes bandas favoritas, como The Black Keys y Arcade Fire. Un concierto que los situó en la cúspide de la música española.

No fue suficiente.

Ciegos de éxito, fueron a por más, sin saber lo que les tenía reservado el destino.

32

Juan Pablo Mola, más conocido como Juampa en Baeza, creía más en tenerlo todo bien atado que en el destino. En la abogacía no había nada que se dejase al azar ni a la providencia. Menos aún las consecuencias de un accidente de coche que casi mató a sus cinco tripulantes y dejó a tres de ellos con secuelas físicas graves. Dios siempre era importante, pero, a la hora de litigar con las aseguradoras, solo había una verdad por encima de toda fe: «Búscate un buen abogado».

Juampa no solo era buen abogado, sino que era amigo de los cuatro de Supersubmarina, una banda a la que había representado desde sus inicios. Unos años mayor que ellos, siempre presumía de que los había visto nacer a todos. Las familias de José, Juanca y Jaime eran clientes del despacho familiar. Por eso, el grupo solicitó sus servicios. Tenían confianza plena en él, un hombre tan entregado a la abogacía como ellos a la música, con verdadera pasión y determinación.

La abogacía en la familia de Juampa era casi tan importante como la Semana Santa en Baeza. Hijo y nieto de abogados y funcionarios de justicia, su madre y abuelo materno habían sido secretarios judiciales y su padre y su abuelo paterno habían sido abogados. Él se hizo abogado generalista, especializado en procesos civiles, aunque también llevaba asuntos penales. Como tantos baezanos, estudió la carrera en la Universidad de Granada y luego hizo el prácticum en la Universidad Alfonso X el Sabio en Madrid. Al poco tiempo de empezar a ejercer en el despacho familiar, los chicos, a los que había visto de niños jugar al fútbol en el paseo de la Constitución y de adolescentes tocar en el Burladero y otros bares, le ofrecieron ser el abogado de la banda.

La relación ya tenía un lazo importante previo: Juampa se había encargado de tirarles algunas de sus primeras fotografías como grupo, ya que, aparte de la abogacía, le encantaban la música y la fotografía. Se le podía ver a menudo con su cámara a cuestas para retratar a los músicos del panorama indie que pasaban por la ciudad o por localidades cercanas. Su cámara Nikon Reflex D50 registró por primera vez a Autómatas y luego también quedaron inmortalizados Neuman, Rubén Pozo, Lucky Duckes, Dr. Sapo, Alis, Matellán, Los Bonsáis o Willy Naves, entre otros muchos. Pero sus favoritas eran las de Supersubmarina. Suyas eran algunas fotos muy apreciadas por los fans en las que se les veía vestidos con camisa blanca y corbata y traje negros, posando en un gallinero del pueblo. A Juampa lo llenó de orgullo ver la imagen en el cartel de una de las giras de los chicos. Sin embargo, tuvo que colgar la cámara porque no le daba la vida con el despacho de abogados y Pua Music, la empresa de representación y contratación que, a raíz de aprender todos los entresijos de la industria musical con Supersubmarina, montó en 2012 con Javier Valverde, amigo y técnico de la banda. Él se encargaba de la representación y el papeleo y Javi de la producción artística. Más allá del despacho, Pua Music siempre había sido su gran proyecto, el lugar en el que desarrollar carreras y llevar asuntos de músicos emergentes de la tierra, tal y como ya hacía con Supersubmarina.

Su implicación con la banda era total. Juampa impulsó la demanda por los mensajes de odio contra Supersubmarina de las primeras cuarenta y ocho horas tras el accidente. Asombrado y triste, el abogado los apuntó en un papel y reflexionó mucho qué hacer con ellos. Una mañana, mientras escuchaba *Hoy empieza todo* de Radio 3, oyó decir un apodo que coincidía con el nombre del perfil de uno los usuarios que más mala baba había descargado contra el grupo al desear la muerte de sus integrantes. Hizo las indagaciones y comprobó que se trataba de la misma persona, un tipo que se dedicaba a hablar de música en distintos medios digitales. Aquello lo enfadó. Consultó a las familias y todos acordaron presentar la demanda de injurias por aquellos mensajes. Creían que tenían que hacerlo por un sentido de la responsabilidad y la educación de una sociedad que, a veces, mostraba su cara más enferma en tragedias como las que ellos habían sufrido.

A Juampa no le importaba remangarse la camisa por José, Juanca, Pope y Jaime. En general, le gustaba hacerlo por la causa de los músicos, a quienes admiraba y que sabía que solían estar mal asesorados. Tenía una máxima: todo músico debe tener un abogado para evitar que los lobos cuiden de las gallinas. La industria musical podía ser un territorio hostil para los artistas que no gozaban de asesores bien preparados y de confianza. Los músicos siempre estaban pensando en escribir canciones y llegar a los corazones de la gente, pero no en hacer la declaración de la renta, presentar el IVA o ver cuánto dinero podían recibir de sus derechos de reproducción. Las almas artísticas eran las más fáciles de estafar. Además, Juampa sabía que, hasta que no tenían un cierto nivel económico, no se podían permitir el lujo de tener asesores y sus papeles en orden. Por eso montó Pua Music con Javi Valverde. Y por eso aceptó ser el abogado de Supersubmarina justo después de que la banda empezase a tener algún problema con la interpretación de los contratos y los pagos a partir de 2009.

A diferencia de otros letrados de la comarca, él era un abogado con alma musical. Guiados por el consejo de Juampa y de Manolo Rascón como asesor fiscal, José, Juanca, Pope y Jaime crearon una sociedad mercantil para Supersubmarina con el fin de tener todo en regla como empresa musical que eran. Según él, era la fórmula perfecta para cualquier banda. Muchos músicos solían ser autónomos, pero eso sucedía cuando se trataba de artistas solistas. Otros muchos músicos estaban dados de alta en la seguridad social a través de trabajos ajenos al del espectáculo, pero esta opción era irregular y podía resultar un problema en varios frentes, sobre todo en caso de accidente laboral. Era la opción que elegían todos aquellos músicos que no generaban suficientes ingresos como para vivir de su música. Supersubmarina nunca fue por ese camino, porque Sony y Universal Publishing los sustentaron desde el principio y además contaban con Juampa.

El registro de los cuatro como trabajadores dentro de una sociedad mercantil facilitó mucho las coberturas que después recibieron por el siniestro con el coche. De haber sido distinto, podía haber representado un problema en una industria de festivales donde abundaban las irregularidades. De hecho, Juampa estaba convencido de que el caso de Supersubmarina podría sentar un precedente importante en la industria. A partir de 2016, tras el eco mediático del accidente, muchos festivales y promotores se preocuparían más en asegurar a los músicos que no estaban registrados como sociedades mercantiles y autónomos, porque tomarían conciencia de la falta de protección de toda esa gente que poblaba sus carteles y programaciones. Normalmente, los músicos emergentes y más pequeños. Hasta entonces no siempre se valoraba el riesgo de viajar por carretera o cualquier otro que pudiera suceder en el recinto o el escenario. El accidente de Supersubmarina llevó, además, a que grupos como Izal, Vetusta Morla o Rufus T. Firefly, denunciasen esa situación. Tanto los artistas como los mánagers se podrían hacer más fuertes para exigir más seguridad laboral para todos aquellos que estaban más indefensos.

Gracias a un trabajo bien hecho, Supersubmarina estaba protegida. Las coberturas que recibieron llegaron de tres partes. Como mánager, Ernesto se había encargado en sus comienzos de darles de alta como socios de la AIE (Sociedad de Artistas Intérpretes o Ejecutantes de España) y la SGAE (Sociedad General de Autores y Editores de España). Ambas entidades se pusieron en contacto con ellos tras el accidente y a los cuatro, como socios y a título individual, se les dio una cobertura económica en función del alcance de las lesiones de cada uno. En ambos casos era una cantidad testimonial para todos, menos para José, incapacitado totalmente. Más complejo resultó recibir la cobertura con Zúrich Seguros, la empresa aseguradora del Seat Alhambra en el que viajaban. Zúrich tuvo que responder civilmente por el accidente y los problemas no surgieron por falta de predisposición, sino por la dificultad de valorar la carrera de los músicos.

Juampa se encontró con una situación paradigmática. La aseguradora hizo su papel y, después de contratar un detective para comprobar las evoluciones médicas, revisar las redes sociales de todos y, en definitiva, comprender el alcance real del grupo, lanzó varias preguntas: ¿Cómo se mide en números el futuro de un músico? ¿Cómo se puede saber el recorrido de un artista cuya profesión está sujeta a tantos condicionantes? Supersubmarina estaba en lo alto del pop nacional en 2016, pero ¿quién podía asegurar que el siguiente disco no fuera un fracaso? ¿Quién podía afirmar que las tendencias musicales no dejasen al indie relegado a un segundo plano? ¿Y si la moda sonora, siempre cambiante, fuera otra bien distinta en 2021?

El abogado de Baeza, que había visto en primera línea la evolución artística de sus amigos y le parecía inverosímil esta situación, se cagó en las muelas por tanta reflexión, pero hizo su trabajo. Contrató a Alicia Meco, importante perito actuaria para la estimación de los lucros cesantes, aquellos a los que siempre se recurre cuando hay que poner en perspectiva de futuro un beneficio. Los lucros cesantes permiten valorar ese futuro probable. Por ejemplo, si el coche de un taxista queda destruido, la estimación del lucro cesante ayuda a que se pueda reclamar el precio del coche, así como el beneficio que habría obtenido con el taxi en el futuro. Pero, claro, en ese sentido, ser un taxista, oficinista, panadero o carnicero era más fácil de valorar que ser una estrella de la música. Juampa y Alicia Meco tuvieron que demostrar que sus clientes tenían valor. Como no se cansaba de señalar el letrado de Baeza: «El futuro de Supersubmarina es brillante». Para probarlo, ambos informaron a la aseguradora de que el grupo pensaba en 2017 dar el salto a Latinoamérica, después de haber tocado en México. También hablaron de que ya existían unas maquetas para un próximo disco y que la compañía Sony, la discográfica más importante de España, los apoyaba siempre en todo. El tramitador de la aseguradora, un inspector de accidentes graves, solía decirle con complicidad al abogado de la banda: «Joder, Juampa, Rolling Stones solo hay unos». Era su manera de rebajar las pretensiones de Juampa cuando decía que Supersubmarina tenía un futuro brillante e intentar hacerle entender que no se podía medir tan a la ligera el futuro de la banda de Baeza, por muy buena que fuera antes del accidente. Todo lo que se planteaba intentaba responder siempre a una pregunta casi mística: ¿Se podía medir la música en números, en términos científicos? Esa era la cuestión y no tenía fácil respuesta.

Con José y Jaime todavía en sus procesos de recuperación tan difíciles, Juampa informó a la banda de que existía la posibilidad de ir a juicio si ellos y la aseguradora no se entendían para medir el lucro cesante de cada uno, excepto de Pope, que quedaba excluido de cualquier cobertura al ser el conductor y responsable civil. La sentencia de la jueza determinó que la responsabilidad del siniestro fue de él al primar el atestado de la Guardia Civil, el documento oficial de las autoridades que recoge las circunstancias ocurridas en un accidente de tráfico, aunque los peritajes encargados por Zúrich trataban de acreditar que había una concurrencia de responsabilidad también imputable al conductor del otro vehículo. En esas circunstancias, el abogado baezano no dejaba de pensar que el bajista había tenido mucha suerte de salir ileso. Si hubiese acabado con lesiones similares a las de José, hubiera sido un desastre económico para él y su familia. Su comentario fue tajante: «Pope, te hubieras quedado con el culo al aire».

Ni José ni Juanca ni Jaime querían ir a juicio. El desgaste psicológico podía ser enorme y ya llevaban mucho encima. Un proceso como ese podía durar más de cinco años. La aseguradora, que siempre se había mostrado predispuesta a un acuerdo justo, tampoco tenía intención, porque, en parte, temía que se convirtiese en un juicio mediático. No les costó mucho comprobar que la banda era famosa y muy querida. Además supieron en todo momento que el abogado de Baeza y sus clientes estaban siendo honestos con todos los documentos que presentaban. Llegaron, por tanto, a un acuerdo. Como con AIE y SGAE, cada cobertura económica iría en función del alcance de las lesiones de cada uno. Era bastante más dinero, pero no resolvía ninguna vida ni, como decía el letrado de Supersubmarina, podría cubrir todo lo que les habían quitado. Eso, mejor que nadie, lo sabían José, Juanca y Jaime.

A mediados de 2018, el día que José se acercó al despacho de Juampa a firmar los papeles que le correspondían, el abogado le preguntó por la firma que estaba haciendo porque no parecía que estuviese escribiendo su nombre. No veía la jota por ningún lado. José, entre molesto y bromista, contestó: «¡Pone Chino, coño!». Juampa entendió que firmaba con el apodo con el que se le conocía en el mundo de la música porque todavía aspiraba a volver a ser músico y no a quedar como un inválido a los ojos de todos. Después se puso a explicarle cómo haría la aseguradora para pagarle en los próximos meses. Entonces, José, ya más molesto que bromista, le soltó una frase que Juampa considera, todavía hoy, demoledora: «Me importa una mierda. ¡Yo lo que quiero es recuperar mi vida!».

¿Cómo se recupera una vida después de que se haya silenciado su música? ¿Cómo se recupera una existencia después de que tus mejores recuerdos hayan sido tapados por un manto negro hasta quedar sepultados en el olvido? ¿Cómo se recupera un camino cuando el mundo es tan distinto? ¿Cómo se puede estar un día encima de un enorme escenario ante miles de personas que corean tu nombre, cantan tus canciones, aman el universo que has creado para ellas y, después, en un abrir y cerrar de ojos, estar en una cama sin poder moverte ni hablar, encerrado en un cuerpo muy limitado y con una cabeza dañada como una herida que no cierra? ¿Cómo se puede saber lo que de verdad siente José, Chino, el todavía cantante y compositor de Supersubmarina?

Hay incógnitas que no tiene ningún sentido tratar de resolver porque el sentido que aplicamos está sujeto a un conocimiento insuficiente, a una lejana aproximación de la verdad. José guarda su verdad, que ni él mismo podría definir. Quizá ni reconocer. Él carga con ella como un científico con la fórmula de una ecuación sin resolver.

Cuando le pregunté por primera vez cómo se sentía tras años de recuperación, me dijo: «Me falta volver a mi trabajo». Su rostro, visto en conjunto, no era grave, sino tierno y sereno, iluminado por cierta bondad inocente. Sus ojos oscuros denotaban que habían pasado por el dolor y el sufrimiento antes de llegar a la seguridad con la que miraban. El objetivo solo era uno en su cabeza. «Necesito reenchufarme a la vida», dijo sin pestañear.

La vida era la música, como siempre había sido.

Hoy, la vida sigue siendo la música y él sigue necesitando reenchufarse, como una partícula electromagnética a un rayo cósmico.

En *Esperando a Godot,* la obra de Samuel Beckett, Vladimir y Estragon se encuentran en un camino vacío, casi desértico, donde solo hay un árbol. Se reencuentran por la mañana y no terminan de recordar nunca si ayer también estuvieron: tienen la mente nublada y los recuerdos dispersos. Pero tienen muy claro qué han ido a hacer: esperar a Godot. Creen que Godot puede conseguir que sus vidas vayan mejor.

¿Quién es Godot? No lo saben. Los dos vagabundos no recuerdan su cara, ni siquiera saben a ciencia cierta si ese es el lugar en el que deben esperarlo. Pero ellos esperan y esperan. ¿Qué más pueden hacer? Intentan hablar, pero no son capaces de comunicarse ni de entenderse y no saben qué más hacer para entretener su espera. Cada noche, los vagabundos se despiden prometiéndose que, al día siguiente, volverán a reunirse en el mismo sitio para esperar a que llegue Godot.

Godot podría ser una persona, un grupo de personas, una idea o incluso Dios. Su silencio es la única verdad. Un silencio espacial.

En Baeza, la ciudad amurallada, existe otro silencio espacial. Es el que reina cuando José, Juanca, Pope y Jaime esperan y esperan la llegada de Supersubmarina.

35

El mito del eterno retorno dice que un cosmos siempre sufrirá un cataclismo para que después surja otra vez el cosmos. Según esta visión filosófica, el universo es un espacio armonioso con energías misteriosas que causan cataclismos, entendidos como transformaciones precedidas de enormes destrucciones a una escala superior a una catástrofe. Un cataclismo lo destruye todo. No deja nada. Y, sin embargo, a este le sigue un nuevo acto de creación. De esa forma, la vida, más allá de la razón humana, sería siempre circular. El fin trae el principio o, como explica Platón, se repite la configuración del mismo cielo.

Después de tantos años, haciendo una analogía con esto, se podría hablar del mito del eterno retorno de Supersubmarina. El mito que, como polvo de estrellas, habita dentro de José. Las preguntas no dejan de formularse: ¿Podrá regresar Supersubmarina? ¿Podrá regresar su voz?

A José, marcado por las secuelas que le dejó el accidente, es fácil verlo pasear por Baeza de camino a casa de sus padres o sus hermanas o hacia cualquier recado o cita. Siempre desprende una energía celeste, como magnética. Los paisanos se le acercan y le saludan: «¿Qué pasa, máquina?», «¿Cómo vas, Chino?». Conoce a mucha gente y a la mayoría le gusta pararse a charlar con él, porque siempre está de buen humor. Cualquiera que lo haya conocido antes del 14 de agosto de 2016 nota al estar a su lado que en él hubo un cataclismo. Y, a su vez, siente que en él sucedieron fenómenos inexplicables y poderosos. José debería estar muerto, pero está vivo. Su sentido del humor, acompañado siempre de una risa pícara; su tozudez, signo de un valor que lucha por no sucumbir; o su silencio, un peso que esconde más carga de la que uno pueda imaginar, reflejan un ser vivo que experimenta aún toda una suerte de emociones.

A José no le gusta hablar de sus emociones. Dice que, al igual que a él no le interesa la vida de nadie, espera que a nadie le interese la suya, y menos aún sus sentimientos. «Soy un bloque de hielo», dice con su característico humor. Deja pasar unos segundos y, más serio, afirma: «Soy muy independiente. Viví solo desde los diecisiete años». Su madre, Mari, es la persona con la que más habla de todo y a la que, según él, no le sabe «decir que no», pero ni siquiera a ella le contó la frustración que le produjo darse cuenta de que no podía tocar la guitarra por falta de precisión para sujetar la púa. Ni comenta ni externaliza sus frustraciones. Por eso es difícil que quiera hablar de lo que le afecta ver que su recuperación no avanza como él desea, como todo el mundo desea. Nunca confesará que, en el fondo, muy en el fondo, tiene miedo a no conseguir regresar. Si ya le genera mucha tristeza no acordarse de unos cinco años de su vida y no tener recuerdos de estar subido en un escenario, más le causa pensar que todo el esfuerzo que está poniendo podría no ser suficiente para alcanzar su meta. Quizá por eso no se concede ese pensamiento ni esa posibilidad.

«Solo pienso en volver», afirma.

Su estado sigue siendo un misterio y a él tampoco le gusta comentarlo más de la cuenta. Siempre responde con frases cortas y, cada vez más, evita profundizar en ello, en parte porque ni él mismo sabe qué decir. Es comprensible: si ni siquiera lo saben los médicos, no tiene por qué saberlo él. Pilar Galiano, la médico neuropsicóloga con la que trabaja en su recuperación en Úbeda, es la primera en señalar la dificultad de ofrecer un diagnóstico certero: «Hay una evolución, lenta, pero hay una evolución, cosa que no pasa con otros pacientes. Lo que no se sabe es hasta dónde llegará esta evolución». No sé sabe hasta qué escalón subirá José, que asegura que se exige más que nadie y que tiene más confianza en sí mismo que nadie.

José siempre fue obstinado. «Un cabezón», como dicen sus familiares y amigos. Su determinación ha sido tan potente que lo llevó a liderar Supersubmarina y a conseguir sus objetivos. Ser tozudo puede ser ahora un motor para su recuperación o un escollo. Nadie se atreve a augurar nada. El escollo puede venir porque José cree que puede regresar al punto de partida. Como si al terminar de subir toda la escalera pudiera empezar donde lo dejó el 14 de agosto de 2016. Con las mismas facultades, con las mismas opciones, con los daños desaparecidos y sin necesidad de adaptarse a las nuevas circunstancias, como no tocar la guitarra. Esa obstinación podría asociarse al principio de anosognosia. La incapacidad de darse cuenta de que no puede regresar al estado de antes del accidente.

Querer eso es como creer en el mito del eterno retorno: después del cataclismo se repite la configuración del mismo cielo.

Quinta parte

El deseo

¡Ojos que a la luz se abrieron!

ANTONIO MACHADO, *Proverbios y cantares*

Alguna estrella que me lleve a donde quiera que estés tú.

Canción *Algo que sirva como luz*

1

Durante la noche quieta, el cielo recuerda a sus náufragos en Baeza. Un cielo inmenso y manso como un océano del tiempo, tan profundo y tan ancho que los olivos quedan reducidos a partículas diminutas en los senderos que aguardan, abajo, en la tierra dormida. Un solo hombre no es nada cuando contempla esa negrura bárbara desde los caminos. Una sola mujer no es nada cuando escucha el rumor callado de esa lejanía desde los balcones. Se necesitarían hombres y mujeres de todas las edades y épocas, de todas las historias y leyendas, para alcanzar un peso, minúsculo y ligero como una gota, con el que dejar constancia. Bajo la extensión infinita no hay más que anhelo por ser y existir. El cielo sabe de su presencia inmemorial y ofrece, cada noche, una luna para iluminar a los que, sin dirección o fe, observan su alma colosal.

La luna es un velero brillante dentro de ese océano. Cuando las nubes conquistan la calma, el cielo se agita en un tímido oleaje. Se percibe movimiento desde la tierra dura. Los espíritus se revuelven ante la visión de espectros en el horizonte. Nubes alargadas, unas verticales, otras allanadas, algunas plumosas y salvajes y todas imposibles de definir, saber de dónde vienen ni adónde van. Son solo la sublimación de los temores en el cielo. Una luna colmada y radiante sobresale ante el paso de los temores e impone su figura de guardia en un paraje de silencio.

Durante la noche inmóvil, la catedral de Baeza, en lo más alto del cerro de la comarca, desafía al resto de la pequeña ciudad amurallada y su torre supera a los tejados hasta llegar tan alto que, con sus fustes de granito y caracteres góticos, parece un gigante dormido. Cuando despierta, al alba, sus campanas repican para regular la vida del pueblo, pero hasta entonces los lugareños aguardan en sus sueños. Solo los noctámbulos salen a buscar la luna.

Durante la noche solitaria, la luna es el oráculo de los náufragos. Las leyes que rigen el cielo, donde siempre se divisa este hado, contienen tanto misterio que, hasta el último de los desamparados, el más pequeño de los seres, puede hallar respuestas propias de una galaxia. En el corazón de Baeza, los cuatro noctámbulos de Supersubmarina se han convertido en los ojos que los miran, pero ellos miran la luna. De su luz esperan una señal. Un destello, quizá. No más.

2

Las señales siempre llegan sin avisar.

Después del accidente, José, Juanca, Pope y Jaime se concentraron tanto en su supervivencia individual que esa entidad propia llamada Supersubmarina quedó en un limbo. No había suma de las partes, sino partes sueltas y dispersas vagando por un espacio irreconocible, denso y negro, desconectado de su propia historia. El shock de la tragedia, como un drástico cortocircuito, paralizó la energía que los unía y definía a la banda: la amistad.

Los cuatro de Supersubmarina, cuatro amigos de la infancia, cuatro seres que juntos se convertían en un ser superior, quedaron perdidos en un limbo. Para salir de ese lugar al borde del infierno, debían primero recuperar su propia luz interior. Cada uno de ellos por sí mismo tenía que encontrar el signo que, como el relámpago de una tormenta, les recordase la grandeza de su naturaleza.

Las señales siempre llegan sin avisar, como los relámpagos que preceden a los truenos.

3

El Cagarrut todavía funcionaba. Pope pasó una mano por encima del amplificador como si acariciase a un perro que le hubiese salvado la vida. El bajo le colgaba de un lado y se acuclilló para observar más de cerca el aparato marrón. «Este trasto es la mejor compra que he hecho nunca», pensó. Lo había tenido guardado durante muchos años en un armario de casa y lo sacó al salón como quien transporta de una estancia a otra la reliquia de un museo. De hecho era un poco eso, porque había dejado de usarlo un año después de que la banda fichase por Sony. En medio del salón, lo probó con los acordes de *LN Granada*. Desde siempre había sido su canción favorita del grupo y, a medida que se colgaba el bajo y se preparaba, dudó si tocarla. Quizá no fuera buena idea. A lo mejor se le podía despertar una sensación rara que lo llevase a experimentar algún tipo de tristeza. Pero no pudo evitarlo. En cuanto lo tuvo todo listo, sus dedos, como un mecanismo que respondía automáticamente al tacto con esas viejas cuerdas, se lanzaron a moverse en esa escala ejecutada millones de veces. «Y bailar con la muerte no es buen plan…», cantó entre dientes.

De un tiempo a esa parte había conseguido escuchar de nuevo las canciones de la banda. Sin saber por qué, una tarde se subió al coche después de salir de trabajar en el estudio fotográfico y necesitó ponerse los temas de siempre. «Ya sí», dijo. Buscó en el móvil y le dio al *play*. Dejó correr *Santacruz* desde la primera canción hasta la última. En el fondo le había costado mucho tomar la decisión de recuperar toda esa música. Pensó en ello muchas veces y en todas llegó a la conclusión de que no estaba preparado. Un cúmulo de sensaciones se le amontaban dentro de sí cada vez que le daba vueltas a la posibilidad de pinchar una sola composición de la banda. Aquella tarde, dentro del coche, escuchó a José arrancarse en *Canción de guerra* con la oscura línea de su bajo y reconoció la canción como un ciego que volviese a contemplar un paisaje de la infancia. Se le hizo un nudo en la garganta con el crescendo instrumental, pero no dejó de conducir ni de escuchar. De hecho subió el volumen.

Había pasado a escuchar con más fuerza que antes la música de Supersubmarina. Cuando estaba de gira, ni él ni ninguno solían ponerse los discos recién editados. Ya se pegaban todas las semanas unas palizas impresionantes en el local de ensayo y lo último que querían era volver a reproducir esas canciones, que, además, caían en los conciertos. Él escuchaba cada álbum grabado unas cuatro o cinco veces y ya no volvía a él. Esa norma, pensó, era del pasado y las normas del pasado ya quedaban lejos, más bien estaban caducadas. Su presente estaba marcado por una realidad distinta y por la necesidad de revivir la música con fuerza, con ilusión. Como si todo pudiese empezar desde otro punto de partida.

Sin comentárselo a nadie, ni siquiera a Cristina, tomó una decisión: cada noche vería un vídeo de algún concierto del grupo. Después de semanas se había tragado todas las actuaciones en directo de Supersubmarina que había en YouTube, tanto las subidas desde el perfil de la banda como las que muchos fans habían ido dejando a lo largo de los años, algunas con muy mala calidad, pero que lo transportaban igual a los momentos vividos. Se fijaba hasta en detalles a los que antes nunca había prestado atención, como sus posturas en el escenario o cómo se despedía del público.

Quería volver a empatizar con el recuerdo de la banda. ¿Por qué enterrarlo? ¿Por qué esquivarlo? «Joder, todo lo que he vivido con el grupo ha sido muy guay», pensó el día que se vio la hora y veintidós minutos de actuación que dieron en el festival Contempopranea en 2015. Se alegraba de tener fuerzas para plantarse delante del ordenador y, más aún, de que todo le generase ese sentimiento bonito y sincero. No sabía qué pasaría en el futuro, en realidad nadie lo sabía, si la banda regresaría o no, pero no quería que el nombre de Supersubmarina pudiese quedar ligado en su vida a un recuerdo malo. No. Ni de coña. Jamás.

Estaba convencido de que su cabeza había empezado a pensar diferente gracias a la lectura de aquel libro que le regaló Irene, la pareja de Chicharro. Hasta entonces él solo había leído cosas relacionadas con la fotografía. Solo mostraba interés por lecturas que él consideraba prácticas para el desarrollo de habilidades como hacer fotos o tocar un instrumento. ¿Pero leer libros por placer? ¿Novelas? No iba con él. Una vez, cuando se iba a la cama, encontró a Cristina apurando los últimos minutos del día con una novela y no pudo evitar preguntarle que para qué leía. ¿Qué le daba tan importante ese libro? ¿Cómo aguantaba? Ella le explicó que leer le permitía liberarse del estrés, se metía tanto en las historias que se olvidaba de todo lo malo. «Podría venirte bien para despejar la cabeza», le dijo.

Después de eso, una noche, Pope abrió *Cosas que los nietos deberían saber* y no pudo cerrarlo. Debió ser magia o algo así. Lo primero que le hizo gracia fue el comentario de presentación: «La historia que se narra a continuación es real. Los nombres y el color de pelo de algunas personas han sido modificados». Y, a partir de ahí, devoró las páginas sin imaginar lo que se iba a encontrar. El libro le estaba hablando a él, al igual que, a veces, le pasaba con las letras de las canciones. El autor era Mark Oliver Everett, conocido por ser también el músico Mr. E., detrás del nombre artístico Eels. Quizá el hecho de que el escritor fuera músico tuviese algo que ver para que le hubiera pellizcado tanto el alma, para que se sintiese tan identificado con esas memorias a corazón abierto bajo la sombra de la desgracia. Sentía que el relato de la vida de ese tío tenía algún hilo de unión con el suyo propio, con el del bajista de Supersubmarina.

Subrayó un párrafo y dejó marcada la página. Nunca lo había hecho.

«De momento sigo vivo, y he acabado por entender que algunos de los peores momentos de mi vida han desembocado en alguno de los mejores, así que no soy de los que devora con avidez el melodrama ajeno. Cada día es cada día, y punto».

Después de terminar de leerlo, Pope dejó el libro en su mesilla del dormitorio durante mucho tiempo, como si fuese un amuleto que tener cerca cada día. Creía que *Cosas que los nietos deberían saber* lo había llevado a mirar de otra forma la tragedia del accidente, pero también su propio presente. Haberlo leído se lo debía a Cristina, que siempre lo animó y que fue la que lo empujó hasta ese libro. Otra cosa más con la que estaba en deuda con ella. También le enseñó a mirar las cosas de otro modo. Siempre había estado con él. Había hecho de novia, compañera, confidente y psicóloga. Quería casarse con ella, aunque ya se lo diría más adelante, no corría ninguna prisa.

Pope desenchufó el Cagarrut. El cacharro valía. La piedra filosofal de Supersubmarina seguía intacta. Lo llevó al coche. Se lo iba a dar a Andrés. El sobrino de José había montado un grupo y le iría bien. Ya lo habían hablado en una cena. Ese chico estaba loco por la música y por parecerse a su tío. Había crecido viendo cómo José, Chino, su tío, era el fuera de serie de Baeza, el tipo más talentoso sobre un escenario. Y quería intentarlo. Pope lo veía con las mismas ganas que mostraban ellos cuando empezaron. Por eso pensó que el Cagarrut estaría mejor con él que guardado en un armario. Sin duda. Era un préstamo, pero en eso consistía la música, ¿no?, en ayudar a los que estaban empezando para que el volumen no decayese.

Al abrir el maletero se detuvo y se quedó reflexionando unos segundos sobre Supersubmarina. Ellos habían encendido una luz y muchos habían seguido su estela. Y otros más la seguirían.

Eso era, tal cual. Y el Cagarrut era el detonador astral.

¿Y ellos? ¿Y la banda? La ilusión por volver era tremenda, por supuesto, pero ya se habían frustrado varias veces con la posibilidad de regresar. No merecía la pena darle tantas vueltas ni volverse loco.

«De momento seguimos vivos», pensó. Y, justo después de guardar el Cagarrut en el maletero del coche, lo invadió el recuerdo, un simple fogonazo, de aquella tarde en la que ese detonador sideral se portó de maravilla en el primer concierto importante de Supersubmarina en el quiosco de música del paseo de la Constitución y, como si Mark Oliver Everett hubiese poseído su voz interior, se dijo a sí mismo: «Cada día es cada día, y punto».

4

Al coger el álbum, Juanca suspiró. Primero recordó aquellos lejanos días en los que le gustaba ponerse a escuchar los discos en el salón de casa de sus padres y, justo después, se preguntó si esa carátula quería decirle algo. De toda la colección de su padre, su preferido siempre había sido *Crime of the Century*. El vinilo giraba en ese momento en su casa a la velocidad adecuada mientras observaba su portada como si fuera la primera vez: las letras de Supertramp bien grandes en blanco, con el título justo debajo, en amarillo, y la imagen de una galaxia donde decenas de estrellas rodeaban a unas manos atrapadas en una celda. ¿Podían ser sus manos? ¿Podían ser las de José, Pope o Jaime? ¿Podían ser las manos de Supersubmarina?

La banda. Otra vez la banda. Su nombre siempre estaba en su cabeza como un satélite girando alrededor de un planeta: Supersubmarina. Un nombre que, en parte, venía inspirado precisamente por el de Supertramp. Qué cosas. El disco que sujetaba entre sus manos podía ser, sin lugar a dudas, el Big Bang de su propia historia musical. De niño se ponía ese vinilo en casa y de ese pasó a ponerse otros más, a interesarse como un loco por la música, a conectar con José, Pope y Jaime en el colegio y en la cofradía y a montar el grupo de rock que le cambiaría la vida. Y, en todo ese largo camino, siempre en la retaguardia había estado su hermano.

Antonio lo acompañaba desde aquellos días en los que él se sentaba en el suelo del salón y se pasaba horas escuchando vinilos. Su hermano pequeño lo seguía allí donde fuera y hacía lo que él hiciera. Si Juanca cogía una raqueta y la hacía pasar por una guitarra, él también. Cosas de niños por las que, al final, siempre andaban unidos a través de la música. Con el tiempo,

Antonio, ya sin raqueta, demostró mucho virtuosismo con los instrumentos: tocaba muy bien la guitarra y el violín.

En 2012 quisieron darse un capricho como hermanos, buscando divertirse con la música como cuando eran niños. Grabaron una maqueta en el estudio de Javi Valverde con canciones que Antonio había compuesto. Se lo pasaron increíblemente bien. Compartían los mismos gustos musicales y las mismas ganas de sacar su pasión sin ningún objetivo concreto. Siempre quisieron repetir, pero Supersubmarina se hizo tan grande que a Juanca no le quedaba nunca un hueco para seguir ese juego. De hecho, Antonio se sumó a la banda. De técnico de sonido en los conciertos pasó a ser miembro del conjunto ampliado durante la última gira. Tocaba la guitarra y la percusión y hacía coros en *El Mañana Tour*. Hasta que sucedió el accidente.

Con Supersubmarina estancada, Antonio le había comentado que le gustaría sacar adelante algún proyecto musical con sus propias canciones. Juanca entendía a su hermano. Sabía lo que se sentía cuando uno se ponía manos a la obra con su propio grupo. De hecho, Juanca lo echaba de menos. Le habían ofrecido incorporarse a alguna banda, pero no lo veía claro sin sus amigos. Sin embargo, con su hermano era diferente.

Un día, después de hablar con él, recuperó la maqueta que grabaron juntos y volvió a revivir esas sensaciones especiales. No era tocar con otra gente, sino compartir algo de verdad con su hermano. La música con la que habían crecido. ¿Qué podía haber más de verdad y más grande que compartir banda con un hermano? Llamaron al grupo Melifluo, una palabra que les gustaba cómo sonaba y que quisieron recuperar de su desuso. Su significado tenía que ver con un sonido dulce y agradable, como lo que ellos, pensaron ambos, estaban haciendo al juntarse. Dos hermanos en sintonía tranquila y que empezaban como cuando grabaron la maqueta en 2012: sin ningún objetivo concreto. La idea era tocar e ir viendo hacia dónde los llevaba la música.

La música los llevó al local de ensayo, donde Juanca volvió a experimentar emociones olvidadas cuando cogía las baquetas, preparaba la batería, golpeaba el tambor y los platos o se metía en el latido de las canciones. El primer día, al regresar a casa, se lo comentó a Elena. Su mujer era su mejor confidente y apoyo. El psicólogo le estaba viniendo muy bien, pero también tener a Elena a su lado. También le contó que, a veces, no podía evitar imaginarse de nuevo en un escenario, como los que pisó con Supersubmarina. Quizá en el nuevo escenario habría menos gente y las pulsaciones serían distintas, pero podría volver a moverse al mando de la batería como siempre, con la boca abierta y los brazos a mil por hora. Podía estar tocando y pedir la interacción del público, cruzar miradas con otros músicos en mitad de una canción o levantar las baquetas al aire en señal de entrega absoluta. Sin duda, tal y como le dijeron Elena y su psicólogo, recorrer ese nuevo camino con su hermano le vendría bien.

En casa, el disco de Supertramp seguía girando. Como si un satélite cruzase por su órbita, le llegó un pensamiento de Supersubmarina. Solía pasarle cuando se dejaba llevar por la música. Pensó que, si milagrosamente hubiese un bolo de Supersubmarina, todavía podría tocar a la perfección cada nota de cada canción de cada disco de la banda. De hecho, todavía las seguía tocando para sí mismo en el estudio. Pero ese bolo no llegaba y tampoco parecía posible que fuera a llegar a corto plazo. Habían intentado juntarse tres o cuatro veces y José necesitaba más tiempo. Juanca sabía que tenía que aprender a adaptarse a ese tiempo por largo que fuera.

A todo volumen, Supertramp sonaba por la casa en esa mañana de domingo. «Dreamer, you're nothing but a dreamer» (Soñador, no eres más que un soñador), cantaba Roger Hodgson en *Dreamer* mientras el sonido del Wurlitzer se expandía como la cola de una estrella fugaz. Al igual que hacía de niño, cerró los ojos y se sumergió en la canción. Un agujero de gusano lo llevó a una galaxia como la que se veía en la portada del disco. Flotaba a la espera de tener un lugar donde aterrizar. No se sentía atrapado ni encarcelado. Al contrario: flotaba libre y con una especie de felicidad instalada en el cuerpo. Quizá comentara esa rara sensación a su psicólogo en la siguiente sesión, pensó, pero en ese momento ya solo podía concentrarse en el golpe fabuloso de batería, recubierto de sintetizadores y coros, como el avance de una nave espacial atravesando la galaxia.

«Ya no me escuece hablar de la banda. Ya no me siento derrotado. He disfrutado tanto… Hemos tenido tanta suerte de haberlo vivido», pensó. Y, con los ojos aún cerrados y la música rodeándole por los cuatro costados, divisó en el universo de su vida un lugar: el escenario de una Joy Eslava llena y él, abrazado en corro a José, Pope y Jaime, gritando: «¡Joder, lo conseguimos!».

Fue solo un resplandor, suficiente para sonreír.

5

Como un cometa en un cielo oscuro. A Jaime se le venía esa imagen a la cabeza cuando pensaba en Irene. Su aparición fue resplandeciente, casi milagrosa. Un brillo intenso capaz de abrir una rendija por la que mirar en una inmensidad negra. Tumbado en la cama de su habitación, se concentró en esa recreación y entendió que Irene era un motivo para vivir, de los varios con los que esperaba empezar a llenar su corazón.

Irene era una chica que había estado siempre girando alrededor de la vida de Jaime, pero desde el verano de 2018 habían estrechado su relación hasta hacerse novios. Los dos se citaron en una cafetería de Baeza después de muchos días de conversaciones por WhatsApp. Ella era de Úbeda y trabajaba en Sevilla como maestra. Aprovechó un viaje para visitar a su familia y quedar con él. Jaime apareció con sus muletas mientras ella lo esperaba con una sonrisa tranquila. Solo iban a charlar de cosas sin importancia. Ambos pidieron té y, como si nada, Jaime acabó abriéndose con ella. Le resultó muy fácil. Tenía un humor que le encantaba, como una llave con la que desbloqueaba su estado retraído y que le permitía entrar en conversaciones más profundas. No le había sucedido con nadie más desde el accidente. Ni siquiera con su antigua pareja. Aquella mañana en la cafetería se despidieron con cierta pena y se pasaron toda la noche escribiéndose por el móvil. No tardaron en volver a verse.

Pero el día más definitivo entre ellos fue la noche que Jaime le confesó a Irene que había intentado suicidarse. Un viernes de abril de 2019, él la llevó a casa y, con el coche aparcado cerca de la estatua de la Constitución de Úbeda, se puso a hablar a borbotones, como si se hubiesen roto los diques de los últimos años. Jaime no se lo explicaba. Miraba aquel rostro dulce o escuchaba aquel tono templado de voz y todo el odio que había albergado en su alma salía por sus ojos y su boca transformado en tristeza. Las luces anaranjadas de las farolas caían a plomo sobre la acera de la calle y la presencia de esa chica, que se había convertido ya en su novia, le daba una calidez que extrañaba, como si estar con ella le salvase de los males de un mundo por el que había transitado a la intemperie. Irene lo escuchó durante horas sin moverse del asiento del copiloto y le confesó que sentía miedo por todo lo que le había confesado. Esa pena, ese rencor hacia los seres queridos, esas ganas de matarse... todo le aterrorizó, porque no se esperaba tanta amargura vital en él, que se había esforzado en los últimos meses por ocultar. Abatido y con lágrimas, Jaime se fundió en un abrazo con ella que marcó un punto de inflexión.

Un cometa en un cielo oscuro. Eso pensaba Jaime. El brillo de haberla conocido se había hecho más intenso desde aquella noche de 2019. Seguir su rastro le permitía quitarse peso, despojarse de pensamientos negativos que le habían dominado durante muchos meses. Pensamientos que le habían llevado a renunciar al cariño de su familia, a pagar su malestar con su madre, a ignorar a los amigos o a olvidarse del poder de la música. Había estado enfermo y quería recuperar su salud. Sabía que no sería fácil y, más aún, cuando le tocaba ir al hospital a operarse de la pierna. A veces iba en el coche para someterse a una nueva intervención o rehabilitación, cerraba los ojos y le invadía el sentimiento atroz de quererse ver muerto en el momento del accidente del 14 de agosto de 2016. «¿Y si no hubiese podido abrir los ojos y me hubiera quedado ahí tirado sobre el asfalto, sin vida, sin todo este sufrimiento?», pensaba. Todavía le quedaba mucho que luchar contra sí mismo. Era consciente de que esos pensamientos le seguirían acompañando tal vez siempre y le asaltarían en los momentos malos. Lo sabía, pero, gracias a su nueva determinación, a Irene y a su familia, conseguiría despejarlos. Ya había empezado.

Si ya había empezado era también gracias a la labor de Domingo Obrero, el portador del Anillo Único, el médico al que le debía tanto que ni sabía cómo agradecérselo. Él le abrió siempre los ojos cuando más cerrados los tenía. Domingo se había convertido en un amigo antes que en el salvador de su pierna. Jaime tenía siempre a su lado el libro *La historia interminable*, que él le había regalado. El doctor lo había leído cuando era adolescente en la biblioteca de su pueblo y le marcó. Quiso regalárselo a su paciente y amigo porque allí también, como en *El Señor de los Anillos*, se guardaban reflexiones valiosas en las que el Bien vencía al Mal, la luz se imponía a la nada. Una de ellas se le quedó grabada a Jaime: «Como todas las transformaciones verdaderas, fue tan lenta y suave como el crecimiento de una planta».

Jaime pensó en su transformación. Estaba sucediendo. En el hospital se lo había comentado a Domingo, que siempre supo que el proceso psicológico de su paciente iba a ser más duro que el físico. También lo veían sus padres, sus hermanos e Irene. Las semillas del bien estaban germinando y Jaime quería regarlas cada día. Por eso, empezó a buscar motivaciones para seguir adelante, como aprender los entresijos de los drones junto a su padre, volver a ver películas de terror con su madre, quedar otra vez con sus amigos o visitar a menudo a Irene en Sevilla. De hecho, ella era su principal motivación. ¿Y la música? Por supuesto, Jaime también regresó a la música de Supersubmarina. Volvió a escucharla. La planta, sin duda, estaba floreciendo.

Aquello de la planta le recordó a *El Señor de los Anillos*. La naturaleza era un templo sagrado en toda la saga escrita por J. R. R. Tolkien. Jaime se levantó de la cama y se apoyó en sus muletas para llegar hasta el escritorio y coger el tercer volumen de la trilogía. Observó antes el mapa de la Tierra Media y se imaginó en la Comarca de los hobbits. Como experto que era en la mitología de la Tierra Media, sabía que las películas no contaban nada del saneamiento de la Comarca, ese pasaje que sucede al final del libro *El Retorno del Rey* en el que los hobbits Merry, Pippin, Sam y Frodo llegan a su tierra tras su largo viaje y se encuentran con que los malvados hombres del mago Saruman han instaurado un régimen de tiranía. Para combatirlo, los cuatro hobbits encabezan una rebelión que acaba con el mal y finaliza con una reforestación liderada por Sam para devolver a la Comarca su antigua cara verde y floreciente. «El saneamiento de la Comarca, mi propio saneamiento y el de Supersubmarina», pensó Jaime, que se tiró de nuevo en la cama para leer el párrafo final de *El Señor de los Anillos*:

> Y finalmente cruzaron las lomas y tomaron el camino del Este; y Pippin y Merry cabalgaron hacia Los Gamos; y ya empezaban a cantar de nuevo mientras se alejaban. Pero Sam tomó el camino de Delagua, y así volvió a casa por la Colina, cuando una vez más caía la tarde. Y llegó, y adentro ardía una luz amarilla, y la cena estaba pronta, y lo esperaban. Y Rosa lo recibió, y lo instaló en su sillón, y le sentó a la pequeña Elanor en las rodillas. Sam respiró profundamente. «Bueno, estoy de vuelta», dijo.

Jaime también respiró profundamente. Pippin y Merry podrían ser Juanca y Pope y Sam sería él. Frodo, cómo no, sería José. Ay, José. ¿Por qué haría esas asociaciones mentales? Abajo, en la cocina llena de fotos familiares sobre la gran mesa donde siempre comían, lo esperaban Irene, sus padres y sus hermanos. El olor del lomo de orza cocinado por su madre llegaba hasta la segunda planta. En casa de sus padres también parecía arder una luz amarilla ese día. Su viaje, pensó, había sido largo y todavía no había terminado. Tampoco el de sus amigos de Supersubmarina. Todos habían pasado por mucho y quizá no habían estado a la altura de lo que significaba el grupo y habían dejado que todo se estancase. Pero ¿quién podía estarlo?

Antes de salir de la habitación se acercó a leer la frase de la esfera de cerámica que le acababa de regalar Irene por su aniversario de novios. Su novia la había encargado en una alfarería de Úbeda. Leyó las letras negras sobre la cerámica blanca: «Lo único que podemos decidir es qué hacer con el tiempo que se nos ha dado». Era su reflexión favorita de Gandalf.

De pie, con las muletas, se vio, durante un centelleo de la memoria, en el garaje de la casa de los padres de José el día que, muchos años atrás, le habían dejado probar con su guitarra en uno de esos ensayos caóticos y se había sentido por primera vez dentro de la banda.

Y entonces decidió que iba a hacer una cosa con el tiempo que estaba por venir: mantener a Supersubmarina siempre en el corazón.

6

El corazón de Supersubmarina siempre ha estado donde sus cuatro miembros han venido al mundo. Baeza es el lugar donde José, Juanca, Pope y Jaime nacieron cuando la música se guardaba en la pequeña ciudad en las iglesias y cofradías más que en las salas y los bares. Con ellos, la música llegó mucho más lejos que con nadie y alcanzó a más gente que nunca. Los cuatro recorrieron toda España y volaron hasta Europa, Latinoamérica y Estados Unidos con sus canciones. El corazón de la banda estaba formado por cuatro, cuatro al mismo ritmo, un latido conjunto.

José siempre supo de ese corazón porque le perteneció. Más que por sus recuerdos, lo sabía porque su cuerpo y su espíritu estaban conectados a la frecuencia única de ese latido, imperceptible para el resto del mundo. Solo los cuatro podían captar su onda. Pertenecer a una banda siempre había sido ensanchar la existencia, entrar en una gravedad distinta, unirse a un espacio nuevo de posibilidades. Ser parte de una banda era creer en el poder de la música. Una bendición compartida.

Cuando José sintió por primera vez el poder de la música, era un crío en la segunda fila de un gran coro interpretando el *Miserere*, una palaba en latín que, en su traducción al español, significa *ten piedad, apiádate de mí*. Entonces, la Semana Santa baezana de aquel año del pasado siglo XX cubría toda la ciudad con su cortejo de nazarenos y costaleros, cruces, bocinas y estandartes. Un coro a cuatro voces mixtas consagraba la gloria de Dios y solicitaba su misericordia y compasión en un canto celestial de corcheas y medias corcheas, lleno de solemnidad. Aquel día, la música lo elevó del suelo, como el alma abandona el cuerpo hacia el cielo.

José quería volver a elevarse, a sentir el poder de la música en su ser. Cuando salió de casa de sus padres, antes de bajar las escaleras del rellano, se puso los cascos y le dio al *play*. La noche era profunda. Band of Horses empezó a sonar. Siempre quiso que Supersubmarina se pudiese parecer a ese grupo norteamericano tan fascinante. Se llamaba banda de caballos. ¿Se podía tener un nombre más chulo? Pop, rock, folk, indie... Qué más daba la etiqueta de su música. Sus canciones eran como potros que trotaban hasta que se ponían a galopar. Una estampa de una belleza primitiva, puro instinto por abrirse camino. Sus melodías le enganchaban y tiraban de él hasta lugares salvajes. Siempre quiso hacer sentir eso con sus canciones. Una banda al galope como caballos alados en los que subirse y viajar lejos, mucho más lejos de lo que se podía con el cuerpo, de lo que dejaba la vida, de lo que permitía la física, de los márgenes del espacio conocido. Que la banda que soñó de adolescente en el garaje de sus padres ayudase a vivir todas las experiencias sagradas a las que empujaba la música: cerrar los ojos, apretar el puño, gritar sin compasión, alzar los brazos, bailar en la oscuridad, llorar sin miedo, romper barreras, amar sin condiciones, volar con fuerza, perseguir estrellas...

The Funeral envolvía a José en un conjuro. La canción de Band of Horses sonaba como si el cielo estuviese esperándolo. «At every occasion, I'll be ready for the funeral» (Por cada ocasión, estaré listo para el funeral), cantaba Ben Bridwell con el filo agudo de su voz. Era como un ángel alzando una espada por él. ¿Podría algún día volver a ponerse delante de un micrófono y cantar como Ben Bridwell? ¿Podría alguna vez volver a subirse a un escenario y levantar al público como en un truco de magia? ¿Podría volver a sentir el latido del corazón de Supersubmarina?

De regreso a casa, José cogió el camino de siempre. Atravesó las callejuelas mil veces transitadas que guardaban cientos de historias. La suya era una más de una memoria inmensa que se había ido perdiendo con el paso interminable de las estaciones en esa parte de la tierra andaluza. La historia de un chico que conoció el éxito y la tragedia con su banda, la gran banda de

Baeza, una verdadera banda de amigos, un corazón conjunto. Un relato extraordinario que todavía no se había extinguido, que luchaba por no apagarse, por abrirse camino de nuevo, como un animal al galope.

Al dejar atrás la Puerta de la Luna por la calle Canónigo Melgares, se detuvo en la columna de los deseos. Los farolillos colgaban encendidos con sus lenguas relucientes. La catedral se levantaba majestuosa hacia el cielo, donde brillaba una luna de pergamino. Situada desde hace siglos en lo alto del cerro, la catedral descansaba en el lugar más alto de Baeza, el más cercano a Dios, donde cada Semana Santa durante el Vía Crucis se cantaba el *Miserere* con la fuerza de la orquesta y el coro para pedirle misericordia y compasión.

En un movimiento más lento de lo habitual, José puso su mano en la piedra desgastada y maciza, como cada día, como siempre. A través de sus cascos, la música de alma eléctrica y melodías estelares lo abrazaba como en un sueño. Con la resistencia de los poseídos, pidió, en un pensamiento fugaz como una chispa, un deseo. Su deseo. Y no se lo dijo a nadie porque, si lo hacía, no se cumpliría.

7

Los deseos suelen necesitar de destellos de luz. Por eso se pide un deseo al soplar una vela o ver una estrella fugaz. Sin embargo, el verdadero destello está en el interior de cada uno de nosotros cuando, en una ráfaga, un esplendor o un abrir y cerrar de ojos, imaginamos ese deseo. Un anhelo brevísimo que contiene todo un universo.

Desde el accidente hay un deseo asociado a Supersubmarina como una regla matemática a una fórmula. Desde que me encontré con José, Juanca, Pope y Jaime por primera vez tras el golpe en el coche, ese deseo ha estado con ellos y con cualquiera que alguna vez ha cantado o bailado una sola de las canciones de la banda. El deseo marca toda su historia tras la tragedia. El deseo por regresar, por volver a escucharlos en un disco o verlos en un concierto. Los años han pasado y el deseo sigue con ellos.

Cuando recibí la llamada de Juanca a los seis años del accidente, me dijo: «Es complicado, pero queremos intentarlo». Años después de esa llamada sigue siendo complicado, pero, al menos, lo han intentado. Los cuatro han querido compartir su historia a corazón abierto para que todo el mundo conozca el camino que han recorrido hasta quedar unidos a un deseo que todavía flota en el aire de Baeza como una de esas leyendas que perviven. Compartieron sus cuatro relatos individuales que, unidos a los de sus familiares, amigos y conocidos de la industria musical, daban forma al de la banda.

Por tanto, desde el principio, el objetivo último de esta historia convertida en libro parecía estar destinado a resolver la pregunta que todos formulaban:

«¿Regresará Supersubmarina?».

Una pregunta que, como supe desde el primer día que fui a

Baeza para ver si escribiría un reportaje para *El País Semanal*, era un misterio dentro de otro misterio. Dos preguntas sin respuesta: ¿Podrá regresar Supersubmarina? ¿Podrá regresar José?

Después de años de trabajo, viajes a Baeza, entrevistas, conversaciones, llamadas de teléfono, mensajes de WhatsApp, encuentros de todo tipo y paseos por la pequeña ciudad jiennense, las preguntas seguían sin resolverse. Charlé muchas veces con José, Juanca, Pope y Jaime. Me vi en varias ocasiones con sus familiares y amigos. Hablé con los médicos. Volví a hablar con los médicos. Tuve línea directa con Ernesto, con quien hablé tanto o más que con los miembros de la banda. Contacté con representantes discográficos y promotores y con todo aquel que se cruzó por el camino de Supersubmarina. Pregunté a paisanos y desconocidos. Me senté a escuchar a todo el mundo con el fin de saber si, a medida que escribía esta historia, podía llegar a responder la gran pregunta final: ¿Regresará Supersubmarina?

Nada. No tenía la respuesta y sentía que necesitaba dársela a tanta gente que se lo preguntaba desde hacía tantos años, pero también para el final de esta historia. Y quizá también para mí mismo, que me había sumergido tanto en el relato de Supersubmarina que me creía en la obligación de resolver su último y más importante misterio. Estaba tan obsesionado que, a veces, paseaba por Baeza con la idea de captar alguna señal que pudiese servirme como respuesta. Iba hasta el paseo de las Murallas y contemplaba el horizonte montañoso de la sierra Mágina esperando recibir algún tipo de mensaje. Cruzaba los olivares y hacía lo mismo. Me metía en la catedral e intentaba escuchar algún susurro del más allá. Pasaba por la columna de los deseos y lanzaba el mío al aire.

Y después de muchos viajes y tanto tiempo, el último día que estuve en Baeza antes de poner fin a esta historia, me acerqué hasta el quiosco de música del paseo de la Constitución y sucedió algo inesperado, quizá milagroso en una pequeña ciudad que cree en los milagros.

8

La luz nunca deja de viajar por el universo. Tanto es así que hay estrellas que ya solo son la luz que dejaron tras desaparecer. Esa luz hace trayectos larguísimos de miles de millones de años hasta nosotros aun con la estrella ya extinta, porque, en el vacío del espacio, la luz puede viajar en línea recta eternamente. Es pura ciencia y esa matemática última es el mismo misterio de Dios.

Cuando más desesperado estaba por hallar algo de luz para resolver el gran misterio de Supersubmarina, sucedió algo inesperado. En el paseo de la Constitución, bajo los enormes robles, me senté en uno de sus bancos, junto al quiosco de música, el mismo sitio donde José, Juanca, Pope y Jaime dieron su primer concierto importante. Creía que tenía que despedirme de ese lugar y, de paso, ver si encontraba algo de inspiración. Un grupo de niños jugaba al fútbol por la misma ancha avenida donde descansa la Fuente de la Estrella. Sin ninguna dificultad, pude imaginarme a los cuatro de Supersubmarina con la misma edad corriendo detrás de la pelota en esos partidos de dos contra dos a vida o muerte. De repente, a los chavales se les fue el balón. Uno de los niños se acercó hasta mí para recogerlo. Cuando fui a dárselo, le pregunté, en un impulso, si conocía una banda que se llamaba Supersubmarina.

«Sí, me encantan», contestó el niño.

También le pregunté que desde cuándo los conocía y me respondió que los conocía desde hacía un año, gracias a su madre.

Entonces le dije que si sabía que ya no tocaban desde hacía mucho tiempo.

«Eso no es verdad. Yo los escucho todos los días», respondió, y se marchó corriendo con el balón entre las manos.

En el mismo sitio donde confluyeron por primera vez las historias de José, Juanca, Pope y Jaime, sentí el chispazo de la lucidez y comprendí que había intentado responder a la pregunta equivocada. De alguna forma sentí que todos estaban intentando responder a una pregunta que en ningún momento había sido la más importante. El misterio último de Supersubmarina no pasaba por responder si volverían.

Aquel niño no necesitaba que Supersubmarina regresase, porque para él nunca se había ido. La música de la banda había viajado en el tiempo y en el espacio hasta llegar, como recién nacida, a sus oídos. No había accidente ni daño que hubiese podido acabar con el poder de su música. No había dolor ni tragedia que hubiese podido extinguir la luz de sus canciones.

A Supersubmarina le pasaba como a The Beatles. Cuanto más tiempo transcurría en su historia, más asombroso era el brillo de sus canciones. The Beatles estuvieron juntos ocho años, se separaron y, desde entonces, su música no ha dejado de expandirse. Supersubmarina estuvieron juntos ocho años, el destino los detuvo y, desde entonces, su música sigue expandiéndose. Sus canciones son incesantes. Por cada una que cesa de sonar, hay otra en otra parte que empieza a escucharse.

La clave del gran enigma acababa de suceder delante de mis ojos y mis oídos: la música era un artilugio contra la muerte. Tener que responder a la pregunta del regreso de Supersubmarina era no entender ese artilugio. Esa pregunta solo tenía una respuesta a un hecho concreto, no al significado último. Y la respuesta a esa pregunta solo estaba en la cabeza de José. Nada más. Su misterio seguiría hasta que la vida quisiese, ni siquiera hasta que quisiese José, que había roto varias veces los pronósticos y ya había vencido en una ocasión a la muerte.

En mi último día en Baeza, después de charlar con ese niño al lado del quiosco de música, quedé a cenar con José, Juanca, Pope y Jaime. Fue la única vez en todos esos años que coincidí con los cuatro juntos en Baeza. A mitad de la noche, no pararon de hablar de todo tipo de anécdotas de la banda, de todos esos viajes y conciertos que vivieron juntos, de todas esas locuras que hicieron los cuatro y de todas esas canciones que sonaban infinitas. Hablaban entre ellos, como si yo no estuviera. Como si nadie estuviera. Solo ellos cuatro en esa mesa en la que no pararon de reír. Me di cuenta de que la risa había regresado al corazón de Supersubmarina. Y, si lo había hecho, fue porque esa noche dejaron de pensar en el regreso. Se olvidaron de responder a la gran pregunta. La risa, como un milagro en el paisaje de olivos, revivió a los cuatro amigos. Era una risa compartida, como una canción tocada por cuatro almas que formasen una sola. La risa de una banda de amigos.

Cuando nos despedimos, me quedé solo con José. Una vez más, los dos pasamos por la catedral antes de tirar cada uno por nuestro lado y decirnos adiós. Al llegar a la columna de los deseos se detuvo, posó su mano sobre la piedra ovalada y cerró los ojos. Durante los siguientes pasos no hablamos, como hechizados por el silencio celestial del casco histórico de Baeza. Al llegar al cruce que nos separaba, a la altura de las viejas murallas, señalé la luna antes de girar la esquina y, a modo de despedida, citando una de sus últimas canciones, grité: «¡Algo que sirva como luz!».

A lo lejos, José sonrió y gritó: «¡Supersubmarina siempre vivirá!». Pudo decir «¡Supersubmarina nunca morirá!», pero prefirió quedarse con el adverbio *siempre* y el verbo *vivir*. No le pregunté por qué y ya nunca lo haré. Porque, si hay algo que ahora sé, es que José, Juanca, Pope y Jaime, los cuatro amigos que soñaron una banda y llegaron más lejos que sus sueños, conocen mejor que nadie el significado último que guarda la palabra *vivir*.

Un significado que resuelve el gran misterio: el deseo más importante de esta historia irrepetible siempre fue otro. Con la luna redonda y grande alumbrando la noche baezana, José gritó, como si estuviese en un concierto, ese deseo que, igual que una partícula de luz viajando en línea recta eternamente en el vacío, ya se había cumplido:

«¡Supersubmarina siempre vivirá!».

Agradecimientos

Este libro no se podría haber escrito sin la generosidad infinita de José, Juanca, Pope y Jaime, los cuatro de Supersubmarina. Esta es su historia y me dejaron con total libertad y confianza llegar hasta el final de ella. Si algo supe al poco de ponerme a trabajar con ellos, es que un libro de estas características no sería posible hacerlo con otras personas. La extraordinaria bondad y honestidad de los cuatro eran parte del secreto para hallar el significado de una historia tan compleja atravesada por el dolor. Mi agradecimiento nunca será suficiente.

Podría decir lo mismo de Ernesto Muñoz, que desde el primer momento entendió, como ellos, hacia dónde me quería dirigir con un libro con el que nunca ninguno contó. En este sentido, David Trías y Mónica Adán, mis dos editores de Aguilar, fueron también parte importante. Tanto ellos como todo el equipo de Penguin Random House siempre me dieron libertad plena, aparte de buenos consejos. Todos creyeron en mí y se pusieron a mi disposición como una banda entregada a la causa de una canción. Gracias, una vez más.

Mi agradecimiento también es inmenso hacia los familiares y amigos de José, Juanca, Pope y Jaime. Todos, sin excepción, han sido generosos y, sin ellos, este libro no tendría la misma profundidad emocional. Tampoco sin todo el personal sanitario que atendió a mi llamada y me explicó al detalle cada caso médico. Me entrevisté con más de cincuenta personas del entorno familiar, sanitario y musical y, con todo, me he dejado fuera a mucha gente que me mostró su interés por contar sus recuerdos de Supersubmarina o, simplemente, aportar algo valioso. Pido perdón a todos los que no aparecen citados en la historia y podrían estarlo, muchos de ellos saben quiénes son.

Desde el primer día quise escribir este libro como si fuera una canción que saliese de lo profundo de Baeza, la ciudad en la que nacieron y viven sus protagonistas. Mi agradecimiento también es hacia una tierra andaluza que me inspiró y me acompañará ya siempre. Después de tantos viajes, creo que he llegado a entender por qué Antonio Machado acabó por enamorarse del paisaje baezano.

Como no podía ser de otra forma, la música de este libro la puso siempre Supersubmarina. Sus canciones me acompañaron como antorchas en la oscuridad. Y aquí debo citar dos nombres más. Agradezco a Leiva y su banda haberme desatascado en un momento crucial. Uno no sabe nunca dónde puede encontrar un pájaro que, al volar, despierte un fogonazo de lucidez. En mitad de uno de sus conciertos hallé ese pájaro creativo que me llevó a avanzar la historia hasta el final. A Leiva ya pude agradecérselo en persona, pero no así al otro músico que me dio tanto con sus canciones durante todo este proyecto. Aprovecho este espacio para dar las gracias a Richard Hawley. Sus preciosas canciones han sido el mayor sustento creativo para este libro. En ellas hallé cobijo, inspiración y el tono que tanto me obsesionó para la historia. La lista es larga, pero dejaré tres a modo de pistas destacadas: *Remorse Code*, *Baby, You're My Light* y *Don't Stare At the Sun*. Se dice que lo que no se comparte se pierde y, por tanto, no quiero que se pierda la oportunidad de emocionarse y vibrar con la música de Richard Hawley. Además, este libro es, por encima de todo, un tratado de saber compartir la vida con todas sus consecuencias elaborado por decenas de personas y, especialmente, por José, Juanca, Pope y Jaime, los cuatro amigos de Supersubmarina.